近代日本とアジア
地政学的アプローチから

三谷博[監修]
クロード・アモン／廣瀬緑[編]

勉誠出版

巻頭言

　この論文集は、パリ・ディドロ(第7)大学で開かれた戦前期の日本とアジアの関係に関するシンポジウムの成果をとりまとめたものである。日本とその近隣諸国との関係は、フランスで日本研究に携る研究者たちにとって他人事でない。戦前の日本とアジアの歴史が、フランス人研究者、フランスの大学で働く日本人研究者、そして第三国の研究者の眼に、いま、どう見えているか、またそれによって、日本人は自らの歴史についてどんな新しい視界を獲得できるのか、本書はそれを知る良い手掛りとなることだろう。

　会場となったパリ・ディドロ(第7)大学は、パリ市街の南部、セーヌ河畔にある。もとは理工系や医学系の大学で、ソルボンヌ(パリ第一大学)の近くにあったが、2007年にキャンパスを南に移して拡張した。それとともに人文社会系のコースも充実させて、今日に至っている。日本研究学科もその一つの東洋言語文明学部に設けられ、やはり近くに引っ越してきたフランス国立東洋言語文明学院(INALCO)とともに、フランスの日本関係の教育・研究を牽引している。

　2010年5月初旬、この大学に明治・大正期の日本とアジアの関係に興味を持つ学者たちが集まった。フランスの諸大学で日本語を教えている日本出身者、縁あって日本に深い興味を持ち日本研究の道に入ったフランス人、そして日本とアジアの関係を研究してきた外国人学者。私も最後の組の一人だが、アメリカやオーストラリアからも数名の歴史家が招かれた。

　フランスの大学で働いている先生方の研究関心は極めて多様である。会議の主題に即しては、ともにアジア主義に注目したエディ・

デュフルモンさんの中江兆民論や若手グレゴワール・サストルさんの国家主義者内田良平論が発表されたが、先生方の関心はもっと広くて、クロード・アモンさんのように、朝鮮・中国を主な活動領域とした大倉喜八郎という一人の実業家に食い下がり、その驚くべき人間像を活写するというタイプの研究もあれば、この研究会の実現のため渾身の力を注いだ廣瀬緑さんのように、新たに発掘した岡倉天心らの史料をもとに日本美術史に新たな光を投げかける研究もある。また、小沢イザベルさんは、大正期の帝国議会に提出された性病に罹患した男子の結婚制限という驚くべき法案を取り上げて、フェミニズムと民法学者の協調、それへの議員の反発、また日本独特の「戸籍」制度とフランス法の交錯について興味深い論を立てている。ベルランゲ・河野紀子さんの論文も、フランス法と日本の伝統思想の交錯について、明治初年の江藤新平が構想した「人民の権利の保障」を取上げて論じている。あるいは、アルノ・ナンタさんは大正・昭和期に日本に滞在したフランス人ジャーナリスト・外交官を取上げて、フランスに日本の大陸侵略の有力な擁護論者があったという、今となってはなかなか信じがたいような事実を紹介し、その背後にイギリスとの対抗意識があったという興味深い解釈を提示している。さらに、淺利誠さんは、現代日本の哲学者柄谷行人に密着し、その思想の普遍的意義をフランス人に説き続けて止まない人であるが、ここでは柄谷の壮大なアジア論に即して日本人にそれを語ろうとしている。

　外国からの参加者の論文も、「アジア」という概念の生成を論じた私のものを除けば意表を突くものが多かった。オーストラリアのリオネル・バビッチさんは残念ながら会議には出られなかったが、代読されたその論文は明治の日本人が同時代の朝鮮に自らの過去を投影していたというもので、聞けばなるほどと納得しうるものだった。しかし、極めつきはアメリカ西海岸のサンディエゴ

から参加したステファン・タナカさんの論文であった。明治17年というたった一年を取上げて世界・日本・太平洋地域で何が起きたかを横並びに見ている。会議の時はその話題の豊富さに面食らい、ついてゆけなかったのだが、いまこの論文集を作るため、英語原文に即して日本語訳をチェックしてみると、この論文には世界の同時性・同一性を探ろうとする日本人二世ならではの深い思いがあり、今後展開すべき歴史研究への豊かな示唆があることが分った。

　ディドロ大学での研究発表はこのように多様であった。しかし、いずれも極めて真摯なもので、その背後には二つの強い緊張感があった。一つは、遠い日本と近隣諸国の間に展開される過去の記憶を巡る紛争を何とか理解し、和解のために寄与できないかとの思い。もう一つは、フランスの職場で年々厳しくなる研究環境に抗したいという思い。執筆者たちの多くは日本語教師として働いているが、日本の研究者でもある。しかし、職場では効率性の名の下に、日本語教育だけに専念せよとの圧力が年々厳しくなっているという。彼・彼女たちは、そうした不利な環境下にあって、なお研究を続け、大学本来の使命を守り通そうとしているのである。アモン・廣瀬両氏が種々の困難を押して、この国際研究会議を組織したのは、この二つの課題に応えるために他ならなかったという。

　いま、世界の日本に対する関心はアニメと漫画以外には乏しい。フランスも例外ではないが、その中でなお日本研究を続け、その成果をフランスに提供しようと日々奮闘している執筆者たちの努力は、日本に住むものにとって真にありがたいことではなかろうか。現在の日本は世界から的確な評価を得ているとは言いがたい。とくに近隣諸国との軋轢はそのイメージをかなり損なっている。その中にあって、第三者として是非善悪両面を冷静に透視しうる

立場にある海外の学者たちの仕事は、極めて貴重なものではないだろうか。その所論には、上に紹介したように、日本在住の研究者とはひと味違った独特のものがある。この機会に、彼らの仕事から多くを学び、かつその存在を知って、応援していただきたいものである。

　この論文集の企画に当たっては、様々の方々の熱心な協力を得た。編者・執筆者は無論のことであるが、会議にあたって的確な議論を加え、この論文集にも示唆多い論考を寄稿してくださったアルノ・ナンタ氏(フランス国立科学研究センター＝CNRS 一級研究担当官)、およびフランスにおける日本研究の意味につき深い理解をいただき、論文集の公刊をお引受けくださった勉誠出版株式会社の吉田祐輔氏に深い感謝を捧げたい。

　本書が日本の学界・読書界に外部から見た鮮度の高い日本史像を届け、ひるがえってはフランスの日本学界を支援する一助となることを期待しつつ。

2016年盛夏

三谷　博

序

　明治時代、日本が近代国家を形成するに当たっては、アジアの国際環境とその複雑さが様々の問題を引き起こしていた。当時の日本では中国と極東への新たな認識が生まれていたが、欧米列強が課した外交、軍事、商業などの諸問題に適応するため、学術用語、知識、意志伝達と表現のコードなどあらゆる概念形式の再編成も必要となっていた。長い間、日本文化の基本をなしていた中国の伝統や制度は手本としての正当性を失ってゆき、そのため、明治の国家建設は主に西洋から影響を受けることとなった。しかし、西洋の影響がオールマイティであったわけではない。国境を越えた地理的、地域的構成という変更することのできない条件があり、アジアを視野に入れた計画への必要性が年を追うごとに強くなっていたのである。

　2011年にパリ・ディドロ大学で開催したシンポジウムでは、このような歴史的、地理的状況を念頭に、それぞれの研究者が専門分野(歴史、経済、法律、哲学、美術など)に即してこのアプローチを試みた。時代的には明治から大正と幅広く扱い、19世紀末から20世紀初頭の、侵略戦争や、当時百周年に当たった1911年の辛亥革命も考慮に入れた。最初に、招待発表として三谷博(東京大学)に「『アジア』概念の受容と変容——地理学から地政学へ」というテーマで問題提起をしていただいた。なぜ当時の日本人は、それまで個別の国や地方の寄せ集めに過ぎなかった「アジア」という言葉に、より統合性の高い意味を与え、全世界と国民国家の間に位置するリージョンに相当する概念を作り出したのか。シンポジウムはこの問題を大きく捉えることからスタートした。

エディー・デュフルモン(ボルドー・モンテーニュ大学)とグレゴワール・サストル(フランス国立東洋言語学院)はそれぞれ中江兆民、内田良平の「アジア主義」について考察した。竹内好は1963年、アジア主義について次のように定義している。「アジア主義はある実質内容をそなえた、客観的に限定できる思想ではなくて、一つの傾向性ともいうべきものである。右翼なら右翼、左翼なら左翼のなかに、アジア主義的なものと非アジア主義的なものを類別できるというだけである」。これによるとアジア主義は大きく二種類に分けることが出来る。一つはアジアの国々が自ら西洋の支配からの独立を進めていくというもの、もう一つは、後に日本が掲げた「大アジア主義」につながるもの、すなわち日本の利益、発展のためにアジアの国々を独立させるという動きである。

ステファン・タナカ(サンディエゴ大学、USA)は他とは異なった独創的なアプローチを試みた。1884年という一年に注目し、国際標準時の採用をはじめ、その年に起こった様々な出来事を取り上げて、人・モノ・観念の移動につれて太平洋を囲むアジア諸地域がどう結びつき、変化していったかを分析したのである。韓国についてはリオネル・バビッチ(シドニー大学、オーストラリア)が取り組んだ。日本が韓国を保護国化する以前、日本人は韓国を懐古的なまなざしで見ていた。そこには日本が失ったものがまだ存在し、また過去の日本の生まれ変わりと見ることもできるという夢の重ね合わせが行われたのであった。

クロード・アモン(パリ・ディドロ大学)は政商、大倉喜八郎に焦点を当て、大蔵による朝鮮、満州、万里の長城南部への投資がいかに日本政府、中国革命派の双方と結びついていたかに注目した。

岡倉天心については浅利誠(ボルドー・モンテーニュ大学)、廣瀬緑(パリ・ディドロ大学)が取り組んだ。有名な「アジアは一つ」の文で始まる「東洋の目覚め」は1904年日露戦争の直前に出版された。「アジア

序

は一つ」の考えは欧米列強による植民地が進む最中に、アジアの近代化が遅れ、かつアジアが欧米の前に屈服しなければならなかったことから出てきたものであるが、岡倉の書は汎アジア主義の最初のまとまった著作となった。浅利、廣瀬はとくに岡倉の東西を同時に見る地政学的発想に焦点を当てている。

紀子ベルランゲ・河野（リール第3大学）は司法制度を整えた江藤新平を取り上げた。江藤は司法権の確立に力を注ぎ、征韓論を主張したことでも知られているが、司法職務定制の制定(1872)やナポレオン民法の翻訳事業等において、江藤新平が「民」にどのような意味を見出していたのか、その内実への考察に焦点を当てた。イザベル小沼（フランス国立東洋言語学校／INALCO）は花柳病男子の結婚制限と戸籍の問題を新婦人協会と穂積重遠を中心に取り上げ、東アジアの戸籍制度をも念頭に考察を進めた。

アルノ・ナンタはフランス人の法学博士、社会学者、ジュリストであったジャン・レイを取り上げ、戦時中のフランスの保守的思想がいかに日本の「新体制」と近かったか、そしてフランスの英米への対抗意識がそれをより複雑にした点をレイの論文を丁寧に分析することによって明らかにした。

以上のように、このシンポジウムは様々な分野の様々な国籍の研究者がアジアと日本をキーワードに地政学という視点から歴史を考察する非常に刺激的な機会であった。本書はこの成果を一冊の書物にまとめ、日本の読者に問いかけようとするものである。

2016年8月22日

クロード・アモン

目　次

巻頭言 …………………………………………… 三谷　博 (1)

序 ……………………………………… クロード・アモン (5)

1　「アジア」概念の再発明──地理学から地政学へ ……… 三谷　博　1

2　初期アジア主義と中江兆民──日本の文明開化、ヨーロッパと
　　アジアの創造　　　　　　　　　　　　エディ・デュフルモン　11

3　アジア主義と国益──明治期の内田良平を例として
　　　　　　　　　　　　　　　　　　…… グレゴワル・サストル　29

4　移動──1884年の太平洋周辺における様々な出来事
　　　　　　　　　　　　　　　　　　………… ステファン・タナカ　49

5　朝鮮と明治期日本のノスタルジア …………… リオネル・バビッチ　77

6　台湾から満州国へ、中国における大倉組の市場開拓
　　　　　　　　　　　　　　　　　　………… クロード・アモン　89

7　岡倉天心の地政学的直観 ……………………………… 浅利　誠　105

8　今泉雄作の図案法と岡倉天心の泰西美術史……………廣瀬　　緑 117

9　江藤新平における「人民の権利の保護」──その法政治思想的連関
　　　　　　　　　　　　　………ベルランゲ河野紀子 135

10　花柳病男子の結婚制限と法律婚にみる戸籍の法的役割
　　──新婦人協会と穂積重遠を中心に……………………小沼イザベル 165

11　ジャン・レイ──あるフランス人政治学者の見た日本の植民地主義と
　　東アジア・太平洋戦争……………………………アルノ・ナンタ 187

　結びにかえて……………………………………………廣瀬　　緑 209

　執筆者一覧……………………………………………………………… 210

1 「アジア」概念の再発明
――地理学から地政学へ

三谷　博

はじめに

　今日、「アジア」は世界で日常的に使われる言葉となっているが、その指し示す範囲はすこぶる曖昧である。今日の日本人にとってはおそらく、「アジア」は日本から始まって中国の先のどこかまで拡がっている空間というイメージであろう。そこには多分、ベトナム、インドネシア、インドなどが含まれるはずである。しかし、西洋で言う「中東」がそこに含まれるか否かは確かでない。また、普通の日本人にとって、シベリアが「アジア」に含まれるか否かも疑問である。逆に、視点を例えばフランスのような西ヨーロッパに移すとどうだろうか。「アジア」と「ヨーロッパ」の境目はどこにあるのだろうか。よくボスフォラス海峡が持ち出されるが、トルコの真ん中に線を引くのは妥当だろうか。また、ロシアはどちらに属するのだろうか。一つの大陸を「アジア」と「ヨーロッパ」に分割するのに確かな根拠はあるのだろうか。

　他方、世界には、「アジア」という名を冠する組織がしばしば見受けられる。北米の研究者たちが組織する'Association for Asian Studies'や、アジアに生きると自認するアスリートが組織する「アジア大会」などがそれである。しかし、どこが「アジア」に属し、どこが属さないのかは常に曖昧であり、その外部との境界は話者の関心、聴衆の如何、そしてどこから見るかという立脚地によってしばしば変化する。

　この論文では、この「アジア」という言葉がどのようにして「リージョン」の名として使われるようになったのかを説明する。その要旨を予め示すと、それは1880年頃の日本で発明された。「アジア」は元来、ヨーロッパ人が

その居住地域の東に拡がる広漠たる空間を指して用いていた言葉であった。以下では、それがいかにして中身のある地域概念、何らかの共通性、内部連関、さらには連帯性を指す言葉として用いられるように変わったかを、簡単にスケッチしてゆくことにする[1]。

1　東アジア世界への「アジア」概念の導入

　ヨーロッパの影響が世界を席巻した「近代」以前には、地球上には少なくとも4つの「世界」があった。中国的世界、インド世界、イスラム世界、キリスト教世界である。この分節は後代の観察者によるものであるが、それぞれの内部で前近代に生きていた人々は、自らの世界を自己完結的なものと見なし、その外部の世界にはほとんど注意を払わなかった。

　「アジア」という言葉もそのような世界観の一種である。中世後期のキリスト教徒たちは、地球世界をヨーロッパ・アジア・アフリカの3つに分割して把握していた。「アジア」はヨーロッパから見て、外部にある「その他」の土地のうち、東に位置する部分を指す言葉であった。それが指し示す地域には、ヨーロッパと異なって共有された宗教や特徴がなく、内部の連関も乏しかった。ここには大小様々の国家があっただけでなく、少なくとも5つの世界宗教があった。儒教、仏教、ヒンドゥー教、イスラム教、キリスト教である。「アジア」という言葉は、元々はほとんど無内容だったのである。

　この言葉が中国を中心とする世界に導入されたのは、キリスト教宣教師のマテオ・リッチ（利瑪竇）が、1602年に北京で世界図『坤輿萬國全圖』を刊行したときであった。彼は「亜細亜」という文字を北シベリアからマレー半島にかけて書き込んだが、その説明は地理的範囲の注釈だけである。まもなく日本人はこの世界図を輸入したが、そこに記された「亜細亜」という地理名称を自らの著作で使うことはほとんどなかった。例えば、新井白石は世界地理書を著わしたとき、「亜細亜」という名の章を設けたが、その内部では国々の地誌を列挙するに留まった[2]。事情は中国でも同様だったのではないだろうか。

　この当時、ヨーロッパ人は、東方の地域に対し、他の名称も併用していた。「オリエント」、「インド」や「タルタル」である。うち「オリエント」は元

はローマ人が名づけた「日の昇る土地」を指した。「日の沈む土地」であるオクシデントと対にして用いたもので、「アジア」同様に内容に乏しい名であった。これに対し、他の2つはもう少し濃い意味を持っていた。「インド」はその住民が聖書を共有しなかった土地を指すと見て良いだろう。コロンブスが「新大陸」を「発見」した後、「インド」は東西ふたつに分かれた。1494年のトルデシーリャス条約でポルトガルとスペインは地球を二分割して、「東インド」「西インド」いずれもキリスト教徒の征服すべき地と定めている。その後、19世紀に至るまで、欧米の国々は「東インド会社」や「東インド艦隊」など、「東インド」という名称をアジアで活動する組織に使っている。

他方、「タルタル」(韃靼)は、ヨーロッパ人にとってはかつてのモンゴル征服を想起させる恐るべき名であった。ヨーロッパ人は満洲族の清朝に「タルタル」を使ったが、そこには「恐るべき野蛮人」というニュアンスが伴っていたようである3)。

中国人や日本人は、「東インド」という西洋の地理名を受け入れなかった。ずっと昔から「インド」(天竺)を高い文明を持つ土地、とくに仏教伝来の源泉地として知っており、自らをその一員と考えなかったからである。「韃靼」については態度が分かれたようである。清朝はこれを種族として捉え、自らを「韃靼」の一つとみなしたが、人口の多数派をなす漢族は自らを北方の蛮族と差別していたから受け入れなかった。これに対し、日本人は自らを「韃靼」の一つと見なすことがあった。ただし、地理名としては、中国本部の北にあってモンゴル族や満洲族その他の種族が住む地域に限定していた。

このような事情があったため、中国人や日本人は自ら居住する地域の名として「東印度」や「韃靼」は受け入れず、より内容の希薄な「亜細亜」を受け入れたものと思われる。

他方、現在「東洋」と訳され、「亜細亜」とほぼ同視されている「オリエント」については、込み入った歴史がある。マテオ・リッチの世界図には、「東洋」という文字が書き込まれているが、それは「オリエント」を指すのではなく、伝統的な中国での用法に即したものであった。日本の沖合に「小東洋」、メキシコの沖合に「大東洋」の文字が書込まれている。同様にペルシャの南に「小西洋」、ポルトガル沖に「大西洋」の文字が見える。彼の世界

図では、「東洋」は漢字の文字どおり「東にある大洋」という意味に過ぎなかったのである。

　しかしながら、その後まもなく、「西洋」が「オクシデント」の訳として使われ始めた。リッチの後輩宣教師の一人、ジュリオ・アレーニ（艾儒略）がリッチの地図に付けた地誌『職方外記』(1623年刊)は、「西洋」を海洋でなく、「西方」ないし「オクシデント」の意味で使った。ただし、この書には、対になるはずの「東洋」がなかった。

　日本人もこの用法を受け入れている。18世紀初頭の儒者新井白石は、日本に潜入した宣教師の尋問の様子を書き留めた書に『西洋紀聞』と名付けた。しかしながら、この書には、やはり「オリエント」の訳としての「東洋」はない。そうした用法は、1802年に山村才助が新井の著書を豊かな蘭学知識に基づいて補充した『訂正増訳　采覧異言』に初めて見ることができる。「西洋」の登場以来、100年近くもこうした不均等な用法が続いたのは興味深いことである。中国でも同様であっただろうか。

　以上をまとめると、東アジアの住民はヨーロッパ人の生み出した地域名称のうち、17世紀以後、内容の乏しい「アジア」と「西方」だけを受け入れたのである。かつ、「東方」や「オリエント」に相当する言葉は、中国に「西方」や「オクシデント」に当たる「西洋」が登場した後も、200年近く出現しなかった。そして、彼らは19世紀中葉まで、めったに「アジア」という地域名称を使うことはなかったのである。

2　「亜細亜」概念の実質化──地政学的用法への転換

　元来は空虚であった「亜細亜」は、1880年、琉球併合をめぐる日中間の危機の中、日本人によって、西洋に対する共通の利害を持つ地域という言葉として再発明された。

　この変化は明治維新の直後に生じた。1870年代の初期、日本では新聞が刊行され始め、そこには貿易情報とともに国際関係に関する記事も掲載され始めた。これを通じ、日本人は西洋の世界覇権を恐れているのは自分たちだけではないことを知った。近隣だけでなく、アジア全域に注意を向けるようになったのである。それはロシアとの関係から来た。ロシアは西洋で唯一日本と国境を接している大国であったが、それだけでなく、その

長い国境線全域で、トルコから中央アジア、さらに中国に至るまで、領土拡張政策を追求していた。こうした情報は上海や横浜などの開港地で刊行されていたイギリス人の新聞からもたらされた。イギリスはロシアと地球大のいわゆる「グレイト・ゲイム」を展開し始めており、ロシアの動向に強い関心を注いでいたからである。

　日本人は新聞を通じてアジアの住民が共通して西洋による圧迫に苦しんでいることを知ったものの、当初は自らの苦境のみに関心を注ぎ、その克服を西洋文明を導入にかけていた。しかし、1870年代の後半には西洋の侵略を防ぎ、覇権に対抗するためアジアの連帯を主張するものが出現している。それが決定的となったのは、日本が琉球を併合した直後、1880年であった。琉球併合は日本と中国との間に戦争勃発の可能性を生み、それは双方の側に戦争回避の努力を促した。両国では関心を琉球から朝鮮に移し、ロシアを共通の潜在敵として持ち出すことによって、対立を緩和しようとする動きが生まれたのである。

　琉球には14世紀に統一王朝が生まれたが、それは当初から明朝と朝貢・冊封関係を結んでいた[4]。また、17世紀初頭には、日本の一大名薩摩の島津家の侵攻を受け、その支配下に入った。その結果、首里の琉球政府は、中国の明・清王朝の冊封を受けて朝貢しつつ、同時に那覇に滞在する薩摩の役人の掣肘も受ける、いわば「二重朝貢」体制の下にあったのである。しかし、維新によって生まれた日本政府は大名を廃して中央集権国家を作った後、琉球を西洋国際法の「主権」原則に準拠する排他的な領土に変える方針を打ち出した。清朝は「夷狄」による「藩属」国の併合は容認できないとの意思を示したが、日本はこれを無視し、1879年、琉球を併合して「沖縄県」とした。清朝は厳しい抗議を繰り返し、中国の新聞の中には戦争を主張するものも現れた。

　しかしながら、当時、両国のいずれもが戦争できない事情を抱えていた。日本は西南内乱が収束してからまだ2年後で、政府財政は負債と税収低下に苦しんでおり、新聞もまたこれ以上の戦争を厭っていた。一方、清朝は中央アジアでロシアとのより深刻な対立を抱えていた。新疆に発生したヤクーブ・ベクの独立運動は鎮圧したものの、ロシアとのイリ紛争が続いていたのである。また、清朝の内部には琉球よりも、最も密接な朝貢国であった朝鮮を失う可能性を懸念する者もあった。このため、両国とも琉球

をめぐって生じた敵意を緩和し、何らかの妥協を図らざるを得ない立場を自覚していたのである。

その方法はロシアを共通の敵とすることであった。民間レヴェルでは、両国の新聞に、ロシアを共通の仮想敵とみなし、「白人」の覇権に対抗するため、「同文同種」を基礎に両国民が団結しようとの主張が現れた。東京では、1880年に曾根俊虎が「興亜会」を設立し、日中韓三国民の間の意思疎通と交易を推進しようと提唱して、漢文による雑誌を発行し、上海に三国民のための学校を設けた。いわゆる「アジア主義」、西洋への対抗を目的とする「亜細亜」連帯の主張と運動がはっきりと姿を現したのである[5]。

他方、政府レヴェルでは琉球問題を棚上げし、朝鮮に焦点を移して、ここで協力体制を創り出そうという工夫がなされた。ロシアを共通の仮想敵とし、朝鮮へのその進出を阻むため、朝鮮に「自強」を勧め、それを清朝が指導し、日本が支持するというアイデアである。1880年、在東京清国公使館の黄遵憲は何如璋公使の指示を受けて『朝鮮策略』を著わし、折から来日中の修信使金弘集に与えた[6]。その内容は朝鮮に「親中国」・「結日本」・「聯美国」、すなわち「宗主」たる中国と従来以上に関係を深め、日本と提携し、アメリカを皮切りに西洋との外交関係を始めるよう勧めるものである。金弘集はこれを国王に奉呈し、高宗はその意見を採用して実行に移した。1882年、朝鮮は李鴻章の仲立ちでアメリカと条約を結び、世界政治の仲間に加わったのである。日本側はこの動きを知らされなかったが、元は外務卿寺島宗則が何如璋に提案したアイデアであったから、これを黙認している。

とはいえ、これで東北アジアが平穏になったわけではない。朝米条約締結の年、高宗の実父大院君は、政府の改革政策に反対してクーデタを発動したが、政府は在漢城駐在官の馬建忠の勧めを納れて清朝に介入を要請し、これを覆した[7]。また、その2年後、朝鮮の急進改革派は日本公使の支援を当てにして、清朝を後ろ盾とする政府にクーデタを試みたが、清軍によって鎮圧された。このとき、日本側は公使が襲われ、民間人44名が殺害されている。しかしながら、三国の政府は紛争拡大の抑制に努め、朝鮮は日本に賠償し、清朝と日本は条約を結んで双方の軍隊を朝鮮半島から撤兵することを決めて、局を結んだ。

ただし、これらの事件をきっかけに清朝による朝鮮支配は強まった。と

くに漢城に袁世凱が駐在してからは、朝鮮政府は以前の「属国」にして「自主」という立場を維持できなくなっている[8]。しかしながら、日本政府はこの動きを静観する政策をとった。当時の日本には軍事力がなく、経済の不況にさらされていたので、単独で介入する力はなく、ロシアを除く列強、イギリス・アメリカ・清朝と提携して朝鮮半島を中立化し、それによって清朝とロシアの勢力伸長を牽制する政策を構想するに至ったのである。

周知のように、この政策は1894年の日清戦争に際して放棄された。日本は軍事力を使って朝鮮半島から中国の勢力を排除し、自らの勢力を伸ばすことを選んだのである。1890年、陸軍の創設者であった山県有朋首相は、閣内で朝鮮半島中立化政策を主張しているから、その後に対外政策の枠組みが変わったのであろう。しかしながら、それ以前、1880年代の東アジアの国際秩序は安定していた。日本政府は強兵政策が実を結ぶ以前には温和な政策をとり、清朝もまた近隣との対立を避けながら実質的に朝鮮支配を強める政策をとったためである。相対的な安定とは言え、1880年代には、東アジア三国は、西洋の登場に伴って必要になった国際関係の調整に努力し、ある程度は新たな秩序を創り出すことに成功したと言って良いだろう[9]。

3　その後

日本と中国は、1880年、琉球をめぐる対立を緩和するため、ロシアを共通敵として名指しながら、「亜細亜」連帯の必要を提唱し始めた。元来は西洋から輸入された空虚な概念だった「アジア」は、地政学的必要から実質化を始めたのである。

その後、「アジア」内の連帯可能性は、外部のヨーロッパ人によっても認識され始めた。日清戦争後、ドイツのウィルヘルム二世は従兄弟のロシア皇帝ニコライ二世への手紙で「黄禍」を説いた[10]。西洋諸国が中国で利権分割を始めていた最中のことであった。

逆に、このような認識に反発する言説もアジア内に現れた。岡倉天心は初めてインドを訪ねた1901年、激烈なアジテーション『東洋の覚醒』を書いてインドの友人に示している。母国日本が、インドでのイギリス支配を認めることと交換に朝鮮半島での優先権を認める日英同盟を結ぼうとして

いる時であった。このパンフレットは生前に公刊されなかったが、その後、彼はより穏やかな『東洋の理想』を公にし、「アジアは一つ」と述べて、アジア諸文化の相互関係の深さと意識的な団結を主張している[11]。

　他方、日露戦争で日本が勝利したとき、長年、ロシアとの対立に苦しんでいた中央アジアやトルコのムスリムたちはこれを大歓迎した。中には日本人を彼らのパン・ムスリミズムに引き込むことを期待して日本を訪れ、日本のアジア主義者たちと接触した者もある[12]。彼らと日本人の動機は異なっていたが、ロシアへの対抗心は確かに「アジア」の両極端に住む人々を結びつけたのである。

　パン・イスラミズムとの接触は、日本人の想像する「アジア」を西に拡大する機縁となった。それを明確に定式化したのが大川周明である。彼は元は仏教学者でサンスクリットの研究をしていたが、その後関心をイスラム教に広げ、『復興期亜細亜の諸問題』(1922年)など、ムスリムを含むアジア人の復興を主唱する著書を著した。ただ、彼は、西洋の帝国主義に対するアジア連帯の必要を説いたものの、朝鮮や中国など日本自体の帝国主義の対象となった地域は無視している[13]。

　中国では「亜細亜」単位の政治思考はあまり広まらなかった。孫文は例外的存在で、1924年、神戸での演説で「大亜細亜主義」を主張した。日本人に帝国主義の抑制を訴えるため、日本人がしばしば主張してきた亜細亜連帯の必要に訴え、西洋と同様の野蛮な態度をとらぬよう警告するためであった。その後、日本は、満州国を建国し、さらに日中戦争を始めたとき、諸民族の協和というイデオロギーを提唱したが、中国人とくに漢民族はむしろ反発している。それでも、アジアの民族の中には、西洋による植民地支配からの解放のためこれを利用しようとする人がいた。インドの独立運動家スバシュ・チャンドラ・ボースは、助けを求めてソ連とナチのドイツを訪れ、それに失敗した後、1943年に東京で開催された大東亜会議に参加している[14]。

　第二次大戦後、日本人はアジアの植民地や占領地から撤退した。国内では米軍の占領下に、再び西洋化による改革が時代の主流となった。冷戦によって東アジアが分断されたこともこの傾向を助長した。しかし、アジア主義は、後景に退きはしたものの、強制的な西洋化に伴う屈辱感を緩和する補完的なイデオロギーの役割を果たし続けたのであった[15]。

むすび

　冷戦終結後、東アジアでは急速に経済と人的交流が進展し、さらにその市場は世界経済のなかで最も大きな比重を持つものとなりつつある。このため、最近、様々な人々がヨーロッパ共同体と並ぶべき「アジア共同体」を提唱するようになっている[16]。

　この新たな「アジア連帯」論をどう評価すべきだろうか。私はアジア内部の相互交流は重要と考えるが、それを「共同体」の枠組みで捉えるのは不適切と考える。

　「共同体」は常に排斥対象の「外部」を必要とする。「アジア共同体」を提唱する人々は、日・韓・中いずれでも、排除すべき対象をアメリカ合衆国と想定している。市場のグローバルな網の目が増殖する中、それは可能だろうか。地域的な排他主義、ときに人種的な色彩をおびる排他主義は健全だろうか。今は人間集団を「共通敵」とすべき時ではない。むしろ自然環境や生態系の破壊を「共通敵」、共同対処すべき課題として意識すべき時なのではないだろうか。

　また、「共同体」内部では必ず主導権争いが起きる。かつ、ヨーロッパと異なって大幅にサイズの異なる国から構成された東アジアでは、それは大国による小国の従属となりかねない。

　今日までの東アジアの発展はそこに生成した重層的なネットワークによって推進されてきた。隣人に対する特別な配慮は必要だが、今後もこの世界に向かって開かれたネットワークを一層分厚くし、そこに生ずる各種の摩擦を上手に解決する努力を重ねる方が、ずっと有効かつ健全なのではないだろうか。

　　註
1) 本稿の議論につき、詳しくは次を参照。三谷博「『アジア』概念の受容と変容」(朴忠錫・渡辺浩編『韓国・日本・「西洋」』慶應義塾大学出版会、2005年)。以下の註では、そこで取り上げなかった文献を引く。
　　最近の重要文献に次の総合的研究がある。松浦正孝編『アジア主義は何を語るのか――記憶・権力・価値』(ミネルヴァ書房、2013年)。
2) 新井白石『采覧異言』(18世紀初頭)。

3) 馮明珠編『経緯天下』(国立故宮博物院、民国94年(2005年))。
4) 波平恒男『近代東アジアのなかの琉球併合——中華世界秩序から植民地帝国日本へ』(岩波書店、2014年)。赤嶺守『琉球王国——東アジアのコーナーストーン』(講談社、2004年)。村井章介・三谷博編『琉球からみた世界史』(山川出版社、2011年)。
5) 並木頼寿「明治初期の興亜論と曾根俊虎について」(同『近現代の日中関係を問う』研文出版、2012年)。
6) 平野健一郎「黄遵憲『朝鮮策略』異本校合——近代初頭東アジア国際政治における三つの文化の交錯について」(日本国際政治学会『国際政治』129号、2002年)。
7) 岡本隆司『馬建忠の中国近代』(京都大学学術出版会、2007年)。
8) Owen Nickerson Denny, *China and Korea*, Seoul, 1888. デニーはアメリカ人で、1886-1890年に朝鮮の顧問をつとめた。O. N. デニー著、岡本隆司校訂・訳注『清韓論』(東北アジア文献研究叢4、成文社、2010年)。一般的に、岡本隆司『属国と自主のあいだ——近代清韓関係と東アジアの命運』(名古屋大学出版会、2004年)。
9) 三谷博・並木頼寿・月脚達彦編『大人のための近現代史　19世紀編』(東京大学出版会、2009年)。
10) 飯倉章『イエロー・ペリルの神話——帝国日本と「黄禍」の逆説』(彩流社、2004年)。
11) 岡倉天心著、佐伯彰一ほか訳『東洋の理想——他』(平凡社(東洋文庫)、1983年)。
12) 小松久男『イブラヒム、日本への旅——ロシア・オスマン帝国・日本』(刀水書房、2008年)。
13) 大川周明『復興亜細亜の諸問題』(大鐙閣、1922年)。
14) 長崎暢子『インド独立——逆光の中のチャンドラ・ボース』(朝日新聞社、1989年)。
15) 竹内好『日本とアジア』(ちくま学芸文庫、1993年。原著、1966年)。
16) 2016年現在の諸議論を知るために、金香男編『アジア共同体への信頼醸成に何が必要か——リージョナリズムとグローバリズムの狭間で』(ミネルヴァ書房、2016年)。

2 初期アジア主義と中江兆民
—— 日本の文明開化、ヨーロッパとアジアの創造

エディ・デュフルモン

「紳士君、君一たび史を繙きて之を誦せよ、万国の事跡は万国の思想の効果なり、思想と事業と迭に累なり互に聯なりて以て迂曲の線を画すること、是れ即ち進化神の行路なり」

南海先生(中江兆民)『三酔人経綸問答』

序　アジア主義と自由民権運動

　近年、近衛篤麿(1863-1904)創立の東亜同文書院や、亜細亜協会(1883年)、興亜会(1880年)の前身である新亜社(1877年)のケースを取り上げて、アジア主義の初期について論じる研究が多くなされてきている。そこで明らかにされた特筆すべき事実は、末広鉄腸(1849-1896)[1]や草間時福[2]などが、アジア主義思想とはあまり縁のないはずの自由民権運動で活躍しながら、興亜会に参加していたことである。自由民権運動で最も有名な思想家である植木枝盛(1856-1892)も、アジアにおいて民主主義と近代化の理想を広げる希望から、興亜会に興味を示したことがある。しかし、植木はアジアばかりでなく、全世界で民主主義と近代化を広げたかったため、アジアしか目指さない興亜会から離れた[3]。いずれにせよ、最近の研究によって、植木が植民地主義を支援したこと、とりわけ朝鮮侵略を支援したことが明らかになっている[4]。しかも、彼の「支那主義」批判は文化的に共通する地域としてのアジアを意識したとは言いがたい。彼の思想においては、「アジア」といった地域的概念よりも「民族」、あるいは「世界」といった概念の方が遥

かに重要だった[5]。

　それでは、ここで本稿において中江兆民(1847-1901)を取り上げる理由について述べたい。彼は自由民権運動において「小日本主義」のもと、平和主義を唱えている。その側面は従来の研究でもよく指摘されてきたが、中江兆民の晩年には、それとは完全に相反する側面が現れている。兆民が政治に戻った1897年以降、兆民は日清戦争を「空前ノ偉業[6]」として高く評価している。国民党を創立した際、また近衛篤麿の国民同盟会に参加した際も、兆民が対露戦争を応援したことを小林端乃は証明している[7]。

　兆民の反平和主義的な側面を意識することで、これまで討論の対象になってきた『一年有半』の中の、近衛篤麿と玄洋社の頭山満(1855-1944)を賛美する箇所を理解することができるだろう[8]。小林端乃が指摘したように、従来の研究は、「真の兆民」とされる1880年代の兆民と晩年の兆民と相対化させ、晩年の兆民を無視しがちであった。その視点は民権と国権が矛盾するという考えに基づいているが、民権と国権は必ずしも矛盾するわけではない[9]。この意味で「真の兆民」(1880年代の兆民)への復帰と解釈され高く評価されている『一年有半』と『続一年有半』は国民党や国民同盟会への参加と矛盾しない。

　このように、兆民を理解するには重要な課題が残っている。兆民は一体どのようにアジアをとらえたのだろうか。小林端乃の研究のように、中江兆民を自由民権運動時代の彼と、彼の晩年とを総合的に論じる研究はまだ少ない。しかし、小林端乃の研究も国民同盟会と中江の関係に焦点を置いているに過ぎず、兆民の中国思想への関心はさておき、唯物論である彼の思想と「アジア」がどういう風に結ばれたかを論じていない。よって、まず少年から晩年までの兆民がいかにアジア主義運動と関係があったことを論じ直すべきである。

1　豪傑君としての兆民──アジア主義運動との関係

　以上に指摘した『一年有半』の箇所以外にも、アジア主義運動との関係を証明する箇所がある。同じく『一年有半』で兆民は次のように述べている。

　　「真に人をして驚嘆せしむるに足る、然れども一たび理義の際を察す

2 初期アジア主義と中江兆民(デュフルモン)

るに及では、其畏る可きもの果て安くに在るや。外交と号する詐欺を逞くして、其れ相ひ排陥傾奪するの状、宛も餓狗の腐肉に於けるが如し、我その賤しむ可きを見る、其敬すべきを見ず、但近日営を北清の野に連らぬ、聯票鑣して敵に当る、方り、彼等が大に其弱失の処を見はして、蛮野の風を発せしを見て、我邦軍人輩、皆始めて彼等の所謂文明の、往々形質の表に止まりて、理義に至りは我れと相下らず、或は大に我れに劣る有るを知れり、今より以往所謂恐外病其れ或は少く痊ゆるを得可き耶、蓋し一の極より他の極に走るは常人の情也。」[10]

ここで兆民は厳しくヨーロッパとアメリカの軍隊を批判しているが、日本軍の行った同じ行動に言及していない[11]。

また『一年有半』の別な箇所では、社会の秩序を守れないキリスト教の劣等生に対し、日本人と中国人の優越性を強調している。

「更に支那日本に観よ、二国倶に宗教には極めて冷澹なるに拘らず、人民の温和で、人をして酸鼻せしむる悪事を敢行する者は、今昔欧州に比して大に罕有るではないか。」[12]

ここで兆民は明記していないが、キリスト教よりも儒教の方が社会秩序に有効であると考えたように思われる。

このように『一年有半』と『続一年有半』には、ヨーロッパとアメリカに対する批判的な文章が読みとれるが、そのような兆民の批判的態度は晩年の著作に限らない。それ以前にもある。

1880年代の兆民には民主主義の英雄というイメージがある。しかし、その時期の彼の著作と行動にもアジア主義が現れている。例えば、当時兆民は東亜同文書院の前身である東洋学館の創立に係わった[13]。その組織は日清貿易と同時に文化的交流を図るために、亜細亜協会会員で記者の末広鉄腸によって1884年に上海で創立されたが、学生の人数と資金が足らず、たった一年で閉館となった[14]。黒龍会によれば、兆民はその創立の際に来清し、「英雄の士一たび起きたば天下響の如く応ずるは支那人の本色である。清国は真に英雄事を成すの地だ」と述べたという[15]。中国で、「活動党」という政党の創立にも参加したとあるが、その詳細についての情

報はない[16]。

　以上のような活躍は一時的なものだが、同時期に彼が書いた『三酔人経綸問答』(1887年)と関連して興味深いことがある。この政治小説の三人の登場人物は兆民の分身である。その一人である豪傑君は中国への侵略を認め、上海に赴く。豪傑君同様に兆民は上海に行ったが、東洋学館に参加したという点で、もう一人の登場人物である南海先生にも重なる。すなわち、南海先生は中国と日本の間に、民主主義と文化的交流、および貿易を復興すべきであり、日本は島国として閉じたまま、帝国主義に傾倒すべきではないと強調した。また南海先生はアジア人同士の連帯感を基本として中国と日本が友情的関係を築くべきだと強調しない。ところが、『三酔人経綸問答』にはヨーロッパとアメリカによる日本植民地化の恐れが表現されており、その脅威を意識する南海先生は全国民総動員を図る。

　従来の解釈において、兆民には平和主義と「小日本主義」が特徴付けられているが、そこから彼のルソーへの傾倒も関連付けられている。しかし、兆民だけが平和主義者ではなかった。実は、『三酔人経綸問答』と類似した論拠をもって、東洋学館の末広鉄腸も平和主義と「小日本主義」を唱えている。しかも、末広鉄腸は兆民以前にそれを唱えている。末広鉄腸の場合、「小日本主義」を強調した理由は政治的プラグマチズムから来ている。末広鉄腸は日本が列強に包囲されていることを意識しており、その中には中国も含まれていた。

　末広鉄腸は『三酔人経綸問答』の登場人物のように、無限に資源を持つ国と中国をみなしていた。隣国が自国より遥かに強いからこそ、日本は中国との友情を重視し、貿易を中心とした関係を築くことを理想とした。彼によれば、アジアの二本柱である日本と中国の友情がアジアの独立を可能とする。朝鮮半島をめぐって、日本と中国の紛争が始まった1880年代に、末広鉄腸は親日派の金玉均と親しい関係にあったが、日本政府を厳しく批判し、朝鮮の放棄を強調した[17]。要するに、末広鉄腸の「小日本主義」はあくまでも日本の利益優先のものであった[18]。Lionel Babiscz も指摘しているが、自由民権運動と福沢諭吉の朝鮮に対する支援はアジアの利益のためではなく、まだ中国の兵力に及ばなかった日本の利益のためであった[19]。以上のことを考慮すると、兆民の平和主義と「小日本主義」論は、末広鉄腸

の論説と変わりなく、彼独自の思想ではないように思われる。そう考える時、兆民の生涯において日清戦争の1894-5年は必ずしも岐路であったとは言えない。

　また、アジアの将来に対する兆民の心配は『三酔人経綸問答』以前も現れている。例えば、彼の処女論文とされる「策論」(1875年)において、兆民は「怒濤ヲ凌ギ猛飆ヲ冒シテ亜細亜地方ニ来ル」として、ヨーロッパ人の侵略という問題を論文の中心に置いた[20]。確かに小林端乃が指摘したように、兆民は晩年、国家に最新の科学技術を計画的に取り入れ、質の高い商品を生産できる力を養うことを期待した[21]。しかし、兆民はすでに「策論」で、日本は「誠ニ是ノ若クナレバ英ヲ凌ギ仏ニ駕シ宇宙第一ノ善国ト成ルコト日ヲ計ヘテ待ツ可シ」と考えている[22]。

　さらに兆民によるルソーの著書翻訳にもアジアに関する関心が現れている。例えば『社会契約論』を翻訳した際、ルソーがロベルト・フィルマーを批判しながら「人種」の平等を強調する箇所を翻訳したのは偶然ではないだろう[23]。同様に、『非開化論』の中で兆民は、西洋人による「蛮夷ノ邦」と「文明ノ邦」の区別を「無礼ノ甚キニ非ズ乎」とたしなめている[24]。

　以上、兆民と初期アジア主義運動との関わり、また兆民のアジア侵略への意識を検討した。では次に、兆民がどのようにアジアとヨーロッパをとらえていたかについて論じていきたい。

2　アジアの創造、ヨーロッパの創造

　明治時代の思想家らしく、中江兆民が概念としての「文明」を重視したことは驚くべきことではない。宮村治夫が指摘したように、福沢諭吉は自由の地ヨーロッパと、儒教と専制政治の地のアジアとして両者の区別をつけた。宮村治雄は「自由の心思」を引用して、兆民は自由に生きているヨーロッパ人と自由を知らないアジア人を区別していると説明している[25]。しかし、他のテキストを参照すると、兆民の文明観に若干違う解釈をすることができる。兆民はよく「文明」という言葉を使ったが、当時その「文明」と対象としてよく使われた「野蛮」という概念をめったに使わなかった。彼はただ単に、文明的なヨーロッパと野蛮なアジアとして両者の間に区別をつけようとしなかった。

兆民は一国のみではなく全人類に対して「文明」を使用する。彼は「アジア」という言葉を多く使っているが、福沢諭吉が使う「アジア」ほど極端な意味を持たない。また兆民は福沢と違いヨーロッパを崇拝しない。即ち、兆民は文明の国としてヨーロッパとアメリカを認めている反面、それら国々は侵略的国家でもあると述べている。たとえば彼は、「欧米人の我邦来りたるは我より招納したるに非ず、彼れ自ら好みて来れり、彼れ自ら其開化と号し文明と称する所の利益を恃みて来れり」と書いた[26]。また兆民が、1872-4年のフランス留学からの帰国旅行中、欧州列強の植民地であったインドとエジプトの労働者を見て強い衝撃を受けたことは驚くべきでないであろう[27]。渡仏する以前も兆民は「攘夷」を強調した坂本龍馬を知っていた。日本でレオン・ロッシュの通訳者として働いた経験もある。つまり当初からヨーロッパの優位性に両手をあげて賛成というわけではなかった。

　また、兆民がヨーロッパとアメリカを指す時に「太西」や「西洋」という言葉を用いたとしても、それは必ずしもそれらの国々を一つの団結体とみなしたわけではない。兆民はフランスやイギリスのような侵略的な国と、日本より必ずしも発展しているとは限らない国との区別をつけている。例えば、兆民はスペインについて「第二等国の列に降るに至れり（…）今日西国に要するものは内国交通の道路なり教育の普及なり宗教圧制の廃閣なり」[28]とする。また、兆民は、小国ながら国の独立を守ることができたスイス、ベルギーとオランダを高く評価している[29]。兆民にとってスイスは「独逸仏蘭西英吉利等の国を小さくしたるも同様にて文物旺盛の度は少も異なること無し他の大国が純金なれば端西も亦純金なり唯目方の多少の異なるのみ而して風俗の美なるの点に至ては他の大国の遠く及ばざる所なり（…）小国の民たる者強暴の大国をして已むを得ずして自ら十九世紀国交の徳義を守らしめ已むを得ずして自ら義侠気を発せしめんと欲せば唯国中人々皆何時にても国と俱に斃る可しと決心するの一有るのみ」と書いている[30]。以上のような主張は、『三酔人経綸問答』の南海先生の言動に現れている。南海先生はヨーロッパ列強による侵略の場合には、洋学紳士の純粋な平和主義を唱えるのではなく、自衛戦争を選ぶ方がふさわしいと考えている[31]。道徳的自由は政治的自由に先んじるのと同様に、道徳は「学術」進化の基礎としている。その考えは「策論」から現れている[32]。

2 初期アジア主義と中江兆民(デュフルモン)

　松永昌三が指摘したように、兆民は理想(道徳)と事実(利益と勢力)の間にバランスを求めた。この意味で彼はスイスなどを手本とした。このような兆民の態度は、アジアそのものを強調するよりも、人間の平等を強調するためであっただろう。また中江は、アジアといった文化的地域体よりも、国民国家を重視したと言える。例えば彼はミャンマー、エジプト、韓国をアジアやアフリカの一つの国としてとらえず、国民国家としてとらえている。曰く、

> 「其国家に在りて実に寒心す可し、欧米諸国の斯の如く盛大なる者、他無し其れ民皆孜々として其事に勤め、死に之くまで他靡きに由らずんばあらず、緬甸、土耳其、埃及、朝鮮等の萎靡はざる今日の如くなる所以の者、其民小成に安じて肯て勤めざるが故也。」[33]

　兆民は「人種」を評価する基準として道徳を重視している[34]。しかし、道徳がある、ないで「人種」を区別するわけではない。むしろ、兆民は傲慢な人間を「白人」にも「黄人」にも見出している[35]。「良心ノ論」において兆民は「今人動モスレバ白皙人種ハ黄黒ノ人種ニ賢ルト。吾レ決シテ然リト謂ワズ。仏蘭西ハ白皙人種ノ邦ナリ。而シテカロンヌ一輩ノ人有リ。我日本ハ黄人種ナリ、而シテ古ヨリ今ニ至ル迄デ、未ダカロンヌノ如キ人ヲ打出セズ。是レハ則チ、黄族ノ良心ハ白族ノ良心ニ比スレバ、更ニ大ニ明ナリト謂フ可シ。苟モ良心ノ明ナル、其他文物何ゾ論ズルニ足ランヤ」と述べたうえで、人種の間の比較そのものを否定している[36]。

　同じ論調で、兆民は「欧羅巴の為に殴たれ踏れ愚弄せられて卿等余等並に三千有余万の我同産兄弟が時々日々月々年々涕を飲みて暗泣するに非ず乎」と非難し、「亜細亜の声価を騰る」べきとし、「古今我亜細亜に例無き所の国会」を創る必要を強調している[37]。このように兆民のなかでは、国の威厳と独立性は緊密に結ばれている。その理由を兆民は「畏懼する所さへ無ければ依頼するには及ぶまじ亡滅を畏れて他国に依頼するは羞辱を招くの道なり依頼の一念を掃ひ去らざれば国の独立は望む可らず」と考えたからである[38]。これを見れば、小林端乃のように兆民の晩年に「欧米列強への強い不信感」があったと単純に説明することはできない[39]。

　兆民におけるアジアとヨーロッパ・アメリカの役割を考える時、彼のロ

シアについてのとらえ方に特に重視すべきである。というのも、1880年代の兆民は、外交上、ロシアには重大な役割があるとしているからである。例えば『三酔人経綸問答』の中で彼はロシアのことを「欧州戦乱の禍を造出する工廠なり」と描いている[40]。

同じ時期の別の記事で兆民は、自身の外交論を裏付ける歴史観を説明している。それによれば、歴史は「人種」の膨張に基づいており、その時代ごとに、ある「人種」によって支配されている。例えばヨーロッパの古代はローマ帝国を通じて「ラテン人種」に支配された。中世になると、チムールの時代は「亜細亜人種」の膨張時期であった。近代はイギリスとドイツを代表する「日耳曼人種」(ゲルマン人種)の膨張時代とされていて、将来は「スラーヴ人種」が台頭すると兆民は推定する。「利刀は何ぞや自由の大義即ち是れのみ」と云う兆民にとって、日露戦争は日本とアジアの自由を守るためであっただろう。

このように、ロシアに対する兆民の態度は晩年だけに現れたわけではない。それは自由民権運動の時期にも存在しており、これは兆民の立場が一貫していることを意味する。彼にとっての脅威はヨーロッパよりもロシアにあると考えた[41]。この観点からいうと、兆民は、もし戦争で日本がロシアに勝てば東洋の平和が確実になり、また日本が負けた場合には日本で革命が勃発すると、いずれの場合も利益になると幸徳秋水に言ったことは驚くべきではない[42]。もし1880年と1901年における兆民の内側に何らかの変化があったとしても、その変化は松永昌三が指摘した理義と利益の厳しい緊張関係を表すだけであろう[43]。

ここで、兆民がどのように植民地化政策について考えていたのかを無視することはできない。意外なことだが、兆民は人間の平等とアジアへの侵略をよく意識していたにもかかわらず、植民地化自体についてはあまり批判していない。「論外交」においては確かに「己レノ強盛ヲ恃ミテ人ノ微弱ナルヲ軽賤シ己レノ文物ニ誇」る[44]とヨーロッパを批判することで植民地化への批判にもなっているといえるが、直接的には1891年の別の論文で植民地化について論じている。最初の論文で彼は植民地化を3つの種類に分けている[45]。第一は遺僧播宗を目的とするスペイン式の植民地化である。第二は貿易を目的とするオランダ式の植民地化、第三は移住耕作を目指すイギリス式の植民地化である。ところが、兆民の論説において「亜細亜の

2 初期アジア主義と中江兆民(デュフルモン)

侵略に垂涎し、長策を揮ふて、早晩必ず韓を郭とし清を郊と」するロシア式の植民地化を例外としていることに注意すべきである。兆民は「英の策最も鞏固なり、直に土地の所有を得るが故」と書いている。その植民地論に従えば、兆民は人種の比較を否定し、アジアへの植民地化を非難したが、植民地化自体を否定しなかったし、むしろそれを支援したといえるだろう。

もう一つ別の論文において同じ論説が見られるが、上述した3つの植民地化のタイプを異なる特徴で定義している。スペイン式の植民地化は「金銀鉱を目的として移住すること」、オランダのそれは「専ら貿易を目的とひて移住すること」、最後にイギリスの植民地化は「土地を得て開墾耕種の業を目的として移住すること」だとしている。そして、日本人がどのような植民地化政策を取るべきかについて意見を述べる。兆民曰く、「我日本国民は左程切迫なる必要有るにも非ず俄に郷理を明渡して海外に転居するにも及ばず目下の所にては西班牙の如く採鉱の目的に出掛けるも佳し荷蘭の如く貿易の目的にて出掛けるも佳し但望むらくは責めて中産以上に位する人物(…)の鋤犂を把りて移住する真の移住民も追々に出で来たる可し」[46]。ここにも兆民が植民地化に賛成であったことがうかがえる。もちろん、兆民が生きていた頃の日本には、既に植民地があり、1895年の戦争によって日本は台湾を獲得した。兆民は台湾における植民地化政策に言及していないが、日本の最初の植民地ともいうべき北海道の場合、兆民はアイヌ民族に対して同情的態度を示しながらも、北海道の植民地化自体を批判していない。しかも通商の可能性までも考えている[47]。

では、兆民がヨーロッパに対して批判的でありながら、植民地化に賛成であったとすれば、彼の思想をどのように考え直すことができるだろうか。

3 国家独立の秘訣としての哲学——兆民の文明観と開化論

兆民の思想において、「原素」という概念に基づいた唯物論がよく知られている[48]。兆民はこの言葉を政治の概念にも使った。つまり彼にとって、個人は国民の原素であり、国民は世界の原素である。ところが兆民は個人が国家に従うべきとは考えておらず、逆に国家が個人に従うべきだと強調している[49]。彼の哲学と政治思想は一致している。兆民は「文明」を重んじ、哲学を非常に重視した。『一年有半』の中で「国に哲学無き、恰も床の

間に懸物無きが如く、其国の品位を劣にするは免る可らず…」「哲学無き人民は何事を為すも深遠の意無くして、浅薄を免れず」と書き、科学と芸術が民族の一番誇ることができるものだとしている[50]。

　処女作の『策論』でも、兆民はイギリスのエリザベス女王1世とフランス国王のヘンリー4世は「学術漸ク闢ケ智巧浸ク進」んだため、両国は強国になったと説明している[51]。『一年有半』等で、兆民が明治の日本に不満を抱いていたことはよく知られている[52]が、従来の研究でまだ取り上げられていない別の論文を通して、兆民の開化論と文明観がよりあきらかになる。「わが国の開化」(1901年)の中で、兆民は以下のように説明している。

　　(日本の)「開化は人造的なり、先覚者の誘導より来れるものなり、自国自然の発明に由れるに非らずして外国の師匠を学びて之を模擬するに由れるなり、故に先覚者が此外国の師匠より学得し来れるものを以て雛形を造りて、而して一般人民を此雛形の中に入れること、是れ我邦従来政治的、並に社会的状態の一般なりとす、更に簡言すれば、人民が開化し往くと謂うよりは寧ろ開化其物の中へ人民を追い込むなり、容器先ず生じ、容物是れに随う。」[53]

　この箇所は兆民の思想を理解するために極めて重要と思われる。なぜかと言えば、彼の政治思想と哲学の基礎になっている唯物主義がよく現れるからである。(ここで言う)容器と容物の論理には、兆民の生涯にかけて一貫している道教の影響が感じられる。兆民の自由観には道教から強いインスピレーションを受けた跡が見られる[54]が、兆民によれば道徳的自由は政治的自由に先んじるため、民主主義の発展に一番重要となる[55]。それがゆえに彼は「一国文明の進不進は其国人の考えると考えざるとに由る」と考えた[56]。そう考えれば『一年有半』のなかで有名なフレーズ、「日本には哲学無し」も同様に理解できる。ここで注意しなければならないのは、兆民の意味する日本人の文明化批判は、日本の所謂「伝統」を守ることではなく、むしろ日本人に主体性が欠けていることである[57]。彼は同じ基準をして、ヨーロッパにおける道徳を無視した、利益第一優先の功利主義に批判を向けている[58]。兆民がルソーに敬服したのは偶然ではなく、まさに道徳を重視したからである。

2 初期アジア主義と中江兆民（デュフルモン）

　兆民はヨーロッパ人とアメリカ人を鋭く批判したと同時に、日本人の短所もよく指摘した。兆民によれば、日本人は「主宰」を欠き、ヨーロッパ人とアメリカ人に対する尊敬と蔑視のバランスをとれたことがない。1853年以来「洋夷」、「夷人」、「外国人」、「西洋人」等、徐々に変化してきたヨーロッパ人とアメリカ人に対する呼称のリストを纏めながら、「唯此前後呼称の差異のみにても我邦人の彼れ外人に対する近時三四十年来感覚情意の一変せしを見るに足るに非ずや」と述べている[59]。日本人は治外法権まで認めていると兆民は非難している[60]。

　兆民によれば、1853年頃の日本人は、非常に「洋夷」を蔑視したが、明治時代に入っては「西洋人」を非常に尊敬していると言っている。同様な態度を中国人に対する態度においても見出している。つまり、日本人は非常に中国人を尊敬したことがあったが、現在は中国人を蔑視している[61]。確かに兆民はヨーロッパに対して批判的であったが、人間の条件の普遍性を信じる兆民の批判の対象は、ヨーロッパを崇拝するという行動よりも崇拝するという行動そのものであった。それゆえに、アジアの名のもとではなく人類という名のもとで、アジア人に対するヨーロッパ人の人種差別主義を批判し、アジア人はヨーロッパ人と同じ人間とした。「西洋人」と「亜細亜人」は平等であるからこそ、兆民は「文明人の痰唾を戴、強国人の反吐を拝して、茲に乃ち得たりとして、揚々として、一等国民と自称して、東亜の盟主と自号」している日本人を批判した[62]。つまり、ヨーロッパ人をあまりに意識しすぎるがための帝国主義の真似を批判した。それは南海先生が云った「皆欧州諸国の形勢に於て過慮する所以有るが故なり」[63]に象徴されている。

　ではアジアはどのように位置づけられているか。兆民はアジア、あるいはヨーロッパであれ、科学と文化のレベルを基準に用いている。『三酔人経綸問答』に登場する洋学紳士は次のように豪傑君に反論している。「怪物の豪傑は我東方に於て類似の人有るも真の豪傑は我東方に於て類似の人物甚だ寡し。是れ我東方の欧州に及ばざる所以なり。観よ歴三徳や愷撒や拿破崙や若し劉邦勿必ず烈豊太閤の属を以て之を比する時は幾分か相類する所有るを見るもニュートンやラウォアジェーやアダムスミスやコントや誰か類似の人物有る乎」[64]。こうした表現は他のテキストにも見てとれる[65]。

　ところで、兆民は「亜細亜」という表現しかほとんど使わない。逆に彼が

「東洋」という言葉を使う時、専制政治の地としてのアジアに意味を持たせているのは興味深い。兆民が文明を論じる時、科学、文化、教育、武力が盛んな「学術」のヨーロッパと、その対極にある「不学無術」のアジアとして区別している[66]。しかし、彼はアジアが永遠に専制政治の地のままであるとは考えなかった。アジアでも科学と民主主義が発展することは可能で、いつかヨーロッパ人とアジア人の差異がなくなると考えた。兆民が道徳的自由と政治的自由を区別する時、前者は全世界に存在し、後者はヨーロッパとアメリカにしか存在していないと説明している。またアジアにも優れた思想家がいたことを加え[67]、その思想家がいたからこそ、アジアには道徳的自由が存在するし、政治的自由が可能であるとする。

この意味で、『三酔人経綸問答』に登場する南海先生は「紳士君紳士君、君若し進化神は立憲若くは民主の制を愛して専擅の制を愛せずと曰ふときは是れ土耳古、白爾失亜(ペルシア)には進化神は有らざる乎。若し進化神は生育の仁を嗜みて殺戮の暴を嗜まずと曰ふときは是れ項羽が趙の降卒四十万人を坑(あな)にせし時は進化神は在らざりし乎」と言っている[68]。また他の論文で兆民が政党を論じる際、中国、インド、ペルシアやトルコには政党が存在しないこと、そして今や「アジアの政党は勝負を腕力に決し、泰西の政党は勝負を輿論に決し」ていると現実を認める一方、アジアにも政党成立の可能性があり、政党はヨーロッパとアメリカだけにある話ではないと述べている[69]。兆民は民主主義の普遍性を信じたからこそ、『一年有半』のなかでこのように書いている。

> 「民権是れ至理也、自由平等是れ大義也、此等理義に反する者は竟に之が罰を受けざる能はず、百の帝国主義有りと雖も此理義を滅没することは終に得可らず、帝王尊しと雖も、此理義を敬重して茲に以て其尊を保つを得可し、此理漢土に在ても孟軻、柳宗元早く之を覷破せり、欧米の専有に非ざる也。」[70]

このように兆民は、アジア人とヨーロッパ人の平等を実現する文明は、ヨーロッパで生まれたものでもなく、ヨーロッパが独占するものでもないと考えた。道徳と民主主義の普遍性を信じた兆民は、その普遍性を信じたからこそ民主主義のためにおおいに行動したといえるだろう。その信念は

2 初期アジア主義と中江兆民（デュフルモン）

人種否定論の「良心ノ論」に見えるが、当初の兆民の思想にも見える。「策論」に曰く、

「西土ノ道学ハ希臘矢蘇曷刺篤、必羅頓ニ原本ス、而テ二賢ノ道ヲ論ズル、仁義忠信ヲ外ニセズ、篤介欧地ニ在テ其書ヲ読ミ誠ニ斯道ノ古今遠邇確乎トシテ易フ可ラザルヲ知ル。」[71]

以上の箇所に示唆されているように、道徳の普遍性は中国思想とヨーロッパ思想が平等にあることを意味する。平等という概念は兆民の著作に絶えず現れているが、それは間接的にである。例えば、『理学鉤玄』と『一年有半』の中で孔子とソクラテスをともに名前を並べ哲学者として紹介している[72]。また兆民が哲学を論じる時には、孟子と道教を引用している[73]。一度だけ兆民がアジアの思想家の一人をヨーロッパの哲学者と同じレベルにあるとして名前を挙げたことがある。その思想家は孟子である。兆民曰く「プラトンや孟軻やスペンセルやマルブランシやアリストットやウィクトル・ユゴーや我を何と謂わん乎」[74]。

兆民の思想において中国思想がそれほど重要な要素であれば、ここで一つの疑問が出てくる。つまり、もしも中国と日本にヨーロッパの哲学者と同等なレベルにある思想家が存在し、アジア人もヨーロッパ人のように政治的自由に達することができるなら、なぜ兆民は、ヨーロッパ哲学と同じく中国思想を堂々と引用せず、孟子と荘子の思想を示唆的に引用するのに止まったのだろうか。そもそも、兆民は中国思想とヨーロッパ哲学の対話を試みたことがない。

アジア主義の歴史を考察すれば、中国思想そのものを重視すべきである。明治時代に中国思想を守ろうとした人物はアジア主義的運動とつながっている。例えば、明六社のメンバーであった中村正直は興亜会のメンバーであったし、植木枝盛に入会を勧めたのも彼であった[75]。斯文学会を創立した一人の谷干城(1837-1911)も興亜会のメンバーだった。兆民に漢文と中国思想を教えた一人、岡松甕谷も中村正直と共に斯文学会において活発に投稿した[76]。

明治思想史における中国思想の位置づけを再考する必要があるかもしれない。いずれにせよ、兆民は、フランス思想とルソーや、孟子、荘子から

のインスピレーションを受け独自な唯物主義を考え出し、その唯物主義が「ナカエイズム」という名称を持って、東西の哲学を超えることを意図したのは確かである[77]。「ナカエイズム」は新しい世界のための哲学であったのかもしれない。

結び

　兆民は「策論」より『一年有半』に至る、自分の生涯において、一貫した立場を取っている。彼にとって文明と道徳は普遍的なものであり、アジアやヨーロッパを超えるものだからこそ、両方を批判することができ、また人類の未来は民主主義にあると信じたのだろう。彼の東洋学館への参加、あるいはアジアに対するシンパシーは一見すればアジア主義への傾倒の根拠と説明されるが、上述したとおり、兆民がアジア主義者であったとは言いがたい。兆民は植木枝盛と同様、人種や地域的アイデンティティよりも民族を重視した。民族の平等は人間の平等の延長であった。この意味で、兆民を特別視し、民主主義と民族主義を結んだ自由民権運動の思想家と一線を引く理由はない。彼の小日本主義はロシアとの開戦を肯定する理由になり得た。

　兆民の特徴はむしろ中国思想に対する態度にある。ヨーロッパへの開国を強調した啓蒙家と違い中国思想に忠実な兆民だったが、決してアジア主義者や保守主義者ではない。彼はヨーロッパとアジアに優劣をつけず、人類は一つの文明圏にいると考え、自分の唯物論を人類の哲学とした。

　しかし兆民のなかに、中国思想とヨーロッパ思想を同じレベルでとらえた哲学はなく、中国思想とヨーロッパ哲学を対話させる本格的な試みはなかった。その対話の不在が、以後のアジア主義に現れる思想の混同を導いただろう。例えば北一輝は1906年の『国体論及純粋社会主義』で、孟子を東洋のプラトン、孔子を東洋のソクラテスとし、西洋人思想家の以前にも孟子は民主主義と科学的社会主義を強調していると結論付け、アジア人にヨーロッパの思想は必要でないと述べた[78]。つまり、北はアジアとヨーロッパが一つの文明圏に属すると考えた兆民の普遍主義とは逆に、アジアとヨーロッパを分けて自己中心主義的文明観を述べた。ここで兆民の批判した西洋人崇拝は、普遍に達するどころか、西洋人排斥と自己中心主義に陥ることになった。大正時代に流行し、日本の使命とされた「東西の融合」

は兆民の想像とはまったく異なる方向に向かうことになった。

参考文献

Babiscz Lionel, *Le Japon face à la Corée à l'époque Meiji*, Paris, Maisonneuve & Larose, 2002.

Dufourmont Eddy, «La pensée politique et la philosophie de Nakae Chômin à travers les discours des trois ivrognes», dans Nakae Chômin, *Dialogues politiques entre trois ivrognes*, traduit, présenté et annoté par Christine Lévy et Eddy Dufourmont, Paris, CNRS éditions, 2008, pp.164-8

Dufourmont Eddy, «Nakae Chômin a-t-il pu être à la fois un adepte de Rousseau et un matérialisteathée? Une tentative de resituer sa philosophie à la lumière de ses sources françaises et du Citoyen de Genève», *Ebisu*, 45, printemps-été 2011, p.5-25.

玄洋社社史編纂会編『玄洋社社史』(明治文献、1966年)。

北一輝『国体論及純粋社会主義』(『北一輝著作集』第1巻、みすず書房、1959年)。

幸徳秋水『兆民先生』(岩波書店、1960年)。

Kuroki Morifumi, «The Asianism of the Kôa-kai and the Ajia kyôkai», Sven Saaler and. J. Victor Koschmann dir., *Pan-Asianism in Modern Japanese History*, Londres, Routledge, 2007, p.34-51.

黒木彬文「植木枝盛の対外思想(1)」(『福岡国際大学紀要』7号、2002年)15-27頁。

黒木彬文「興亜会のアジア主義と植木枝盛のアジア主義」(『福岡国際大学紀要』9号、2003年)67-73頁。

小林端乃『中江兆民の国家構想——資本主義化と民衆、アジア』(明石書店、2008年)。

黒龍会『東亜先覚志士記伝』上巻(原書房、1966年)。

Lévy Christine, «Asiatisme et formation du premier courant anti-impérialiste au Japon», Arnaud Brotons et Christian Galan ed., *Japon pluriel 7*, Arles, 2007, p.149-159

真辺美佐『末広鉄腸研究』(梓出版社、2006年)。

松永昌三『中江兆民の思想』(青木書店、1970年)。

宮村治雄『日本政治思想史——「自由」の観念を軸にして』(放送大学教育振興会、2005年)。

中江兆民『中江兆民全集』(岩波書店、全17巻、1983-1986年)。

山田博雄『中江兆民　翻訳の思想』(慶應義塾大学出版会、2009年)。

註
1) 彼は1885年にトーマス・マコーリーの『*Lord Clive*』(イギリス東インド会社の最初総裁)を翻訳した。
2) Kuroki Morifumi, «The Asianism of the Kôa-kai and the Ajia kyôkai», Sven Saaler and. J. Victor Koschmann dir., *Pan-Asianism in Modern Japanese History*, Londres, Routledge, 2007, p.34-51.
3) 黒木彬文「興亜会のアジア主義と植木枝盛のアジア主義」(『福岡国際大学紀要』9号、2003年)73頁。
4) 黒木彬文「植木枝盛の対外思想(1)」(『福岡国際大学紀要』7号、2002年)15-27頁。
5) 前掲註(3)黒木論文、72頁。
6) 中江兆民「国民党創立趣意書・政綱」(1898年)(『全集』第15巻)204頁。
7) 小林端乃『中江兆民の国家構想──資本主義化と民衆、アジア』(明石書店、2008年)194-225頁。
8) 中江兆民『一年有半』(『全集』第10巻)203、205頁。
9) 前掲註(7)同書、14頁。
10) 中江兆民『一年有半』(『全集』第10巻)207頁。
11) 日本軍を批判したのは彼の弟子に当たる幸徳秋水である。Christine Lévy, «Asiatisme et formation du premier courant anti-impérialiste au Japon», Arnaud Brotons et Christian Galan ed., *Japon pluriel 7*, Arles, 2007, p.149-159参照。
12) 中江兆民『続一年有半』(『全集』第10巻)246頁。
13) 黒龍会『東亜先覚志士記伝』上巻(原書房、1966年)317-8頁。
14) 真辺美佐『末広鉄腸研究』(梓出版社、2006年)。
15) 前掲註(13)同書、317-8頁。
16) 玄洋社社史編纂会編『玄洋社社史』(明治文献、1966年)239-240頁。
17) 1894年に兆民は大井憲太郎と頭山満と共に、金玉均の葬式に出席した(前掲註(7)同書、154頁)。
18) 前掲註(14)同書。
19) Lionel Babiscz, *Le Japon face à la Corée à l'époque Meiji*, Paris, Maisonneuve Larose, 2002, p.111-5.
20) 中江兆民『策論』(1875年)(『全集』第1巻)28頁。
21) 前掲註(7)同書、162-6頁。
22) 中江兆民『策論』(『全集』第1巻)26頁。
23) 中江兆民『民約訳解』(1882年)(『全集』第1巻)144頁。
24) 中江兆民『非開化論』(『全集』第1巻)221頁。山田博雄『中江兆民 翻訳の思想』(慶應義塾大学出版会、2009年)221頁。

25) 宮村治雄『日本政治思想史――「自由」の観念を軸にして』(放送大学教育振興会、2005年)297頁。
26) 中江兆民「治外法権の撤去」(1891年)(『全集』第13巻)23頁。
27) 中江兆民「論外交」(1882年)(『全集』第14巻)134-5頁。
28) 中江兆民「西班牙国」(1888年)(『全集』第11巻)307頁。
29) 中江兆民「論外交」(『全集』第14巻)136頁。前掲註(24)同書、215-7頁。
30) 中江兆民「端西国」(1888年)(『全集』第11巻)325-8頁。
31) 中江兆民『三酔人経綸問答』(1887年)(『全集』第8巻)267頁。その思想は「土著兵論」(1888年、『全集』第11巻、142-152頁)にも表れるし、「政理叢談」で翻訳されたエティエーヌ・バシュローなどのフランス共和主義者にも表示されている。
32) 中江兆民『策論』(『全集』第1巻)23頁。
33) 中江兆民『一年有半』(『全集』第1巻)189頁。
34) 中江兆民「条約改正」(1889年)(『全集』第15巻)90頁。
35) 中江兆民「国の文明たると野蛮たるとを問わず」(1888年)(『全集』第11巻)58頁。
36) 中江兆民「良心ノ論」(1882年)(『全集』第14巻)94頁。
37) 中江兆民「青年輩脳髄中の妄念」(1887年)(『全集』第11巻)41頁。同「本紙発刊の詞」(1887年)(『全集』第11巻)49頁。
38) 中江兆民「外交論」(1888年)(『全集』第11巻)223-4頁。
39) 前掲註(7)同書、105頁。
40) 中江兆民『三酔人経綸問答』(『全集』第8巻)254頁。
41) 中江兆民「又々露矢西亜国」(1888年)(『全集』第11巻)320頁。
42) 幸徳秋水『兆民先生』(岩波書店、1960年)27頁。
43) 松永昌三『中江兆民の思想』(青木書店、1970年)28-9頁。
44) 中江兆民「論外交」(『全集』第14巻)134頁。
45) 中江兆民「又土地所有権に就て」(1891年)(『全集』第12巻)347頁。
46) 中江兆民「外国出稼」(1892年)(『全集』第13巻)218頁。
47) 前掲註(7)同書、35-6頁。
48) Eddy Dufourmont, «Nakae Chômin a-t-il pu être à la fois un adepte de Rousseau et un matérialisteathée? Une tentative de resituer sa philosophie à la lumière de ses sources françaises et du Citoyen de Genève», *Ebisu*, 45, printemps-été 2011, p.5-25.
49) 中江兆民「国家の夢、個人の鐘」(1890年)(『全集』第12巻)98頁。
50) 中江兆民『一年有半』(『全集』第10巻)156頁。
51) 中江兆民『策論』(『全集』第1巻)127頁。

52) 中江兆民『一年有半』(『全集』第10巻)195頁。
53) 中江兆民「我国の開化」(1901年)(『全集』第13巻)288-9頁。
54) 中江の思想における道教については、Eddy Dufourmont, «La pensée politique et la philosophie de Nakae Chômin à travers les discours des trois ivrognes», dans Nakae Chômin, *Dialogues politiques entre trois ivrognes*, traduit, présenté et annoté par Christine Lévy et Eddy Dufourmont, Paris, CNRS éditions, 2008, p.164-8 を参照。
55) 前掲註(25)同書を参照。
56) 中江兆民「考へざる可らず」(1901年)(『全集』第13巻)227頁。
57) 中江兆民「考へざる可らず」(『全集』第13巻)227頁。
58) 中江兆民「原政」(1878年)(『全集』第11巻)17頁。
59) 中江兆民「又治外法権の撤去」(1891年)(『全集』第13巻)27頁。
60) 中江兆民「神経病」(1891年)(『全集』第12巻)349頁。
61) 中江兆民「清国商人と本邦商人」(1889年)(『全集』第12巻)60頁。
62) 中江兆民「大恥辱大滑稽」(1898年)(『全集』第13巻)225頁。
63) 中江兆民『三酔人経綸問答』(『全集』第8巻)264頁。
64) 中江兆民『三酔人経綸問答』(『全集』第8巻)251頁。
65) たとえば「青年輩脳髄中の妄念」(『全集』第11巻)41頁。「国会は官衙に非ず」(1891年)(『全集』第13巻)122頁。「心思の自由」(1881年)(『全集』第11巻)15頁。
66) 中江兆民「国民党生ぜらるべからず」(1898年)(『全集』第15巻)157頁。
67) 中江兆民「心思ノ自由」(『全集』第14巻)15頁。
68) 中江兆民『三酔人経綸問答』(『全集』第8巻)258頁。
69) 中江兆民「政党論」(1888年)(『全集』第11巻)172頁。
70) 中江兆民『一年有半』(『全集』第10巻)177頁。
71) 中江兆民『策論』(『全集』第1巻)26頁。
72) 中江兆民『理学鉤玄』(『全集』第7巻)13頁。同『続一年有半』(『全集』第10巻)286頁。
73) Dufourmont, «La pensée politique et la philosophie de Nakae Chômin à travers les discours des trois ivrognes», *op.cit.*
74) 中江兆民『三酔人経綸問答』(『全集』第8巻)183頁。同「無人島の居民」(1890年)(『全集』第12巻)105頁。
75) 前掲註(3)黒木論文、69頁。
76) 彼は『斯文学会雑誌』に多数の論文を投稿した。
77) 中江兆民『続一年有半』(『全集』第10巻)225-235頁。
78) 北一輝『国体論及純粋社会主義』(『北一輝著作集』第1巻、みすず書房、1959年)412頁。

3 アジア主義と国益
―― 明治期の内田良平を例として

グレゴワル・サストル

　19世紀における欧米列強のアジア進出に際して、日本は自国のあり方を再考する必要に迫られ、明治維新という大きな変革を行った。そこでは、国内の近代化に向けた改革が行われただけではない。諸外国と新しく国交を開くことで、日本は国際社会における自分の立場を常に意識せざるを得なくなったのである。そして、地理的に近い韓国、中国、そしてロシアといった諸国との関係は、戦略的にも大きな重要性を持っていた。

　そうした明治の新しい情勢の中で、アジア主義と呼ばれる思想が形成されていく。この論文ではアジア主義そのものについて論じるつもりはないが、第二次世界大戦後の1963年、思想家の竹内好は『アジア主義』という文集の解題で、アジア主義を次のように定義している。

> 「私の考えるアジア主義は、ある実質内容をそなえた、客観的に限定できる思想ではなくて、一つの傾向性ともいうべきものである。右翼なら右翼、左翼なら左翼のなかに、アジア主義的なものと非アジア主義的なものを類別できる、というだけである」[1]。

　竹内の定義は今でも有名なものだが、これでは幅が広過ぎて、アジアのことを述べるだけでアジア主義ということにもなりかねない。アジア主義の多様性を示そうとした竹内だが、日本で形成されたアジア主義の特殊性、あるいはそのイデオロギー化についてはあまり示されていない。日本に関するアジア主義は東洋[2]という概念と同じく、日本の国益のために作られ

たものである。例外³⁾は存在するが、この論文で取り上げる人物の語るアジア主義の言説においては、アジアのことそれ自体が語られているというより、むしろ日本のことが語られているのである。

　この思想の発達と関連して、同じく明治時代の初期から、新しいタイプの政治活動家が現れた。いわゆる大陸浪人である。この論文で取り上げる人物は、幕末の時期に反幕府の人間が自称していた「志士」又は「壮士」という名称も使っていた。「士」という文字の使用が、彼らの社会的位置付けを示す。明治の大陸浪人の多くは士族であった。その中でも九州出身の人間が少なくなかった。下級武士出身で明治の新体制に入り込めずに不満を抱く者が多く、彼らは征韓論に賛成し⁴⁾、西郷隆盛が起こした西南戦争で反乱軍に与した。政府軍の勝利によって日本国内の軍事的対立は収まった。しかし、反乱に参加しなかった者たちも、軍事的手段によらず藩閥政府に抵抗し、自由民権運動に参加していったのである。一方で、国内政治は変え難いと認識し、政治活動の自由な可能性を持っていたアジアへと旅立っていった者たちもいた。

　この論文では、それら大陸浪人の代表的な一人、内田良平の明治期における活動について、簡単なスケッチを試みる⁵⁾。彼の目的は日本の国益と防衛であり、一生を通して韓国、中国、ロシア、そして満州を舞台に、日本国家のため活動したのである。資料となるのは主に、日本で出版された彼の伝記、あるいは大陸浪人たちの事績を顕彰する目的で編まれた『東亜先覚志士記伝』などである。

1　玄洋社と平岡浩太郎の影響

　内田良平の思想的根拠を形成したのは若い頃の体験であり、彼の思想は、その後の人生を通じて変わらなかった。彼は1874年2月11日、福岡で内田良助⁶⁾として生まれた。彼の父、内田良五郎は下級の武士だった。良五郎は武術に優れた者として知られていた。彼は福岡の玄洋社⁷⁾設立当時から社員であった。明治政府に反感を持ち、西郷軍として西南戦争にも参戦している。そうした父から息子が影響を受けたことは容易に想像できる。ただ、それ以上に内田良平の思想的形成に重要な役割を果たしたのは、間違いなく彼の叔父、平岡浩太郎⁸⁾だった。

3 アジア主義と国益（サストル）

　平岡浩太郎は九州の実業家であった。彼は九州の炭鉱の経営によって資産を成し、玄洋社のためにその一部を投じた。彼は頭山満[9]と並んで、玄洋社の創設者の一人でもあった。彼は若い内田良平に影響を及ぼすと同時に、経済的な支援者でもあった。1888年、14歳で内田は平岡の家に引き取られ、そこで玄洋社の思想に触れ、国権論や自由民権運動に影響された。特に国権論が内田の思想の根本となったのである。彼はこの環境で征韓論や西南戦争の話を聞き、政府に対する不信は強まった。ただ、内田にとっては内政よりも、対外関係の方が重要であった。「西力東漸」という概念や欧米列強がもたらした危機感、または欧米化への反感が内田良平の思想の根本的なものだった。

　こうした理由で、彼は外交、特に日本とアジア諸国の国際関係に関心を持った。その希望に応え、平岡は内田を東京へ遊学させた。上京した内田は、ロシア語を学習することにした。中国語や韓国語は、ロシア語と違って既に学習している者が多かったので、敢えてロシア語を選んだのである。加えて、この時期のアジアにおけるロシアの地政学的位置が日本の勢力圏と思われた地域に危機を及ぼす可能性は高かったため、内田にとって関心を惹くものであった。もっとも、大陸浪人として彼が最初に派遣されたのは朝鮮であった。

2　天佑俠、新たな大陸浪人の誕生

　玄洋社はもともと朝鮮に対して大きな関心を寄せていたが、政治状況が朝鮮に向ける関心をさらに強めた。征韓論の失敗以降、日本の国家主義者たちは、アジア、特に朝鮮において中国勢力を排除することを望んでいた。しかし、1884年に金玉均らの開化派による甲申政変[10]が失敗したため、彼らが望んでいた朝鮮の改革計画は一旦頓挫した。

　しかし、1894年3月28日に上海で起きた金玉均の暗殺と、同年の東学党の反乱が大陸浪人に活動のチャンスを与えた。内田らの目的は日本と中国を衝突させることだった。朝鮮の内乱を利用して、日清間の戦争が勃発する可能性が十分あると考えたのである。陸軍の参謀本部も、密かに開戦のための工作を大陸浪人に働きかけていた[11]。

　当時20歳だった内田は、朝鮮における玄洋社の活動への参加を希望し、

このときは朝鮮から帰国した玄洋社員に会い、また、平岡や頭山の指示を受けたことで、初めて朝鮮に渡ることができたのである。内田の任務は東学党と接触し、彼らを支援することであった。その任務を通じて、朝鮮に関する情報を収集することも目的であった。情報収集は大陸浪人の多くにとって重要な目的だった。後述するように、それは内田の活動にとっても貴重な経験であった。その情報を軍に売ることによって、軍部と浪人との相互支援という関係を生み出したためである。内田と軍部の深い関係は、ここから始まる。内田はそうした情報をもたらすことで、政界や財界との関係も強めた。これらのネットワークを通じて、内田は自分の意見を日本の権力者に直接伝えようとしたのである。

朝鮮では既に大陸浪人のグループが活動していた。後に天佑俠という名称で知られることになる集団の原型で、後に内田もその一員となっている。これは、大崎正吉とその周辺の人物によって形成されていたグループだった。グループの成員となる明確な規定は特になく、ほとんどのメンバーは友人でもともと一緒に活動していた。天佑俠と呼ばれる以前に、大崎らは釜山で法律事務所[12]を設立している。法律事務所の目的は朝鮮に在留する日本人を助けることであった。短期間で事務所は浪人の梁山泊となった。彼らは日本人領事館と連絡を持った。領事は彼らを信用していなかったものの、領事館に勤務していた外交官、山座圓次郎[13]が彼らの支援要請を引受けた。

1894年に東学党の反乱が勃発して、大崎らのグループも活動を東学党と連絡を取ろうと試みた。彼らの計画は、東学党を支援することで日清間に戦争を勃発させることだった。しかし、情報と資金なしに動くことは困難だった。二人の浪人[14]を情報収集に派遣し、大崎は資金と支援を求めるために日本への帰国の途についた。帰国の船が出港する直前に届いた情報によれば、紛争が拡大する可能性は高かった[15]。

大崎は日本で支援者を探す中で平岡と頭山に会い、彼らの支援を得ることに成功した。もともと釜山のグループの中にも、玄洋社などの政治結社と関係のある者は少なくなかったし、玄洋社の目的も、このような活動を支援することであった。支援のため派遣される浪人の一人として選ばれたのが、内田であった[16]。

内田らは1894年6月に釜山に着いた。東学党に出向く前に、彼らに戦闘手

段を提供するために、銃や弾薬の入手を図ったが、失敗に終わった[17]。止むを得ず、東学党員を探し求めに行った。武器を盗む計画が失敗に終わったものの、東学党員と集合する前には金鉱からダイナマイトを盗み出している。

東学党に出向く前に、グループの檄文の作成に伴って、天佑俠という名称が選ばれた[18]。そして7月10日頃に淳昌で東学党の指導者、全琫準と会見した。東学党員は天佑俠の支援を受け取ったようである。『東亜先覚志士記伝』によれば、天佑俠のメンバーは東学党員に対し、ダイナマイトの使用訓練を施した。更に、時機を見て共に京城を占領し、東学党が政権を握ることで朝鮮から中国を駆逐することを提案し、東学党も同意したという[19]。もっとも、東学党が天佑俠に本当に同意していた可能性は低い[20]。

天佑俠は東学党と別れ、中国軍の動向を探りながら京城に到着した。この間、7月下旬には、日本と中国は実質的な交戦状態に入っていた。8月、日清両国が互いに正式に宣戦布告した直後、天佑俠は、日本軍によって中国の勢力は駆逐されると判断し、目的は達成されたとしてグループを解散した。『東亜先覚志士記伝』によれば、彼らは東学党にも連絡を取って情勢の変化を知らせようとしたものの果たせなかったというが[21]、東学党と農民の反乱を見捨てる形となったのは間違いない。初瀬龍平の言葉を借りれば、戦前から「彼らの基本目標は、朝鮮に日本の支配権を確立することであり、《東学軍》を助けることではなかった」[22]。東学党軍はその後、日本軍と衝突して壊滅し、全琫準は朝鮮政府によって処刑されている。戦争勃発後に彼らが行ったのは、日本軍に協力しての偵察活動であった。天佑俠のメンバーは中国軍や朝鮮の地理に関する情報を収集しており、その情報も軍に提供したため、現地においては軍との関係も悪くなかった[23]。ただ、開戦という目的を達成した軍司令部や日本政府にとっては、彼らはもはや用済みの厄介者でもあった[24]。

天佑俠の行動が示しているのは、内田と玄洋社の目的でもある。彼らが目指していたのは反乱軍の支援そのものではなく、日本と中国の戦争の機会を作ることであった。日清戦争において期待される日本の勝利によって中華秩序を打ち倒し、日本の勢力圏を広げることが目的であった。

この時期、内田はまだ後年のような有力者ではなかったが、天佑俠での行動は大陸浪人としての最初の経験として貴重なものであった。現地人を利用するなどといった手段は、その後にも度々用いられることになる。

日清戦争の勃発後、彼が朝鮮ですべきことはなくなり、9月に日本に帰国した。戦後の三国干渉[25]、そして、ロシアによる旅順租借によって、内田の目は再びロシアに向くのである。

3　ロシア横断

前述したように、内田は1892年からロシア語を学習しており、その知識を活用してロシアの国際的位置を研究した。内田によれば、当時のロシアは、列強の角逐するヨーロッパやアフリカにおいては膨張的な行動をとることが出来ず、アジア進出がロシアの最後の選択であった。そして、太平洋における恒久的な港の獲得と極東の占領地を広げることが目的である、と考えたのである。この中で、旅順租借や満州鉄道の建設の意味も明確に表れて来る。ロシアに対して内田が抱いた危機感はいよいよ深まった。特に1897年に大韓帝国と改称する朝鮮においても、ロシアが影響力を強めていた。日清戦争直後の三国干渉によってロシアと日本の影響圏は直接競合することになった。内田にとって、ロシア勢力圏の拡大は日本の危機であった。

ロシアに対する危機感を深めた内田は、ロシア情勢についての情報収集のため日本を旅立つ。1895年の8月に長崎を出発し、ウラジオストクに到着して、日本人移民に出会い彼らの支援を求めた。そして、情報収集を行うと同時に、日本がシベリアに進出する計画を考え始めた[26]。

1896年と1897年、内田はロシア、中国、朝鮮間の国境を観察するために大陸浪人を派遣、あるいは自ら視察している。彼の考えは、「将来日本の勢力が朝鮮を掩ふに至りたる場合、此の地方は日露清三国の争地となるべし。先んじて露清を制する道を研究せざる可からず」[27]というものであった。内田が探索したのは極東だけでなく、ロシア全体の横断も敢行している。1897年8月にウラジオストクを出発し、シベリアを横断して、1898年3月にサンクトペテルブルクに到着した。6月にウラジオストクに戻り、その後日本に帰国した[28]。

日本に帰った内田は、東亜同文書院の雑誌『東亜時論』に「露西亜裏面の大欠陥」と題した論文を掲載してロシアでの情報収集の成果を披露している。そこで彼は、ロシアについて、列強とは名ばかりの国と述べた。そし

て、日本がロシアに勝てる可能性は十分あるとも主張している。やがて彼は日露戦争のために力を尽くすことになるが、その前に、孫文との出会いについても触れておこう。

4 孫文と中国の革命への支援

1898年の初秋、内田は宮崎滔天の紹介で初めて孫文と会見した。この会見で彼らはアジアの国際的状況について話し合った。ロシアから帰って間もない内田は、周辺に対ロシア戦の必要性を主張していた、孫文にもその計画を話している。内田の考えによれば、当時の中国の一番の問題はロシアの満州や朝鮮への進出であったので、この「露西亜問題」を解決することにおいて中国での革命の利益となり、東アジアの平和への道であると述べた。しかし、孫文はロシア問題への対処よりもまず革命が必要だと述べて、内田の支援を求めた。内田によれば、孫文は内田に次のように述べている。

「革命成就の暁は、満蒙、西比利の如きは挙げて日本に附与する」[29]。

日本が満蒙やシベリアに進出することを容認する発言を受けて、内田も孫文の条件を受け入れた。当時彼は次のように述べている。

「支那革命の挙げにして日露戦争より先じて起こることあらんか、僕は対露計画を中止して君を支援することとせん」[30]。

但し、初瀬龍平によれば、『東亜時論』で出版された内田の論文では、彼は康有為[31]の清朝における改革路線の方が望ましいと考えていた。内田が孫文を積極的に支援しようとしたのは、1898年、康有為の失敗と亡命後という状況下であった。つまり、内田は孫文を支援することに同意したとしても、孫文の思想に賛成したわけではないということである。内田は中国を日本と同じく立憲君主制の国家にしたいと望んでいた。対して孫文は、中国を共和国にすることを構想していた。朝鮮の時と同様、内田は自分の計画を成功させるために、孫文を利用しようとしたのである。日本の

国益のために、中国を利用する考えであった。

　内田と孫文が共同で行うとした計画はフィリピン独立運動の支援であった。この問題について内田に最初に話したのは陸軍の中尉[32]であった。彼が内田にフィリピン独立運動を支援するよう依頼した。『東亜先覚志士記伝』によれば内田良平と平岡浩太朗が辿り着いた結論とは次の通りである。

> 「(…)南方に於いては馬来半島から比律賓群島方面に我が海軍根拠地を得、これを国防の第一線としなければ太平洋の制海権を握り帝国永遠の安全を保する事が出来ぬ(…)」[33]。

　そのため、フィリピン独立運動を支援することを決めたのだった。東学党や孫文の時と同様、フィリピンの支援によって内田が狙ったのは日本の勢力を伸ばすことであった。フィリピン独立運動に武器を送るのがこの計画だった。内田と共に参加していたのは犬養毅[34]、宮崎滔天、中村背山[35]、平山周[36]といった面々、そして軍の関係者だった。内田は、平岡浩太郎の弟が石炭商だったので、彼に頼んでフィリピンへの武器輸送のための船、布引丸[37]のための石炭を調達した。

　布引丸の出港直後、内田はロシアに戻っているが、ロシアに長くはいられなかった。1989年末に孫文や宮崎滔天からの電報で内田の帰国を求めてきたので、1900年の初めには日本に帰っている。孫文は広州で反乱を起こすことを決めており、計画を内田にも知らせた。内田や宮崎は、九州の炭鉱業界を回り、あるいは東亜同文会の調査費を転用するなどして資金を集めた。内田はまた、義勇軍の指導者となる予定だった。

　一方、義和団事件[38]が間もなく発生するという情報が孫文のグループの耳に届いた。内田にとって、義和団事件は妨害となった。乱に際して欧米列強が軍事的に反応する可能性が高かったからである。李鴻章[39]と孫文の交渉では、内田は孫文の代理人として李側と接触した。他の活動家との接触や、清朝の有力者だった李鴻章との交渉を行なうために、6月から7月にかけてシンガポールへの旅行の途中で上海や香港に止まった。

　1900年8月末に、孫文と一緒に上海に赴いた際には、中国革命運動を支援するためという名目で、李鴻章や劉坤一[40]の暗殺を図っている[41]。この暗殺によって、中国が混乱に陥り、反乱を起こしやすくなると考えたの

である。しかし、内田の意図は孫文に知られ、彼の反対で計画は中止された。

　孫文の反応に失望した内田は、孫文との協力関係に力を注ぐことを止めた。その理由はまず、中国革命運動の準備が不十分であった。そして、孫文との友情があったとしても、これ以上中国の革命運動を支援し続ける理由がなかった。内田はロシアに対抗し、日本の勢力を伸ばすために孫文を支援したからである。しかし、その時期に義和団の乱を口実に、ロシアが満州での軍事力を増加させた。日本は更なる危機にさらされると彼は感じた。その状況で内田は、中国の革命を実行に移す時間も余裕もないと認識していたのであろう。孫文の活動から手を引いた後は、「露西亜問題」に全力を尽くすべく、政治結社黒龍会を設立した。

5　黒龍会の設立と日露戦争への動きかけ

　1901年2月3日、東京で創立された黒龍会[42]の名称は、欧米で黒い龍を意味しているとよく間違えられた。もちろんそうではなく、ロシアと中国の間にあるアムール川のことである。初期の黒龍会は特にこのアムール川地域に着目していた。創立時、黒龍会員は59人で、その他に数十人の賛助員もいた。黒龍会の目的は、シベリアや満州、韓国[43]の情報を集め、これらの地域への日本の勢力拡大を図ることであった。特定の目的を掲げて政策決定に影響を及ぼそうとした点で、黒龍会は言わば圧力団体であった。

　黒龍会と玄洋社、及びその創立者の一人である頭山満の影響について、Marius Jansenは内田は頭山の操り人形だったと述べている。それに対し、Sven Saalerは、この二つの結社の間につながりがあったとしても、黒龍会は玄洋社の姉妹結社と見なすことはできないと主張している。日本の国益や勢力を守るという基本的な目標は共有していても、二つの結社の目的は異なっている。メンバーについても、黒龍会には、玄洋社の創立者だった頭山と平岡が入っていたが、玄洋社と関係のない者も多かった。

　Sven Saalerにとって、政治思想な立場から見ると、創立当時、「黒龍会は当初「天皇主義」「国体」などにそれほど関心を見せず（…）設立当時の黒龍会にとって、「民権」というテーマがまだ大きなテーマであった（…）」[44]、

が、その後、段階的にその傾向が消え、超国家主義に傾いた。玄洋社も最初は自由民権運動の影響は強かったが、その後段階的に国権論に傾いた。これが黒龍会に反映したかもしれない。

しかし筆者は、正式な姉妹結社ではなかったとしても、内田良平の存在だけで玄洋社と黒龍会の親密性が示されていると考える。黒龍会のトップはもともと、頭山と平岡の許可を得て天佑俠に参加、玄洋社の設立者であった平岡の影響を受け、そしてその父親まで玄洋社の一員であった。内田の行動は十分に玄洋社の思想の影響を表現している。黒龍会全体に影響が貫徹したかは不明だが、内田の思想や行動はその影響を十分に示している。

ロシアの状況を監視するため、黒龍会は満州、シベリア、及び韓国に大陸浪人を派遣した。彼ら大陸浪人は、戦争にあたって情報収集と同時に軍事的任務を果たそうとしていた。黒龍会は圧力団体としても、日本の政界や財界、軍部の権力者に働きかけ、戦争の工作を進めていた。そのために、国際状況に関して収集した情報に関する雑誌や書籍を出版していた[45]。これらの書籍や雑誌は一般向けというよりも、有力者であるエリート層に向けて書かれたのである。出版部数は少ないものの、黒龍会の影響力は部数に示されているわけではない。

これらの出版物は、もちろんアジア各地の問題を扱っているが、最初に取り上げたのはロシア問題であった。1901年9月に『露西亜亡国論』[46]が出版された。この本は発禁となって現存しないものの、これに代えて11月に出版された『露西亜論』で、内田はロシアに関する自分の考え方について述べている。彼によれば、日本はすぐに戦争を起こさなければならない。時間がたてば、ロシアは鉄道を開通させて、満州に駐留するロシア軍を増加させる恐れがあった。

1902年の初めの時期、黒龍会と内田のロシアへの態度は一変して戦争より交渉を求める態度をとったが[47]、それは長続きしなかった。変化の理由は、1902年1月30日に締結された日英同盟である。この同盟によって、ロシアとの交渉力が増大し、外交によって問題を解決する可能性を感じたことによるものであった。しかし、1903年11月には元の開戦派に戻っている[48]。1903年に韓国を旅していた内田は、ロシアの韓国での影響力が強まったと感じ、帰国して黒龍会の会議を開いた。この会議で内田は、外

交の時期が終わったと述べ、平岡の紹介で参謀本部の次長の児玉源太郎に会い、シベリア鉄道などの破壊工作を提案している。もっとも、このときには参謀本部は内田に資金を出すことを断った。

1904年2月10日に日露戦争が勃発すると、黒龍会も戦争に協力した。会員は通訳として、あるいは情報収集[49]のために敵地で活動した。黒龍会が提供した情報[50]は日本軍にとって有益であり、軍は黒龍会に資金を与えた[51]。

1905年8月の講和会議の前後には、日本政府の依頼に応じて、内田も講和に向けた世論工作を行なっている。1905年9月5日にポーツマス条約が締結された。戦後には第二次日韓協約も締結されて、韓国は日本の保護国となった。やがて行われる併合の最後の段階でも、内田は重要な役割を果たすことになる。

6　日韓併合

日露戦争以降、日本は韓国で勢力を確立していた。内田にとって、韓国問題には二つの選択があった。完全独立か、完全併合である。そのため、彼は保護国化という政府の方針に批判的であった。望ましいのは明確な選択だった。内田によれば、保護国関係では不十分であり、日本の防衛のため、弱い韓国を併合することは避けられなかった[52]。内田にとって、韓国人は被支配者で日本は支配者であった[53]。Marius Jansenによれば、内田は「日本帝国のエージェント」[54]であった。

1906年12月、黒龍会の会議で内田の主幹としての地位が改めて確認され[55]、そして組織の戦後方針が決められた。満州を獲得することがその方針であるが、そのための韓国の役割は無視できなかった。満州やシベリアを獲得するにもまず韓国が必要と考えられた。また、中国の政治的な混乱が朝鮮や満州に波及するのを防ぐ必要もあった。1906年2月に統監府が設立され、初代統監は伊藤博文に決まった。玄洋社の有力者である杉山茂丸[56]が伊藤に対して内田良平を嘱託に薦め、内田は伊藤に随行して1906年2月1日に韓国に赴いた。内田によれば、伊藤が自分のことを受け入れた理由とは、韓国にいた浪人を操ることができると考えたからである[57]。だが、内田は自らの本当の目的を明確に示さなかった。彼が考えていたこ

とは韓国の政治団体、一進会[58]を利用して、併合を実現することであった。

内田がまず接触した一進会のリーダーが、元東学党員の李容九[59]である。もう一人のリーダーは、日露戦争中に日本のスパイを務めた宋秉畯[60]である。日露戦争中、宋は日本のスパイとなった。1904年10月、この二人によって一進会が創立された。一進会は戦争中に日本軍を支援して人手や情報を提供した団体だったので、内田と関係が深まるのも自然であろう。李が内田に会った時、宋は警察に逮捕投獄された。李は宋を釈放するため、内田に支援をもとめた。宋を出獄させると一進会を自由に操れる可能性も高まると考えた内田は、伊藤と相談して宋を出獄させた。更に、内田は李と面会して、アジアの状況や樽井藤吉[61]の『大東亜合邦論』[62]における日韓合邦について話し合っている。だが、合邦論を唱え、樽井の大東[63]国を信じる一進会会員と違い、内田が望んでいたのは大日本であった。宋を自由にした後、内田が一進会の参事官となった。彼は一進会のため、資金を獲得し一進会への影響を深めた[64]。

内田の計画は、韓国皇帝が退位して日本国天皇に支配者の座を譲ることだったが、これが韓国国民によって行われることで、韓国内あるいは国際政治上の緊張を避けられると考えていた。高宗が1907年7月に第二次ハーグ万国平和会議に二人の密使を送っているが、これが政変のきっかけとなって、一進会は高宗の退位をもとめた。7月の18日に高宗[65]は退位[66]、高宗の息子[67]が大韓帝国の皇帝になった。

この状況を利用して1907年7月24日に第三次日韓協約が設立され、韓国に対する日本の指導力は一層強まった。8月1日、韓国軍は解散され、無職になった韓国軍人の多くが日本に対するゲリラ戦を始めた。内田や宋、李らも襲撃対象となったが、内田はゲリラ活動の動機を過小評価した。初瀬龍平によれば、韓国人が抵抗していたのは保護制度の枠内の取り扱いではなく、保護制度そのものであり、外国から支配されることそれ自体だったが、内田には韓国のナショナリズムに気づくことができなかったのだった。

この時期から、内田は日韓併合に向けた動きを一層強め、杉山茂丸を通じて山県有朋[68]や寺内正毅[69]、や桂太郎[70]らに動き掛け、これによって伊藤博文や日本政府に圧力を掛けようとしたのである。伊藤に対して内

田は批判的[71]だったが、内田によれば、伊藤も自分の考えに賛成であった。1909年2月27日に伊藤が「日韓の合併は、君等の意見に同意する」[72]と述べたともいう。ただ、それはあくまで内田が主張するものであって、実際は怪しい。伊藤に失望した内田は、1908年1月には辞任を申し出ている[73]。実際の辞任は1年後の1909年2月となったが、それ以後も彼は一進会の助言者として併合のために働き続けた。

1909年10月26日の伊藤の暗殺は、日韓併合に向けた事件の最終段階の一つであった。伊藤の暗殺を利用して、一進会は韓国皇帝や総理大臣、また日本の統監に併合を提案した。この提案の目的とは、各指導者に圧力を掛けることだった。提案を作成したのは内田と黒龍会の会員[74]であったが、一進会に提出させた理由とは、韓国人の自発的運動だという体裁を取るためである。1910年8月29日に併合条約が締結され、9月13日に一進会も解散した。ただ、政府にとっての内田は既に利用価値もなくなっていた。1909年12月23日に内田は韓国から退去させられた。

内田は一進会を利用して併合計画を進めた。そして日本は完全に韓国を支配することに成功し、内田も自らの目的を達成したのである。内田にとって「合邦の事は天命」[75]であったので、併合後、彼は韓国に対する支配について意見書を提出し続けた。

7 辛亥革命

1911年に起きた辛亥革命は、明治期における内田良平の最後の活動の機会となった。「ロシア問題」と「韓国問題」が解決した後、内田の目は自然に「中国問題」と「満州問題」に向いた。内田名義の論文『東亜事務弁』によると、日本の経済的状況と軍事的状況にとっては、中国問題の解決が必要であって、しかも、中国の独立は日本によって決定されるものであった。また、内田にとって孫文の望んだ共和制は中国では不可能であった。前述したように、彼は日本と同じ立憲君主制の方が望ましいと考えていた。

中国革命運動への支援は、様々な形で表れた。1905年8月20日に中国同盟会が設立されたが、設立式が東京の内田の住居で行われたことに示されるように、内田は同盟会を支援し、資金を提供した。1907年、清国政府は孫文の引き渡しを求めたが、内田らの日本政府への働きかけによって、孫

文は無事に日本から出国した。この時期から黒龍会と内田良平が中国に集中した。1908年4月に漢文で書かれた雑誌『東亜月報』が刊行された。この雑誌の目的は「日本の精神を以て」「四億の支那人を教えむと欲す」[76]というものであった。1907年から1908年まで、内田は日本に滞在する中国革命運動家に圧力を掛けた日本政府に対して内田は批判を加えている。1911年10月10日武漢で勃発した辛亥革命の際に、日本政府に清国政府への支援を中止させようとして、山県有朋と桂太郎という有力者に動きかけたが、うまく行かなかった。一方で、内田は中国革命運動に際し、軍から中国革命運動家に武器を提供させた。そして、政府から孫文に資金を提供させようとした[77]。こうした活動は、日本企業が中国における商業や鉄道または鉱山などの利権を獲得することが目的でもあった。

結局、辛亥革命後に権力を握ったのは、孫文ではなく袁世凱だった。内田は中国革命運動や日本政府に様々な働き掛けを行ったにもかかわらず、自分の目的を実現するための影響力が不十分であった。袁世凱を信頼していなかったので、袁世凱と交渉中であった宋教仁[78]に、交渉を中止させようとしたが、これも失敗した。こうして、内田は中国革命運動から身を引いた。彼らに影響を及ぼすことが出来ないと考えたからかもしれない。

大正期以降も、アジア各地に対する内田の活動は続いた。特に、満州における日本の勢力圏を確立することが主な目的であった。そして、彼はまた日本の内政に関心を持ち、大正期の民主主義や自由主義に反対した。1931年には、日本国民への影響を強めるために、大日本生産党を創立した。

結論

明治が終わってからも内田良平の活動は続いたが、彼の目的は変わらなかった。内田は常に日本の国益を追求した。日本を国権主義から軍国主義へ導いた一人であり、若い頃から国権主義の影響を受けて、その思想は終生まで変わることはなかった。

内田の思想において、日本とアジアの関係はある定点に基づいている、この定点は日本であった。端的に言うならば、彼が様々な活動を行った理由は、それが日本の利益を守る、または増加させるためだったからである。活動を続けるため、彼は政界や財界、軍部とのつながりを作り上げた。彼

らに情報を提供するのと引き換えに資金などの支援を得た。そのため、内田は彼らを利用したのだが、内田もまた利用されていた、政府が提供した支援は彼を利用するためでのものであった。彼はまた、多くの人々と集団に対して自分の理想とする政策を提言したが、その影響力は強くはなかった。例えば彼は袁世凱に対する支援に反対したが、政府をそのように動かすことはできなかった。

　この論文が述べてきた内田の行動は端的に要約すると、次のようになる。若き日の内田は天佑俠と共に、清国との戦争で中華秩序を打ち倒すために活動した。次に、日清戦争直後の三国干渉とロシアの東アジア進出によって、ロシアとの戦争が避けられないと感じ、ロシアを横断して情報を収集した。この時期、孫文と会って対ロシア戦略のため中国を日本の友好国にしようと図ったが、孫文と革命運動は内田の期待に応えず、内田は協力の情熱を失った。一方、内田が求めたロシアとの対決は日本の勝利に終わり、戦後には韓国併合のために活動した。朝鮮を獲得した後は更に、満州や中国における日本の影響圏を固めようと図っていく。

　内田にとって、アジアは日本の国益のための器であった。これは日本のためにアジアを利用しようとするものであり、彼の「アジア」には実はアジアは存在しなかった。「西洋覇道の走狗」になるか、「東洋王道の保護者」になるかと、孫文が神戸の講演[79]で問おうとした言葉は内田には届かなかった。内田の理想は、アジア諸国を支援する日本より、これらを支配する日本であった。彼にとってアジアを「導く」という意味は、日本がアジアそのものになること。言い換えれば日本のためにアジアを否定した。もっともこれは、日本がアジアの利益のために力をつくし、欧米列強からアジアを守ったと単純に彼が信じていたからかもしれない。連帯は日韓併合のような、軍事力による支配によるものではなく、平等と自由に基づくべきものであることを理解していなかったのである。

参考文献
葦津珍彦『大アジア主義と頭山満』(葦津事務所、2005年)。
上村希美雄『宮崎兄弟伝完結編』(創流出版、2004年)。
内田良平文書研究会編『内田良平関係文書』(芙蓉書房出版、1994年)。

内田良平文書研究会編『黒龍会関係資料集』(柏書房、1992年)。
内田良平研究会編著『国士内田良平——その思想と行動』(展転社、2003年)。
Eri Hotta, *Pan-Asianism and Japan's war 1931-1945*, Palgrave Macmillan, New York, 2007.
石瀧豊美『玄洋社・封印された実像』(海鳥社、2010年)。
韓相一『日韓近代史の空間——明治ナショナリズムの理念と現実』(日本経済評論社、1984年)。
北一輝・大川周明・満川亀太郎『アジア主義者たちの声〈下〉(入門セレクション)』(書肆心水、2008年)。
吉州牛著、清藤幸七郎編『天佑俠』(新進社、1903年)。
玄洋社社史編纂会編『玄洋社社史』(葦書房、1992年)。
黒龍会編『黒龍会三十年事歴』(黒竜会、1930年)。
黒龍会『東亜先覚志士記伝』上巻、中巻、下巻(原書房、1966年)。
黒龍倶楽部編『国士内田良平伝』(原書房、1967年)。
初瀬龍平『伝統的右翼内田良平の研究』(九州大学出版会、1980年)。
Saaler, Sven «The construction of regionalism in modern Japan: Kodera Kenkichi and his "Treatise on Greater Asianism"(1916)», *Modern Asian Studies*, Cambridge University Press, 2007.
Saaler, Sven「大正期における政治結社——黒龍会の活動と人脈」(猪木武徳編著『戦間期日本の社会集団とネットワーク——デモクラシーと中間団体』NTT出版、2008年)81-108頁。
SAALER Sven and K. J.Victor, *Pan-Asianism in Modern japanese history*, Routledge. London, New York, 2007.
酒井哲哉『大正デモクラシー体制の崩壊——内政と外交』(東京大学出版会、1992年)。
趙軍『大アジア主義と中国』(亜紀書房、1997年)。
関川夏央「大陸浪人と軍事探偵」(『文学界』48(6)、1994年)。
滝沢誠『評伝内田良平』(大和書房、1976年)。
竹内好『アジア主義』(現代日本思想大系9、筑摩書房、1963年)。
頭山統一『筑前玄洋社』(葦書房、1977年)。
頭山満・犬養毅・杉山茂丸・内田良平『アジア主義者たちの声〈上〉(入門セレクション)』(書肆心水、2008年)。
原暉之『シベリア出兵——革命と干渉1917-1922』(筑摩書房、1989年)。
中村武彦ほか監修・内田良平研究会編著『国士内田良平——その思想と行動』(展転社、2003年)。
長谷川義記『頭山満評伝——人間個と生涯』(原書房、1974年)。

松本健一『竹内好「日本のアジア主義」精読』(岩波現代文庫、2000年)。
宮崎滔天・萱野長知・北一輝『アジア主義者たちの声〈中〉(入門セレクション)』(書肆心水、2008年)。
Marius Jansen, *The Japanese and Sun Yat-sen*, Harvard University Press, Cambridge,1954.

註
1) 竹内好『アジア主義』(現代思想大系9、筑摩書房、1963年)12頁。
2) Stefan Tanaka, *Japan's orient: rendering Past into History,* University of California press, 1993.
3) 宮崎滔天はそうした例外の一つであった。
4) 1873年
5) フランス語及び英語によるこの論文の原文は、これらの言語圏に内田良平について紹介することを目的としていた。
6) 幼少期に甲と改名し、更に1902年に良平と改名した。
7) 1881年に創立。
8) 1851-1906年
9) 1855-1944年
10) 甲申政変／1884年12月4日
11) 黒龍会『東亜先覚志士記伝』(上巻、原書房、1966年)144頁。
12) 前掲註(11)同書、147頁。
13) 1886-1914年福岡生まれ。
14) 武田範之(1863-1911)と柴田駒次郎(1866?-1895)。
15) 前掲註(11)同書、171-172頁。
16) 前掲註(11)同書、176頁。
17) 前掲註(11)同書、194頁。
18) 前掲註(11)同書、207頁。
19) 前掲註(11)同書、221頁。
20) 初瀬龍平『伝統的右翼内田良平の研究』(九州大学出版会、1980年)42頁。
21) 前掲註(20)同書、261頁。
22) 前掲註(20)同書、261頁。
23) 前掲註(20)同書、239頁。
24) 前掲註(20)同書、43頁。
25) 1895年4月23日、ロシア、ドイツとフランスの干渉によって遼東半島から日本勝利兵の引き上げを求めた。
26) 前掲註(20)同書、44頁。

27) 内田良平『硬石五拾年譜――内田良平自伝』(葦書房、1978年)33頁。
28) 中村武彦ほか監修・内田良平研究会編著『国士内田良平――その思想と行動』(展転社、2003年)80頁。
29) 前掲註(20)同書、56頁。
30) 前掲註(20)同書、56頁。
31) 1858-1927年
32) 長野義虎
33) 前掲註(11)同書、631頁。
34) 1855-1932年
35) 1854-1929年
36) 1870-1940年
37) 布引丸は1899年7月21日に旅の途中で嵐によって積み荷もろとも沈んだ。
38) 1899-1901年
39) 1823-1901年
40) 1830-1902年
41) Sven Saaler「大正期における政治結社――黒龍会の活動と人脈」(猪木武徳編著『戦間期日本の社会集団とネットワーク――デモクラシーと中間団体』NTT出版、2008年)82頁。
42) 前掲註(41) Saaler論文、82頁。
43) 1897年に朝鮮から大韓帝国に国号を変更したので、以下では韓国の名前を用いる。
44) 前掲註(41) Saaler論文、84頁。
45) 出版した雑誌は次のようになる、『会報』(月刊)1901年10月に第一号が出版された途端に禁止された。『黒龍』が1901年から1903年まで、及び1907年から1908年まで出版された。『東亜月報』が1908年4月から1908年9月まで出版された。『内外時事月函』が1908年8月から1911年11月まで出版された。『亜細亜時論』が1917年から1921年まで出版された。『The Asian Review』が1920年から1921年まで出版された。
46) 内田が全文書いた訳ではない。この本は日露戦争を支持しすぎて禁じられたため1901年11月に『露西亜論』のタイトルで再出版された。
47) きっかけに「日露協会」が創立された。
48) 1902年4月に設立した中国とロシアの間の満州還付条約が一つの理由であった。
49) 前掲註(20)同書、86頁。
50) 「征露案内」と「満韓新図」
51) 参謀本部と外務省が資金を与え続けた、出版された物の最初の800部を

買っていた。
52） 前掲註(20)同書、97頁。
53） 前掲註(20)同書、97頁。
54） Marius, Jansen, *The Japanese and Sun Yat-sen*, Cambridge, Harvard University Press,1954, P.128
55） 小川平吉と近江谷栄が黒龍会の幹事であった。
56） 1864-1935年
57） 宮崎滔天・萱野長知・北一輝『アジア主義者たちの声〈中〉(入門セレクション)』(書肆心水、2008年)227頁。
58） 内田によれば一進会員は100万人であった。実際に会員数は10万と4万人の間。
59） 1868-1912年
60） 1857-1925年
61） 1850-1922年
62） 樽井藤吉『大東合邦論』(1910年)
63） 樽井藤吉が日本と韓国の合併から想像した新国家。
64） 6ヶ月間毎月2000円と軍から10万円。
65） 1852-1919年
66） 退位の日にデモが行われて内田の名が出て来て、彼の死を求める為に。一進会の雑誌の印刷所が破壊された。
67） 純宗 1874-1926年
68） 1838-1922年
69） 1852-1919年
70） 1848-1913年
71） 内田にとって伊藤の反対は韓国の独立を守るべき勅語があったからである。頭山満・犬養毅・杉山茂丸・内田良平『アジア主義者たちの声〈上〉(入門セレクション)』(書肆心水、2008年)232頁。
72） 前掲註(71)同書、233頁。
73） 前掲註(20)同書、105頁。
74） 元老からの意見ももらったこの提案では「併合」より「合邦」と言う単語が使われていた。
75） 前掲註(71)同書、241頁。
76） 前掲註(20)同書、128頁。
77） 1912年に交渉が行われた。
78） 1882-1913年
79） 「大アジア主義講演」1924年11月28日神戸で行われた。

4 移動
――1884年の太平洋周辺における様々な出来事

ステファン・タナカ

はじめに

　この論文のタイトルは一世紀以上前に書かれたエッセイ群を参照している。それらのタイトルは長く、説明的であり、そして幾分か予備調査的なものであった。なぜなら、その頃はまだ近代とは何か、とくに未知であったり詳細の分からない場所に関する知識は流動的で、成長途上の科学的な知識システムと自由主義的な国際システムへの組み込みを求めて研究されていたからである。この論文は、時間、歴史、そして国民国家が社会的にどう組織されたのかに関する私の研究を発展させたものである。我々はこれらの組織、観念、単位などが歴史的に構成されたものだということを理解するようになった。しかし、そのような新しい理解の仕方を利用しながら、過去をどう説明するかという点については、我々はまだ模索中である。この論文は、複雑性を社会科学に応用する最近の研究について、その適用可能性を追求するものである[1]。

　ここでは、最近書かれた物ではないものの、ゲオルク・ジンメルからの一節を引用するのが適切であろう。彼はこう書いている。

> 「現代の生活の最も奥深い問題は、個人がその存在の自立性と個性を守ろうとすることから発している。個人は社会の支配的な力、歴史的遺産の重み、外的文化や生活技術などに抗してそうしているのである。」[2]

　ジンメルの言葉は、個人、共同体、モノ、観念、王国、そして国民国家、いずれにも当てはまる。過去や「歴史」は、歴史的遺産、外的文化、生活技

術など何種類もある。複雑性という観念を使えば、過去の出来事を、統一され、直線的で、単一の形を持つ過去としてでなく、現在における相互作用の数多くのネットワークとして捉えることができる。この捉え方の一つの可能性は、アンリ・ルフェーヴルがいう近代性がもつ対比、すなわち平衡と運動の対比を用いて、歴史の実践を反転することである。典型的な歴史叙述においては、歴史は固定されたかつ極めて複雑な単位から作動する——そのようなよく取り上げられる場所が国民国家、日本、アメリカ合衆国、韓国等の「社会の支配的な力」である。歴史の運動は、このような単位の内部およびそれらの間で生ずる。そして、我々の歴史実践はこれらの単位を自然に存在するものと考え、時間を静止させる。ジェフ・バウカーはこれを「時間の空間化」と呼んでいる[3]。

このエッセイが注目する年、「1884」は、私がボーン・デジタル・エッセイとして想像したプロジェクトから来る[4]。特に決まった理由があってこの年を選んだわけではない。ただ私は、近代日本の国民国家ができる前、そして江戸以降の明治中期に魅了されてきた。もう一つの理由は、率直に言うと、むしろ瑣細なことである。ジョージ・オーウェルの『1984年』の100年前だからだ。1884年は、多くの出来事があったわけではないが[5]、変遷の時としては重要である。ラインハート・コゼレックが言う「鞍部の時間」[6]である。それは、近代社会の諸カテゴリー(「支配的な力」)が存在し、論争の的とされながらも、まだ支配的ではなく、高い流動性が見られた時であった。過去から受け継がれた知識と実践(「歴史遺産」と「生活技術」)がまだ思考を導いていた——人々は、新しい観念(「外的文化」)と並列され、「古い」と目されるようになった観念から離れようとはしていたのだが。それは時代の狭間であり、これから来る時代が萌芽を見せつつあっても、その姿はいまだ不確かな時であった。

例えば、いまナショナルな単位となっているものも、国民国家としては存在しなかった。我々がいまコリアと呼ぶもの(正確にいえば、朝鮮半島か、韓国と北朝鮮と呼ぶべきだが)は、李氏朝鮮であり、清に朝貢し、藩属する王国であった。その一方、現在アメリカ合衆国の州の一つであるハワイは、朝鮮と同じく王国であった。日本のように国民国家として存在していても、それは新政府ができてから16年しか経ておらず、その組織、法典、信念は以前のからのもの、論争中のもの、そして形成途上の諸観念の混合物で

あった。

　この論文の第二の論点——正確には主題——に移ろう。こうした流動状態を組織する概念は、〈移動〉である。ただし、移動は近代的な観念では決してない[7]。移動の性質がこの時代に変わったのである。その変化の主因は交通手段であった。移動は国際性の中心的部分、自由主義的な資本主義社会を達成するために必要な様々な関係を調整するため必須のものであった。しかし、移動はまた問題をも生んだ。様々の〈場所〉は、移動により次第に脅かされていると感じたり、変化したりするようになった。防御の必要が生じ（その際には守るべき「市民」をどう定義するかも問題化した）、さらに移民を管理・制限する必要も生まれた。それはまさに移動性と平衡性の矛盾である[8]。そこに歴史という学問が出現し、国民国家を安定化させようとした。しかし、動き自体に焦点を絞れば、近代的諸制度の形成以前、途上、形成後に存在していた様々な動きや関係の網の目を、理解しやすくさせてくれるであろう。移動に焦点を絞ることは、動きや過程と場所との間の関係を反転させるポテンシャルを持つ。それは日本、あるいはアメリカと日本を器として扱わないことである。我々は、それらがいかにして存在するようになったか、あるいはその内部や相互の間に何があったのかと問いがちであるが、それは止めねばならない。心理学者のジェイ・レムケは、複雑系の力学理論を使ってこう主張している。

　　「存在の属性は、過程への参加を通じてのみ意味を持つ。かつ人間の作ったものの属性は、それぞれ独立したエコソーシャルな過程からなるネットワークへの参加を通じてのみ意味を持つ。人間の文化的な諸実践もその一つである」[9]

　この論文は、特定の場所、個人、あるいは相互作用の歴史ではない。それよりも、様々な場所で人々やモノや観念が、どう動いたり、どう運ばれたりしたか、そして、彼らが国際システムの一部となるか、それを回避するかを選択したとき、どんな関係や結社が生まれたのかを、挿話の形で、かつ願わくは複線的な形で物語ろうとするものである。

1　基盤——世界標準時、そしてオリエントの「東」への位置づけ

　近代における移動の基本条件の一つは、統一された絶対時間である。勿論これは不可欠の条件ではなかった。移動、移住、貿易は、時間が統一されるずっと前から存在していた。しかし時間の世界同期は、より多くのものを、より速やかに調整し、動かすことを促進した。1884年には、この流れを可能にする法律や組織は、まだ形成途上にあった。

　1884年10月1日、東京大学理学部長であった菊池大麓は、ワシントンD.C.で開催された国際子午線会議に参加した。会議の目的は「世界中で時刻計算の標準として使われるにふさわしい子午線を経度ゼロとして決めること」であった[10]。会議は11月1日に終了した。菊池が代表した日本は、この会議に参加した27カ国のうち、唯一のアジアの国であった。日本以外に西洋でなかったのは、ハワイ王国、リベリア、そしてオスマン帝国だけであった。

　菊池(日本)は、グレートブリテン・アイルランド連合王国やアメリカ合衆国とともに、世界標準の子午線をグリニッジに定めるよう投票した。これはパリの天文台に対しグリニッジ天文台を主張するアメリカとグレートブリテンにとって勝利であった。要するに、世界すべての時計の基準となる標準時は、パリより9分21秒遅い、グリニッジの時刻となったのである。

　ハワイ王国はW.D.アレクサンダー(測量士)とルーサー・アホロ(枢密顧問官)が代表し、この協定に加盟したが、疑いもなく会議で英米の立場を有利にするよう努力したはずである。いずれにせよ、ハワイ王国は自由主義的な国際システムの基盤をなす国際協定の加盟国の一つとなったのであった。

　統一されたシステムの国際協定が決定されたといっても、すべての地域、国、都市等がその時間に従ったわけではなかった。確かに、現在の我々にとって、たった一つの時間でなく、複数の時間を思い浮かべるのは難しい。しかし、19世紀を通じ、時間の多様性はごく普通の概念であった。またこの協定が時間を均質化させたわけでもなかった。グレートブリテンは19世紀半ば、鉄道会社同士が交通を調整するため鉄道切符交換所を設けた後、統一された鉄道時間を採用した。それはグリニッジ時間に合わせた時間で、1880年に標準時となった。1873年に時間を統一していた日本は、

1886年7月13日にグリニッジ標準時に合わせることを発表した。日本列島の標準時は、東経135度(GMT-9時間)に定められた。ドイツでは、普仏戦争で赫々たる勝利を収めたフォン・モルトケが1891年に熱烈な演説を行い、その後1893年に時間を統一した。フランスは1911年までグリニッジ時間の採用に抵抗した。アメリカ合衆国の鉄道会社は、1883年11月18日にグリニッジ標準時を基準に四つの時間帯を設定し、時計を調整した。ただし、この鉄道時間の公式採用は、1918年3月19日の法制化まで待たねばならなかった。要するに、日本は大部分の西洋国家より以前に世界標準時を採用したのである。国民国家は言うまでもないことながら、その中の無数の共同体も、いやいやながらも、その時間を現地の時間から抽象的で普遍的な時間に変えて行ったのである。

　今となっては、このような均質な時間観念は常識である。しかし、この新しい国際システムの中で、この時間の形は社会関係に重い意味を与えた。この会議ではもう一つの協定が結ばれ、国際日付変更線が経度180度に定められた。一日は最初の子午線でなく、その正反対の場所から始まることになったのである。日本は、近代の時間を採用した最初の国の一つであったが、それにもかかわらずこの協定は、日本ないしアジアが「東」に位置する、つまりオリエントだ(そしてヨーロッパとアメリカ合衆国は西だ)という観念を確立したのである。

　言いたいことは、我々がその中で生きている世界、つまり国民国家と絶対時間が当時形成途上にあったということである。ハワイはまだ独立した王国であった。幾つもの異なる時間が存在し、近代的な西洋においてもそうだった。国際システムに秩序と整合性を提供すべき法典と組織もいまだ形成途上にあった。それらが最初に出現した日の採用が広まったときと同じでないことにも注意せねばならない[11]。近代のシステムの実行と近代を形づくる観念の出現との間には違いがある。近代に起きた世界の同期という動きにおいて、日本は観念の出現と同時期に標準時、その他諸々の近代の諸組織を受け入れたが、その結果、日本を「東」すなわちオリエントとして位置づける観念を強化することにもなったのである。

2　規模と関係性

　移動に焦点を絞ると、我々は規模、スケーラビリティ、そして関係性について、今までと異なった仕方で理解できるようになる。1884年の初頭、新聞は日本の人口が3700万を少し上回っていると報道し、そのような増加と進歩との関係について懸念を示した。『團團珍聞』の掲載する画は、控えめな人口増、3600万から3700万への増加を心配している。我々の観点からして興味深いことに、この例は、獲得すべき知識の単位が地方から国家に変わりつつあったことを示している。人々やその活動の存在した場所、それらと環境が互いに意味を与え合った場所でなく、抽象的な単位が人々が意味を獲得する主要な器となりつつあったのである。

　明治初期、日本列島は幾つもの共同体や地域で成り立っており、寡頭政治家たちはそれを統一された国民国家に作り変える必要があると決意した。無数の場所が織りなす複雑な関係は、統一された日本の内部での複雑な組織に道を譲ることになった。藩の廃止と府・県の創設は、大名をその藩から分離しただけでなく、藩とその文化の結びつき、すなわち地方性も解体した。このように場所が再編成されるに伴って、新しい種類の情報が必要となった。記録を取ること自体は以前からあった。地誌学は特定の地域や藩に関する情報を収集していた。統計情報を含むそのような資料は、藩のために作られ、藩によって保管された。エリートたちは自分たちの領地を知らねばならなかった——過去、社会経済的な状況、人々の風習、習慣、実践、そして物産に関する情報等である[12]。

　1874年には中央政府の諸官庁が各々の必要とする統計を集め始めた。1881年には統計院が創立された。統計は独立した知識の分野となり、国家の主要な道具となった[13]。人と物は異なった数え方がされるようになった。人と物は移動可能になり、時間が特定の空間から分離されたように、特定の地方やそれまでの状況から切り離されて、府・県や国家といった抽象的な単位のメンバーとなったのである。

　ある面で、この集計されたデータは、新たな単位、日本という国家に実質を与えることとなった。その人口は3701万7302人と計上されたのである[14]。『團團珍聞』の「進歩の驚き」という見出しは、総人口の増加が産業の発展に関係があるか否か心配している。

「此間迄三千五百カト覚えて居た人種も忽ち三千六百万トなり。是はと思ふうちモ百万殖えて三千七百万。ハテ勉強な職人達では有るゾ。頭数でハひけハ取るまい。ヘン製造学ト機械学の進歩、是にて知るべしッ。」[15]

我々は、いま日本と呼んでいるこの列島の、そして世界の人口が、明治時代に先立つ何世紀も変わらなかったということを覚えておかねばならない。そして、「万」という漢字が巨大、永久、無限という意味を持った社会にとって、100万単位で数えること、そして年100万の増加が意味するものは莫大であったことも。次いで、1876年に大島貞益が翻訳『人口論要略』を出版し、Motoya Sukerokuroもマルサスの人口増加の理論を紹介した。1880年には田口卯吉がマルサスの思想（そして批評）を彼の『東京経済雑誌』で普及させている。吉田秀夫によると、著者たちは人口爆発よりも、人口の劇的な変化が進歩と文明と呼ばれたものに関わるとみて、それに専ら注目していたらしい[16]。

マルサスは知識人たちに人口増加の影響にどう対処するかを理解するテクストを提供した。新しい物事に順応できなかった人々（侍や農民）の貧窮や移住、一揆や士族擾乱、そして新しい技術や産業が提供する機会などである[17]。マルサスの利用は本質的には皮相で、まずは人口と食料生産の関係に目がつけられた。しかし、この書が取り上げた問題は、移民、製造業の勧奨、さらに貿易と商業の促進まで、幅広かった。要するに、「富国強兵」政策の対極または底面に当たっていたのである。

ある統計、結婚と離婚の統計が、この新しい技術とその分析の単位が知識をどう変えたかを例証している。1884年の公式統計は、28万7743件の結婚と10万9896件の離婚を記録した[18]。この40％に近い離婚率は、社会の不安定を指すものでないとしても、人口流動の激しさを示している。『朝野新聞』は、離婚の理由として次のリストを挙げた。配偶者への無関心、貧困、家庭不和[19]。この数字を、徳川時代の実践と比べるのは難しい。当時は、男性は簡単な縁切り状短信を書くだけで離婚でき、側室も抱えていた。離婚を希望する女性達には、上野の満徳寺と鎌倉の東慶寺の二寺があり、保護を提供する権限を与えられていた。そこでは、徳川時代の

最後の100年間に2000件近くの離婚が成立した[20]。離婚率が劇的に増加したというのではない。むしろ離婚状況を知る方法が変わったのだ。統計という技法は、離婚に関する統計を特定の階級と地域に制限しない点が新しかったのである。

　これらの数字は、社会安定性への懸念の一つの源泉となった。福沢諭吉は1885年から女性と結婚について執筆を始め、翌年には「離婚の原因」というエッセイを書いた[21]。「教育ニ関スル勅語」、1898年の民法、そしてその他の法律は道徳と法律の体制を整え、それによって日本を離婚率の低い社会に変え、国家の人口を安定させた。これらの統計は社会の不安定さを示し、その流動性を一連の法律や観念で「訂正」されるべきものとし、その結果、日本人の実践を今日日本の伝統的価値と呼ばれるものに変えて行ったのである。

3　徴兵制

　1884年の最初の数ヶ月、新聞は徴兵に関する記事で満ちていた。それは、1883年12月28日に発表された徴兵令の改正に対する反応であった。この改正は1872年の徴兵令で与えられていた徴兵免除をより厳しくするものであった。法律の抜け穴を塞ぐことにより、政府は徴募される兵のプールを増やし、かつその政策のより広い浸透を確実にした。徴兵令は、平民軍（この新しい国家がプロテストや反革命運動を鎮圧するために使った重要な道具）に、絶えず兵士がいることを確実にした[22]。徴兵制は一方で新しい動き、すなわち最も壮健な労働者や農民をいわば国家の身体に移す制度を確立した。また徴兵制は別種の移動、すなわち徴兵を避けるため人々が新しい村や地方、別の家族、新しい職業に移ることも加速した。要するにこの徴兵制は、個々人を商品化可能な単位とし、国民国家の求める様々なカテゴリーに押し込むための重要な法令だったのである。

　1872年の法律によると、免除はエリートや未来の指導者たち、例えば学生たちに与えられた。さらに、270円つまり農民の年収の20倍の代人料を払うことでも可能だった。しかし、最も一般的な免除は一家の主、跡継ぎ、一人息子や一人だけの孫、そして養子に与えられた。1877年には、29万4231人の適格者のうち、2万509人が徴兵され、25万1543人は免除

を得た。その免除された者のうち、16万1012人は養家の跡継ぎであり、7万2024人は一家の主であった[23]。

1883年の改正によって、跡継ぎと養子は、父親が60歳以上の場合にだけ免除を得られるようになった。この改正は、徴兵免除を得るための合法的な道を制限した。改正以前には、諸家族は、とくに戸籍制度を通じ、創造的な手段を用いて免除を得ていた。例えば、家長が戸籍制度によりその座を長男に譲り、しかし同じ家に残り続けた。他には、跡継ぎになれない男性たちが、他の家族に養子や婿に入り、その家の跡継ぎになることもあった。実際のところ、これらの改変はしばしば書類上だけのものであった。このように、徴兵は徴兵された者たちだけでなく、社会組織にも影響をもたらしたのである。

1884年の新聞記事は、新しい法律が引き起こした混乱と絶望を表している。「飛翔鳥」の説明文はこう語っている。

「此頃大分西や東を指して海の外へ飛出す鳥があるが、あれ鉄砲の音でも怖いので逃げるのか、又は好處を見つけたのか知らんが、アレアレ彼の鳴聲、テキレイテキレイ。」

筆者の狙いからすれば、この画は何より、この当時の農村地域に存在した移動性の水準を証明するものである。つまり、人々は国民軍に入ったり、徴兵を避けたり、より良い機会を求めて移動していたのである。

新聞はよく市民的義務感の欠如を嘆き、好んで極端な事実の報道をしたが、これらの報道により、先にみた離婚率を新たな光で見直すことができる。例えば、『朝野新聞』は、鹿児島県下伊敷村で広まっていた、ある噂に関する記事を載せた。その噂によると、もし男性に妻がいれば、徴兵を避ける事ができるというのである。その上その妻はどんな妻、「たとえ蚊であってもかまわず」、独身男性はどこの村にでも行き、妻になる女性を見つければいいとのことであった。新聞は一日に平均6、7件の結婚が成立し、未婚の女性はほとんどいなくなったと報道した[24]。商魂たくましい人たちはこの新しい需要に儲けをあげた。養子(書類上でも実際でも構わないが)を受け入れられる家長はとくにそうだった。その一ヶ月後、『朝野新聞』は、伊勢半島辺りでは以前は極貧だった未亡人や男やもめの価値が上がったと

報道した。ブローカー（求募会社の連中）が、60歳以上の高齢者の名前を100円以上、高い場合は200円で斡旋するようになったのである。

ここでジンメルが言う複数の歴史という観念に戻るべきであろう。住民は市民的責任感をあまり感じていなかったかもしれない。しかし市民社会自体がまだ確立されていなかったのである。徴兵制は男性をまず彼らの生地から解放し、国民国家への同一化で置き替える道具であった。徴兵は一方で「社会の圧倒的なの力」の例であり、国家的な責任を課した。しかし、この新しい移動性は、他の動きも含んでいた。徴兵を忌避した人々は、まだ国家的身体に包摂されておらず、様々の生活実践、つまり「過去から継承した遺産」によって生きていた。彼らは新しい法律の内側にいながら、その境界付近に暮らしていたのである。さらに、「外的文化」も様々のものがあった。多様な地域、新たな国家的文化、農民の軍隊への加入、そして西洋から来た「近代性」。しかし、ここで注目すべき動きは、村人が他の村に移動し、家庭を変え、社会組織を変えていったことである。徴兵制は、もっと大きな移動を伴い、促していくこととなったのであった。

4　市民のポータビリティ

『團團珍聞』の漫画、「飛翔鳥」は、幾人かの男性が徴兵回避のために海を渡ったことを示している。その年、1884年の4月12日、福澤諭吉は「移住論の弁」という論文で、移民を主張した[25]。さらに、1884年にハワイ王国と日本は、糖業に労働力を求めていたハワイ島への日本人労働者の移民について取り決めを行った。公式な協定は1886年に成立している[26]。しかし、この三つの出来事は、新しい時代での人々の移動性という、もっと大きな変化の例にすぎなかった。

移民は、昔の秩序の一部――その解体――であると同時に、新しい自由な国際システムの一部でもあった。歴史家たちは、徳川時代を通してずっと100万人以上だった江戸の人口が1868年までに60万人まで下がったと推定している。1870年の半ばから、また人口が増え始め、今度は労働者が新しい社会に参加しようと移住してきた。日本が自由な資本主義システムに組み込まれるにつれ、移住は増加した。1880年には東京の人口は100万人近く（95万7000）に戻っていた。新しい政府により、海外移民も始まっ

た。1866年に幕府は日本人の海外渡航の禁を解除し、新政府は1868年の五箇条の御誓文で海外を知り、旅することの重要性を示唆した。その翌年には北海道（昔の蝦夷）への移民を促し、1871年には福沢諭吉によると、幕末にイギリスが幕府に女性（売春婦）を香港の植民地に送るよう要請したことがあったとのことである[27]。1868年には日本の労働者たちがハワイとグアムに移住し、1869年には会津の団体がカリフォルニアに移住した。1869年と1884年の間には、10万人以上が北海道に移住した。そして1868年と1884年の間には、日本政府は1万5000冊以上もの旅券を発行した。そのうち、2661人がアメリカ合衆国かヨーロッパへ行き、大多数は朝鮮半島か中国へ出かけ、その一部はそのまま住み着くことになった。1884年までの移住は様々であった。大半が西に、つまり大陸に行ったことは、その移動が中国や中国と日本との間で商売をしていた中国商人たちと関連していたことを示している。福沢の回想記は、帝国すなわちイギリス、フランス、そしてオランダの植民地で働くため移住した諸個人がいたと指摘している。もっと別の移民もあっただろう。例えば、1877年にシンガポールには日本人売春宿が2軒あり、14人の日本人売春婦がいた。1891年の国勢調査はシンガポールに287人の日本人がおり、うち229人が売春婦だったと記録している[28]。現地の住民によると実際はその倍以上いた。世紀の変わり目には、西洋の諸帝国が造った主要な都市にはかなりの数の日本人売春婦がいた[29]。この若い女性のサービス産業への移動は、日本でのよく知られた慣行、少女の都市、後には織物工場への移動を踏襲したものである[30]。福沢諭吉は1896年、批評家たちの日本の評判を落とすという議論からこの移住を擁護した。

> 「論者は獨り我醜業婦の外出を禁じて誰れに讃められんとの考なるや。果して井中の蛙なるを免れざるものと云ふ可し。抑も我輩が殊更らに此問題を論ずる所以のものは外ならず、人民の海外移植を奬勵するに就て、特に娼婦外出の必要なるを認めたればなり。」[31]

帝国は移動する人々を援け、かつ必要としたのである。

ハワイでは、資本主義が太平洋全域に影響するほどの労働力不足を生み出した。それはハワイ王国が1876年にアメリカ合衆国と関税を引き下げ

る互恵条約に署名してからさらにひどくなった。ハワイの原住民の人口が減りつつあったのに対し、砂糖生産は急速に増加し、大農園の所有者たちは良い(安価で従順な)労働者を探し、中国、ポルトガル、オーストリア、ノルウェー、ドイツ、そしてアメリカ合衆国から男たちを輸入した[32)]。日本は移民を許可していたが、大部分の人々、とくに労働者にとっては費用がかかりすぎた。実際、1868年、最初の一団(横浜と江戸から)が、ハワイのサトウキビ畑に3年契約で調達された。国籍でなく、生産と利益が最重要の関心事であった。しかし、この「元年者」と呼ばれる労働者たちの経験は新政府のとった苦力労働への強い態度と結びついた。そこには明治政府が自身と日本人の評判に強い関心を注ぎ始めた様子を見ることができる[33)]。これに続く交渉では、日本人労働者が良い待遇を受け、虐待から守られるようにとの配慮が反映された。1881年にカラカウア王が日本を訪問した。ハワイ国王の初めての明治日本と睦仁天皇への訪問である。この年、ロバート・ウォーカー・アーウィンが在横浜ハワイ総領事(のちハワイ王国の弁理公使移民事務コミッショナーや、移民事務局特派委員を歴任)に任命され、外務卿井上馨と親交を結んだ。彼らの友情に助けられ、日本とハワイ王国は1884年、日本人のハワイ移民に関する諸条件に合意した。これに基づき、最初の一団が1885年2月7日に『東京市号』(1874年では世界で二番目に大きかった鉄製汽船)でホノルルに到着した。その多くは井上の故郷山口県の大島郡出身であった[34)]。

　この移動性は、しかし、ダグ・ハウランドが言う「新しい」問題、すなわち市民のポータビリティという問題を引き起こした[35)]。ハウランドはこのポータビリティを治外法権、市民を外国で守ることに結びつけた。これは移民にも妥当する。成功とは言いがたかった1868年の横浜と江戸からハワイへの労働移民以来、新政府は海外での日本人の扱いや評判に関心を持ち、問題が報告されるとすぐ、調査者を送った。しかし、この市民のポータビリティ、すなわち帰還の必要性という問題は、以前から長期にわたって存在していた移動のあり方と衝突したのである。農園主は安く当てにできる労働者なら誰でもよかったのだが、ハワイ王国は他の移民より日本人の方が親和性があると考えた。興味深いことに、国籍でなく、人種と文化が決め手であった。福澤の1884年のエッセイによると、貿易と膨張が鍵であった。人々、特に細民は、故郷から離れ、海外定住の利益を理解

すべきだと言っている。のち、福澤は金稼ぎのために移住した売春婦たちを賞賛した。彼にとって、日本人が日本を後にすることは問題ではなかった。協定後、最初の移民団には、男性が689人、女性が156人、そして子供が108人いた。協定には、日本人は一時的に滞在するのではなく、定住すると取り決められていた[36]。幕府、そして新しい明治政府は、日本の旅券を発行し、それで移民を規制する最初の国の一つとした。

　日本国内と海外への移民は1880年代後半に急速に増加した。1880年代の終わりから南太平洋は公衆の想像力の中で人気ある目的地となった。移民、貿易、そして膨張を勧めるパンフレットが沢山出回ったからである[37]。他方、東京の人口は1890年までに152万1000人にまで膨らんでいた。歴史家の小木新造は、1887年を東京へ流入した労働者が特に増えた年とし、この増加曲線はさらに1920年代まで続いている[38]。少女と若い女性の移住も増えた。日本の織物工場は1884年に電化（電灯）され、それに伴って工場に何千人もの少女が流入してきた。1872年、富岡製糸場が操業を開始した時に労働者を見つけることに苦しんだのに対し、1902年には18万人以上もの女性の労働者が織物産業で働いており、その大部分は移住者であった[39]。東南アジアと大陸への移住も増加した。1930年には何万人もの日本人女性が海外の売春宿で働いていた。そして勿論、ハワイ（次いで北アメリカの西海岸）への移民も1885年に始まった。

5　工芸品

　都市の中には東京より大きな成長率を経験したものがあった。貿易が提供する新しい機会の利用を図る個人が群がった国際港である。そうした機会の一つは、東洋からの工芸品（"Orientalia"）への需要という新しい市場であった。一方では、新政府が外国市場向けの輸出用美術品の生産を奨励した。他方では、過去のシステムから切り離され、価値の寄りどころを失った工芸品がこの市場に新しい価値を見出した。「諸品の洋行」という画は、貿易に対する相反的な感情を表現している[40]。その説明文は次のとおりであった。

　　「小僧行け、番頭行け、己も行くから我も行と、猫もお釋氏も流行風

『團團珍聞』1884年5月7日

に帆を掛て、我も我もと押出して、新を尋ね、奇を探り、澤山土産を持て帰らうトいふ。人気の寄る處ハ別段な者、是ゾ誠に我國開化の進帆とでも申ませう。」

　この貿易システムは対等なものでなく、従来は神聖で公共の物と見なされていた物品や象徴(例えば仏像)を輸出するものであり、これを管理するには新しい法律や意味づけのシステムを創らねばならなかった[41]。また、この新しい市場を満たそうとする店に現れた品物の多くは、盗品でなければ新たに製作されたものであった。1884年制定の新たな法律は「旧物」商いは宮内省図書寮から免許証を得ねばならないとし、『日本立憲政党新聞』は2月16日に、大阪と兵庫で730軒もの店が廃業したと報道した。3月12日の『朝野新聞』も、満徳寺の品が「骨董品」のもう一つの市場であった横浜の古物商で売られていると報道した。寺院の所有物をこのような店で見るのは珍しいことではなかった。同時にこれらがいかにして横浜に辿り着いたのかは報道されなかった。満徳寺は、他の寺と同様に財政的に苦しんでいた。座主は70歳以上で、世禄を失い、従来の主たる収入源であった離

婚を求める女性の聖域という地位も奪われてしまっていたのである。

　外国人に対する工芸品の売却の流行は、当時の日本人が〈新しい〉もの、つまり近代社会の観念や道具に夢中になり、日本の過去を捨て去ったという見方を立証してきた。この観念は、ジョサイア・コンドルにより設計された鹿鳴館の1883年11月の開館により確固たるものになった。この豪華な建物は、外国高官を泊め、もてなすために、井上馨により依頼されたものであった。しかし、政府は同時に日本の過去にも関心を持っていた。1871年にはすでに古器旧物保存通告方が工芸品の調査を促し、それは後に国宝法の基礎となった。国立博物館の創立も1872年に湯島聖堂で開かれた展覧会に遡る。そこには、政府高官が1873年のウィーン万国博覧会に備えて工芸品を集めていた。博物館は1882年に現在の所在地上野公園に移った。

　当時の状況を理解するには、過去からの遺産を軽視したと考えるより、政治的・経済的な事情の変化——例えば、1869年に神仏分離が寺院の権威を弱めたこと——に注意を向けた方が良い[42]。寺院の破却、その書庫への放火や蔵書の略奪は、当時、仏像や水墨画を中心とする国家的な「日本」美学がまだ成立していなかったことを示す。今はそれを代表する狩野派の一員として有名な狩野芳崖は、工場で輸出用の美術品を制作していた明治初期について不平をこぼしている。美術の再定義は、1884年の春、岡倉天心とアーネスト・フェノロサが上野公園で絵画共進会の会議を招集したことによって始まった。この二人はさらに、政府の宝物調査に加わり、その一環として6月25日に法隆寺を調査した。フェノロサが後に宣言し、有名になったことだが、彼らは夢殿を何世紀かぶりに開き（実際にはただ10年余り経っていただけのことだった）、夢殿（救世）観音を「発見」した。法隆寺とこの観音は日本美術の新しいナラティヴの基盤となり、10年後にはその強化と制度化に行き着くこととなった。この歴史的なナラティヴは、現在でも我々の日本美術とその美学に関する理解の基礎となっている[43]。

　この移動可能な品物は、世界の日本に対する好奇心を促進したが、そこではこの移動可能な品につけられた価値は〈東洋的なもの〉(Orientalia) というものだけだった。こうして日本はオリエントの一部だという観念が強化されたのである。〈日本の工芸品〉(Japanalia) は西洋に広まった。例えば、日本の村を再現したタンナカーの村 (Tannaker's village) が、1885年からロンド

ンのハイド・パークに開かれた。いまそれがあった場所の近くにはマンダリン・オリエンタル・ハイドパーク・ロンドンがある[44]）。日本の美術として歓迎されるようになった品物は過去に関係づけられた。フェノロサの場合はオリエントの過去であり、岡倉の場合はアジアの過去であった。オリエントとしての日本のイメージは次第に世界の秩序の一部になっていった。

6 道路、デフレーション、貧困、抗議

　1884年、三島通庸は2年間の着実な建設の後、会津三方道路の完成を祝った。この道路は会津地方と新潟、栃木、そして山形との間の輸送に便宜をもたらした[45]）。福島と栃木の県令であった三島にとってこれは偉大な瞬間であり、そこから彼の評価の一つ「土木県令」の名が由来した。これらの道は、絹の主要産地を横浜からの輸出に結びつけた[46]）。

　これらの道は商品の流れを促進するだけでなく、この地方と社会の変化の中心となった。明治日本の新たな地理の一部として、藩は県に変わり、農地改革は農民に土地所有権を付与した。古い地域は再編成され、例えば、上野、下野、そして会津は、福島、栃木、そして群馬の中核となった。この再編成は地元の政治的エリートの力を奪い、地方社会の絆を弱め、権力を東京との関係で再設定した[47]）。農民たちは土地所有者となり、土地を売買するようになった。地租は土地の価値の3％と定められ、中央政府に通貨で支払うことが可能となった。

　徳川時代の社会はその必要に即して精緻な道路網を設けていた。5本の主要街道は江戸から放射状に伸びていたが、その目的は繋げるためで、流通のために設計されてはいなかった。新政府は道路の必要性を認識し、平等という名の下、1868年に、宿場に隣接した村だけでなく、全ての村に道路修理のための課役を拡張した。次いで1875年に宿駅制度は廃止され、その翌年には政府は道路を国道、県道、村道に分類した。1885年には44本の道路を国道に指定している。かつての街道、熊谷から西の高崎へゆく中仙道や、江戸と宇都宮を繋ぎ北の福島へ続いた奥州街道のような道は、徳川時代の徒歩や荷馬の交通に対応するには十分であった。しかし、それらの道は荷馬車や乗合馬車を走らせるには不十分であり、それらへの需要

は人や商品の輸送のため次第に増していったのである。

これらの道路建設は他の二つの出来事と同時に起きた。一つは松方財政と土地所有農民の債権破棄の動き、もう一つは地方エリートの国政参加の運動であった。1881年、大蔵卿松方正義はデフレーション政策を始めた。侍、大名、そして藩札といった過去の組織を解消するために生じていたインフレーションを抑えるためである。デフレ政策は物価を大幅に引き下げ、借金のコストを高めた。1873年の地租改正後に土地を買った農民たちは、家計の遣り繰りが難しくなっていった。例えば、1880年に30円稼いでいたある農民は、1884年には同じ土地で4円以下しか稼げなくなった[48]。債務の増大というイメージはどこにでも見られた。それと対照的に、『朝野新聞』は8月に、13人の男性が1万円以上の地租を払ったと報道した。

このデフレ政策の一つの結果は、1881年の中央政府の公共事業の予算が、251万円（会計年度1880年）から37万円に急落したことであった。1875年に道路を分類した時、政府は建設と整備の資金調達の責任を六分四分に分担し、中央政府が大きい割合を負担することとしていた[49]。しかし、この年の予算は、明らかに全ての負担を県側に転嫁することとなった。三島はまた無給労働を頻繁に、情け容赦なく絞り出した。働けない、もしくは働こうとしない人々は、政府の手下に家財を没収された。報道の中には、細民が娘たちを「売っている」というものもあった。（家長として）工場や売春宿、その他の労働やサービスの労働契約に署名したのである。

デフレーションと公共事業は、三島にもう一つの運動、政府の決定により深く参加したいという運動を抑圧する機会を与えた。1878年に県議会の開会が許可され、1879年には千葉の農民櫻井静が寡頭政治家たちが代議制政府の設立に失敗したという弾劾文を『朝野新聞』に載せ、それが多くの県議会議員による国会開設の請願運動を導き出した。福島では、河野広中が石陽社という政党を創立し、やがて福島の自由党の指導者となった。自由党の党員は地元のエリート、地主、村長らであり、彼らは明治維新の目的と信じたこと、すなわち国政に幅広い参加基盤を据えることを主張した。

この新しい階級が抱いた希望の例として岸田俊子が挙げられる。彼女は民権運動の一部として女性の権利を主張し、中部地方をくまなく巡回していた活動的な演説家だった。1884年に岸田は『自由燈』の創刊号に「自由燈

の光」という論文を書いた50)。岸田が求めている移動性は、女性を過去から解放することである。彼女は女性に制約を課している家族制度を特に批判したが、社会を変える必要も主張した。岸田は女性が恐怖をいだき、外出を恐れがちなことを取り上げ、道が狐、狸、化け物などで満たされていること、つまり盗人、堕落者、不審者等が密かに犯罪を企んでいることを問題とした。彼女は自己用心も必要であり、古くからある問題だとも認めたが、物事の改善を希望し、『自由燈』のような新聞が女権を守る手助けになることを期待した。三島が任命された時の任務の一つは自由党を滅ぼす事だったが、それを三島は楽しんで行ったようである。

　より大きな政治的発言権への願望、デフレーション、無給労働の重税、そして三島の圧政は、抗議、さらに革命的な行動をもたらした51)。河野が三島の行動に抗議し、西福島(以前の会津)の地元エリートたちが道路の設計や経路の決定に関与できないことに抗議すると、三島は河野を反逆罪で告訴して牢獄に閉じ込め、福島自由党、とくに以前の会津地方の党員を1000人以上も逮捕した。1882年11月、喜多方では三島への抗議に3000人以上の農民が集まり警察署に向かって行進した。1884年5月、いま群馬事件と呼ばれている事件が勃発し、約600人が集合して、借金の再交渉を拒否するだけでなく、好んで担保の土地を奪い取ると噂された岡部為作という金貸しの工場を焼き討ちした。同年9月23日には、自由党の急進的な党員達が加波山で集合していることが発覚した。彼らは、福島と宇都宮を結ぶ新しい道路の開通式で三島を含む政府高官を襲う計画を立てていたのである。彼らは開会式の前に発見され、警察と闘争した後、解散し、結局は逮捕された。

　11月1日、秩父の農民たちが「自由自治元年」を宣言した。彼らは三島とその行動に直接の影響を受けたわけではなかったが、現況への不満、そして行動に訴えようとする意欲に溢れていたのである。農民による抗議としては最大の運動で、この困民党は自由党と合同して運動した。参加者は9000人に上ったと報道され、地租の減免、徴兵令の改正、そして強制教育の廃止を要求している。この抗議運動は2週間近くをかけて鎮圧されたが、それには軍隊の動員を必要とした。こうして、1884年の終わりまでには、自由党は解散し、政府は抗議を鎮圧し、デフレ政策も終わりを告げた。その間、農民たちはその故郷から切り離され、産業発展を支える様々

の仕事に大挙移動できるようになった。政府は翌1885年、内閣制度を採用し、1889年の憲法公布後にふさわしい組織に自らを再編成した。

三島が建設した道路のいくつかは彼が1884年に福島と栃木から去った後に閉鎖され、多くはやがて鉄道に取って替わられた。とはいえ、この地域は西洋との貿易に多大に影響された「コンタクト・ゾーン」の興味深い例をなしている。この変化に順応する上で、昔の組織が交通と商品流通の拡大に使われ、他方で地域の人々は自由に移動した（労働力を売った）。とはいえ、彼らの地位は細民、労働者、債務者等という社会的カテゴリーに閉じ込められたままであった。

7 「亜細亜」以前——甲申政変

12月4日、ソウルでのクーデターが失敗した。それは朝鮮半島で幾年も続いた政治的家系や派閥の間の権力闘争が最高潮に達した瞬間だった。朴泳孝、徐載弼、そして金玉均に指導された独立党は閔妃の政府を退けようと企てた。金、朴と徐は半島を李王家の朝鮮から近代的な国民国家へ変革しようとしたのである。金は福沢諭吉の支持を得たが、日本政府の公式な支持は獲得できなかった。閔妃は清と袁世凱に率いる軍隊に支持されていた。独立党は日本の支持を得ようとし、朴泳孝は何度か外務卿の井上馨に会っていた。この事件は一方で、当時の政治家たちの注目すべき移動性を証明する。金玉均は1882年から1884年にかけて日本に3回行った。金は有力な両班の一員だったが、その権力は、閔妃一族が力を増すにつれて衰えていた。しかし日本では、金は政府の高官に会え、例えば1882年には外務卿の井上馨に会っている。また、有力な名士にも会っており、福沢諭吉は彼の後援者となった。私のナラティヴで、井上馨は活動（また活動の欠如）の点で重要な存在である。彼のロバート・アーウィンとの友情は日本人労働者をハワイへ送る協定を促進した。その一方で、田中正造は、三島に対する苦情について井上らの注目を引きつけることはできなかった。朴泳孝も金玉均も丁重には扱われた（後に政治亡命を認められた）ものの、井上の支持を引き出すことはできなかった。

他方、この事件は西太平洋の変化を物語っている。清は西洋の帝国主義的野望を退けるため、安南や朝鮮などの周辺国家との長年の絆を強めつ

つあった。安南では、清はフランスが勢力を扶植しようとする試みに対抗していた。朝鮮もまた欲望の対象であった。こちらは新興の明治日本が主体で、1873年には多くの日本の指導者が半島の侵略(征韓)を主張していた。橋川文三が述べるように、この相互作用は清の世界秩序に含まれる場所と日本の類似性に基づいている[52]。しかし同時に、この行為者たちはジンメルが言う「主権的な力」の観念や道具を駆使していた。この部分的に重なり合うシステムは、福沢の金に対する支援や杉田定一による『東洋学館』の創立等に明らかである。

失敗したクーデターは、このハイブリッドなやり方が不可能なことを示した。そこで、福澤は有名な「脱亜論」を書き、杉田もその未来構想を諦めている。杉田は中国への旅の後、こう書いた。

> 「中国人の慣習、制度、心性を観察してみると、書物で読んだことと現実との間には月とスッポンほどの違いがある。」[53]

ある意味で、これは日本の「亜細亜」発見の瞬間であった。アジアは今日、大陸として知られているが、それは西洋によって名付けられた空間だということを銘記せねばしておかねばならない。十八世紀以来、アジアは静的な、時を超越するヨーロッパの〈他者〉("the other")であった。モンテスキューはアジアを動的なヨーロッパの反対にある静的なものとして論じ、ヴォルテールはそれを文明の始まりと認めながら、まったく進歩がなかったとしている。ヘーゲルに至っては、アジアを世界史の進化の最初の段階に置いた。その地域の住民は自分たちをアジア人とは認定していなかった。しかし、福沢と杉田の両人は、この文脈に立って、アジアを後進的な場所と認め、日本はアジアでなく、帝国主義の国であらねばならないと主張したのである[54]。

これに加え、翌1885年、この地域を近代の国際システムに向かって動かす幾つかの協定が結ばれた。フランスと中国はトンキンをフランスに譲る条約を締結し、中国と日本は全権であった李鴻章と伊藤博文にちなんで名付けられた李・伊藤条約(天津条約)を締結した。そこでは相互性という大事な原理が設けられ、朝鮮を清の軌道から引き離すことになった。中国と日本の両国は、朝鮮に駐留させていた軍隊を共に引き揚げ、そして重大な混乱が生じて軍隊を派遣する場合、先だって朝鮮と加盟国に通知せね

ばならないと同意したのである。その後、清はしばらくの間、辺境国への宗主権と国王高宗への影響力を維持したが、結局は、いずれも朝貢制の衰えと同じく弱まっていった。10年後、独立国家からなる国際システムが優位に立つこととなった。日本は天津条約を朝鮮への影響力の拡大に用い、その後亜細亜の指導者を自任するようになった[55]。その亜細亜とは遅れた場所であり、改善、啓発、そして支配すべきところに他ならなかった。

8　部分部分を繋ぎ合わせる

　移動性に焦点を定めると、列島に住む人々が様々な制度や形式と彼らのコネクションや関係にどのように折り合いをつけてきたのかを考えられるようになる。そして、その動きから国家や様々の制度という空間が出現し、商品の流通を促し、さらにある種の社会運動に場を提供する様子を見ることができるようになる。こうすると、我々が何十年もこれが歴史だと理解してきた国民国家や近代性という観念を脇に押しやることができる。人々の移動性と国家による平衡状態の関係を反転させると、今までと異なった類いの関係や流れが見えるようになる。第一に、この時代には、国際(国家間関係)という観念自体がまだ流動的であった。勿論それは以前から存在していた。しかし、その構造、意味、そして異なる場所がどのように相互作用するかはまだ形成途上だった。この変化には幾つもの時制があった。国際法、例えば国民の登録や管理はまだ形成途上であった。時間はまだ中央集権的に決められていなかった。国民国家は朝貢国や王国と併存していた。さらに、「亜細亜」はこの時代にようやく存在し始めた(清の朝貢制度における周辺国の存在感と比べてほしい)。1885年、以前は中国との間に類似性を感じていた日本人、例えば、有名な福澤諭吉、そして杉田定一もまた、日本と中国の間に距離を置く必要性を感じた[56]。日本の知識人は日本と中国の距離が遠ざかりつつあると感じていたが、それでも日本と中国さらにオリエントとの結びつきは深まっていった。時間のコードの成文化(国際日付変更線)や工芸品の輸出／大量出国がそうさせたのである。

　しかしながら、変化を研究する際、移動性を考えるに最も役立つのは人口流動であろう。一方では、統計という新しい知識の形が(国家単位の)人口への関心を生み出し、それはさらに人口がもはや安定なものであること

を教えた。マルサス的な人口増加への恐怖は松方デフレと結びついて、民衆のなかに(いかにも正当な)恐れと不満を生み出した。我々は自由民権運動についてよく知っているつもりだが、そこには社会をなす単位への関心も存在した。離婚の流行への関心、そして岸田俊子を初めとする女性による女性の平等権の主張。一方、この人間の流動は別の面、すなわち人々が労働力の流動的なプールの中に次々と編入されていったことでも明かであった。福沢の議論、人々は故郷から離れて海外の機会を探しに出かけるべきだという考えは、人を商品化された労働力に変えるという主張と読み替えることができる[57]。これは国際的にも、国内的にも重要であった。翌年にハワイへの労働者移民が始まったように、少女の織物工場への移動も増加し、売春婦として働くために南洋や大陸へ移住することも増えた。この意味で、徴兵令や松方デフレなどの新政策は、人々を故郷から引き剝がし、国民国家の想定する自由主義的資本主義の制度になじませることに見事に成功したのである。

　ここまで筆者は個人の物語を含めなかった。しかし、個人がその独立性や個性を維持するため、「社会の支配的な力、歴史的遺産の重み、外的文化や生活技術」に抗するために用いた様々な方法を理解することはできる。しかし、その人々は必ずしも積極的な主体や抵抗者ではなく、多様な状況下で手持ちの手段を使ってそうしていたのである。その道具は徴兵とその免除に関する新しい法律、条約港での工芸品のような新たな市場、無給労働のような古い実践、そして自由や権利という観念が提供した新しい機会であった。このような歴史は、今までと異なったスケーラビリティを提供し、「偉大」で「重要」な歴史と異なった、様々な物語や説明を含み込むことを可能にしてくれることであろう。

　最後に、この様な流れに着目すると、様々な国民国家や明治政府が新しい「問題群」に対処しようとしていたのが分かることを指摘したい。日本の市民は海外に出かけると日本人と定義されることが多くなった。新たに生まれた移植可能な市民を管理し、保護するため、法律や規制が設けられた。しかし、人々はいまだ必ずしも日本人だと自覚していなかった(移民の間で最も一般的な組織の一つだったのは県人会であった)。政府は「旧物」の販売を次第に厳しく統制するようになり、それはやがて国宝に等級をつける制度として成文化された。そして、1890年代になると、政府は次第に歴史と向き

合うようになり、日本を過去を通じて定義するようになったのである。しかしながら、この日本という新たな過去は、詰まるところ、次々に増大してゆく人や商品の流れ、日本という単位を器とするそれらを何とか把握し、秩序づけようとする努力の一部なのであった。

註
1) この例としては、John H. Miller and Scott E. Page, *Complex Adaptive Systems*, Princeton University Press, 2007 を参照。
2) ゲオルク・ジンメル「大都市と精神生活」(松本康編『近代アーバニズム』日本評論社、2011年)。
3) Geoffrey C. Bowker, *Memory Practices in the Sciences*, MIT Press, 2005, pp. 70-71.
4) Stefan TANAKA «New Media and Historical Narrative: 1884 Japan», *Performance Research*, 11.4, 2006, 95-104 を参照。
5) William Sewell, «Three Temporalities: Toward an Eventful Sociology», *Logics of History*, University of Chicago Press, 2005, pp. 81-123.
6) 鞍のまたがる部分のように、前後の軸では最も低い場所ながら、左右の軸では頂上をなしている場所。
7) ここでは、社会学者の John Urry, *Mobilities*, Polity Press, 2007 と文学研究者の Stephen Greenblatt, *Cultural Mobility: a Manifesto*, Cambridge University Press, 2009 の考えに基づいている。
8) 移動性と平衡状態の対比という観念は、アンリ・ルフェーヴルから得た。移動性を調べたいという願望は遙かな昔、W.W.ロストウの『経済成長の諸段階』(*The Stages of Economic Growth*, Cambridge University Press, 1990 [1960]、木村健康・久保まち子・村上泰亮訳、ダイヤモンド社、1961年)を読んだ時に植え付けられた。その本で彼は、垂直の移動性(発展)と水平の移動性(市場―帝国主義)の両方が、近代国家や開発途上国の中心的要素だと主張している。
9) Jay L. Lemke, «Across the Scales of Time», *Mind, Culture, and Activity*, 7.4, 2000, 273-90.
10) *International Conference held at Washington for the purpose of fixing a Prime Meridian and a Universal Day*, Washington, DC, 1884, p. 1.
11) 科学的発見を近代の成長と発展の測度として優先させることに対する優れた挑戦として、David Edgerton, *The Shock of the Old: Technology and Global History since 1900*, Oxford University Press, 2007 を参照。

12) Karen Wigen, *A Malleable Map: Geographies of Restoration in Central Japan, 1600-1912*, University of California Press, 2010, pp. 148-66.
13) 統計院は現在の総理府統計局の前身である (Ishida, 19)。Mizuchi, 75-94 も参照。
14) 『時事新報』1884年1月4日。
15) 『團團珍聞』。
16) 日本でのマルサスに関する要約は、Akira Iriye, *Pacific Estrangement: Japanese and American Expansion, 1897-1911*, Harvard University Press, 1972, pp. 18-19を参照。人口論に関する更なる情報は、吉田秀夫『日本人口論の史的研究』(河出書房、1944年)を参照。
17) 前掲註(16)吉田書、153頁。
18) 『日本帝国統計年鑑』第五回(1886年)37-38頁。
19) 1884年1月18日。
20) 満徳寺は尼寺として、1591年に浅井長政の娘によって創建された。徳川家康は毎年の給費として満徳寺に100石を与えた。江戸時代には、将軍や大名から沢山の贈り物や好意をも受け取った。
21) 英語での論文は、*Fukuzawa Yukichi on Japanese Women: Selected Works*, trans. by Eiichi Kiyooka, University of Tokyo, 1988を参照。離婚に関する論文は128-30頁。
22) 優れた研究として、特に徴兵令の人口への影響に関して、E.H. Norman, «Soldier and Peasant in Japan: the Origins of Conscription», *Pacific Affairs*, 16.1 and 16.2, 1943: 47-64, 149-65 を参照。
23) 菊池邦作『徴兵忌避の研究』(立風書房、1977年)22、25頁。
24) 1884年1月26日。
25) 慶應大学編『福沢諭吉全集』第9巻(岩波書店、1960年)458-60頁。
26) 「渡航条約」、JACAR(アジア歴史資料センター) Ref.A03020009100、御署名原本・明治十九年・条約五月三十一日・布哇国政府ト締結セル渡航条約(国立公文書館)。
27) 「人民の移住と娼婦の出稼」(慶應大学編『福沢諭吉全集』第15巻、岩波書店、1961年)364頁。
28) 少女、とくに九州(島原半島と天草諸島)からの少女たちは、いい仕事があるとの話につられ、石炭を輸出する船で密輸されて行った。(この頃の日本は燃料の輸出国だった！ シンガポールは、燃料として九州から石炭を輸入していた)。船員は少女を密航者として密輸するようしばしば買収された。James Francis Warren, *Ah ku and karayuki-san: prostitution in Singapore, 1870-1940*, Oxford University Press, 1993, pp. 81-83, そして Bill

Mihalopoulos, «The Making of Prostitutes: the karayuki-san», *The Bulletin of Concerned Asian Scholars*, 25.1 1993 41-56 と Mark Driscoll, *Absolute Erotic, Absolute Grotesque: The Living, Dead, And Undead In Japan's Imperialism, 1895-1945*, Duke University Press, 2010, 特に第2章を参照。

29) 1906年の公式な記録によると、世界各地の街で働いている日本人売春婦の人数は以下のようであった。シンガポール、2086; ウラジオストク、1087; バタビア、970; 上海、747; 香港、485; マニラ、392; そしてサイゴン、192。Warren, *Ah ku and karayuki-san prostitution in Singapore*, pp. 81-83.

30) 津田真道は明治初期の売春の流行を『明六雑誌』に収録された「廃娼論」でほのめかし、その除去を主張した。«On Destroying Prostitution», *Meiroku Zasshi: Journal of the Japanese Enlightenment*, trans. by William R. Braisted, Harvard, University Press, 1976, pp. 517-19.

31) Driscoll, p. 63.

32) 1876年にハワイは1万3036トンの砂糖を生産した。1881年にその量は3倍以上になり、1885年には8万5695トンへ急上昇した。

33) 1872年に日本政府は、マリア・ルス号事件で苦力労働制度に対する強い態度を取った(そしてその後売春法も変えた)。マリア・ルス号事件と日本の売春の関係に関しては、Douglas Howland, «The Maria Luz Incident and International Justice for Chinese Coolies and Japanese Prostitutes», *Gender and Law in the Japanese Imperium*, edited by Susan L. Burns and Barbara J. Brooks, University of Hawaii Press, 2013, pp.21-47 を参照。藤目ゆきは、«The Licensed Prostitution System and the Prostitution Abolition Movement in Modern Japan», *positions*, 5.1, 1997, 135-70で、明治時代の売春の正則化——法律、税金制度、日本軍との関係——を概説している。

34) Yukiko Irwin and Hilary Conroy, «R.W. Irwin and Systematic Immigration to Hawaii», in Hilary Conroy and T. Scott Miyakawa, eds. *East Across the Pacific* ABC-Clio, 1972, pp. 40-55.

35) Douglas Howland, «The Foreign and the Sovereign: Extraterritoriality in East Asia», *International Law and Japanese Sovereignty: The Emerging Global Order in the 19th Century*, Palgrave Macmillan, 2014, pp.35-55, Douglas Howland and Luise White, «Introduction: Sovereignty and the Study of States», 1-18, in *The State of Sovereignty: Territories, Laws, Populations*, edited by Howland and White, Bloomington: Indiana University Press, 2009, pp.35-55.

36) この時代、人が旅券を持たなかったことに留意しておかねばならない。他所への旅の多くは資金力の問題であった。法律や国籍ではなく、言

語、習慣、地方性、そして異質さが動きを制限した。アメリカ合衆国は、1875年のペイジ法で初めて移民を制限した。議会は罪人と売春婦（中国人移民が的であった）の移民を禁止し、1882年には中国人労働者、政治犯罪で判決を受けた人、狂人、白痴、そして社会の負担になりそうな人々の移民を制限した（これは1868年のバーリンゲーム条約違反だった）。東海岸では大部分の移民が、1890年までニューヨーク州が管理していたキャッスル・ガーデンを通ってアメリカへ入ってきた（エリス島は1892年に開設された）。1886年の協議会について、Hilary Conroy, *The Japanese Frontier in Hawaii 1868-1898*, University of California Press, 1953, pp. 148-50 を参照。

37) Iriye, 19-25. これらの人気があった小冊子は、志賀重昂『南洋時事』（1887年）；服部徹『日本の南洋』（1888年）；菅沼貞風『新日本の図南之夢』（1888年）；田口卯吉『南洋経略論』（1890年）；服部徹『南洋策――一名・南洋貿易及殖民』（1891年）；稲垣満次郎『東方策』（1891年）；鈴木経勲『南洋探検実記』（1892年）；稲垣満次郎『東方策結論艸案』（1892年）；鈴木経勲『南洋巡航記』（1892年）；そして鈴木『南洋風物誌』（1892年）等である。矢野暢『日本の南洋史観』（中公新書、1979年）。

38) 小木新造『東京時代――江戸と東京の間で』（NHK ブックス、1980年）193頁。Henry D. Smith II, «The Edo-Tokyo Transition: in Search of Common Ground», *Japan in Transition: from Tokugawa to Meiji*, edited by Marius B. Janseon and Gilbert Rozman, Princeton University Press, 1986, pp. 356-58.

39) E. Patricia Tsurumi, *Factory Girls: Women in the Thread Mills of Meiji Japan*, Princeton University Press, 1990. 統計は10頁を参照。

40) 『團團珍聞』1884年5月7日。

41) 1884年、輸出の86％、そして輸入の95％が外国の商人に取り扱われていた。Iriye, *Pacific Estrangement*, p. 13.

42) この行為とその影響に関しては、James Edward Ketelaar, *Of Heretics and Martyrs in Meiji Japan*, Princeton University Press, 1990 と Allan G. Grapard, «Japan's Ignored Cultural Revolution: The Separation of Shinto and Buddhist Divinities in Meiji（shimbutsu bunri）and a Case Study: Tōnomine», *History of Religions*, 23.3, 1984: 240-65 を参照。

43) Stefan TANAKA, «Imaging History: Inscribing Belief in the Nation», *The Journal of Asian Studies*, 53, February, 1994: 24-44 を参照。

44) タンナカーの村は、ウィリアム・S・ギルバートとアーサー・サリヴァンの典型的なオリエンタリストの喜歌劇、「ミカド」に霊感を与えた。

45) 薩摩の侍であった三島は、酒田と鶴岡の県令に任命され、それらは1876年に山形県に再編成された。彼はそこで、1880年の天皇東北行幸のために万

4 移動（タナカ）

世道路の完成を加速した。1882年には福島の県令に就任し、1883年には栃木の県令も兼任した（高橋哲夫『福島事件』三一書房、1970年）。道路建設については、山本弘文『維新期の街道と輸送』（法政大学出版局、1983年）。

46) 絹の生産は、1868年の230万ポンドから1893年の1020万ポンドに増えた。この時期、絹は日本の輸出品の42％を占めていた。William Lockwood, *The Economic Development of Japan: growth and structural change, 1868-1938,*, Princeton University Press, 1954, p. 16.

47) 会津は、徳川擁護者による新政府に対する主要な抵抗の起きた場所であった。

48) 佐藤広吉の農家（上野国、西群馬郡、横堀――1884年11月29日）。

49) 初期の「河港道路修築規則」とその改訂版は、国家的な幹線とそれに準ずる道路の資金調達の責任を中央政府が六割、府県が四割と分担することとし、その下のレヴェルの地元の道路に関しては資金調達の責任を全て地元民に負わせた。

50) 「自由燈の光」という雑誌と論文の題名は、「自由党」との言葉遊びである。一方で発音が自由党と同じだが、その一方では、岸田は「燈」の字を使い、文明開化が表す自由の燈の光を意味させている。

51) 例えば、1882年8月の清水屋事件では、自由党員が寝ているところを襲われた。

52) Hashikawa Bunso, «Japanese Perspectives on Asia: From Dissociation to Coprosperity», Akira Iriye, ed., *The Chinese and the Japanese*, Princeton University Press, 1980, p. 332.

53) Hashikawa, «Japanese Perspectives on Asia», p. 333.

54) 中国でのこのアジアの出現は、Rebecca E. Karl, «Creating Asia, China in the World at the Beginning of the Twentieth Century», *American Historical Review*, 103.4, 1998: pp. 1096-1118を参照。

55) Bruce Cumings, *Korea's Place in the Sun: A Modern History*, WW Norton, 1997, pp. 111-20.

56) 杉田の引用は、Hashikawa, «Japanese Perspectives on Asia», pp. 331-33を参照。

57) この国（そして国籍）から出て行くことへの意欲は、中江兆民の紳士君の台詞でも明らかである。

> 「我れ今日甲の國に居る、故に甲國人なり。我れ明日乙の國に居れば、又乙國人ならんのみ。」
>
> （『三酔人経綸問答』岩波書店、1965年、124-125頁）

（垣原智子・三谷博訳）

5 朝鮮と明治期日本のノスタルジア

リオネル・バビッチ

序——ノスタルジア

　日本人はノスタルジックな民族である。懐かしい故郷、懐かしい歌、懐かしい友人というように、「なつかしい」という形容詞は日本語において頻繁に使われる言葉のひとつであると言えよう。歌謡曲という大衆に根付いたジャンルのひとつである演歌には、懐古的感情、とくに故郷や故郷への回帰に対する追憶があふれている。ノスタルジア全般に共通していることではあるかもしれないが、日本人のノスタルジアに特徴的なのは、実在した経験に対する痛切な思いよりも、むしろ、想像する過去に対する憧憬が強いことだと言える。イギリスの詩人バイロンの言にもあるように、「古き良き時代。すべての時代は古くなるとよくなるもの。」なのである。

　ノスタルジアは、古来より日本文化の中心にも存在していた。たとえば、「あをによし奈良の都は咲く花のにほふがごとく今盛りなり」という和歌は、8世紀に小野老が大宰大弐に任ぜられた大宰府から平城京での生活を懐かしみ詠んだものであるが、いまだ多くの日本人に愛誦される歌でもある。

　今日の日本においても、このようなノスタルジアの感覚は健在である[1]。ノスタルジアは大衆文化の中でも重要な役割を果たしており、また、他のアジア諸国との関係においても影響を及ぼすことがある。例えば、岩淵功一によると、日本の視聴者による香港大衆文化の消費は懐古的な憧憬に基づくものであり[2]、また、ドリーン・コンドウは、バリ島やタイでの日本人観光にノスタルジックな要素があることを論じている[3]。

　岩淵の研究には、上記以外の例もいくつか挙げられている。1996年に放映されたテレビドラマ『ドク』は、29歳の日本人女性長野雪が20歳のべ

トナム人男性ドクと恋に落ちるラブストーリーであるが、同時に、ベトナム近代化の活力を日本の消えゆく現在や希望される将来として描いている。また、同じく1996年公開の岩井俊二監督による映画「スワロウテイル」では、在日中国人のパワーと活力が描かれている。岩淵は、この映画は日本がまだ「アジア」であり、「アジア的活力」を示していた時代(あるいは、そう想像されている過去)に対するノスタルジアを投影していると指摘している。そして、これらの作品について共通しているのは、前近代的アジアに定められた運命を通じて、日本自身が失ってしまったであろう、もしくは失いつつある何かを惜しみ悼んでいるということであるとも説明している。

　近年の韓流ブームに顕著なように、同様のノスタルジックな感情は日本人の朝鮮[4]・韓国に対するイメージにも強く現れている。韓国エンターテイメントは、とりわけそのドラマ分野において、日本人中年層(特に女性)に過ぎ去りし古き良き時代を思い起こさせている。このノスタルジアが最もよく表れていたのが、韓国ドラマ「冬のソナタ」で男性主人公カン・ジュンサンを演じたペ・ヨンジュンである。ジュン・スンは、中年女性ファンは彼を「懐古的」「追憶的」に欲望しており、日本でスターになれたのは、その礼儀正しく女性的なイメージが、かつて自分たちが有し、今は失ってしまった美徳を体現していると受け止めているからだと分析している。日本では、これらの美徳は、韓国にはまだ存在していると考えられており、それゆえに、日本人にとって韓国は「いまだ過去であり前近代」なのである[5]。ニューヨークタイムズ紙はこの点について、「ヨン様は日本人の想像の中にある過去への憧憬の琴線にふれたようだ」と簡潔にまとめている[6]。

1　田山正中

　現代の日本は、ペ・ヨンジュンを通じて、想像する過去のイメージを具現化したが、興味深いことに、明治日本においても同様の現象が見られたことがあった。明治期には、朝鮮に対するノスタルジックなイメージが存在し、様々な意図を持って用いられた。朝鮮は、西洋人が到来し、近代化が始まる前の「過去の日本」の化身としてしばしばみなされていた。その視点において、朝鮮は失われた楽園を反映し、過去に対するあこがれや後悔の念を象徴する国と捉えられていた。朝鮮は、日本が自身の過去の姿を映

してみることのできる魔法の鏡のような存在だったのである。朝鮮のノスタルジックなイメージは、さまざまな文脈で語られた。ここでは、田山正中という、あまり知られてはいない人物の思想に、朝鮮がどのように現れているかを考察してみたいと思う7)。

田山が書き残した唯一のものは、当時朝鮮との交渉に関与する外交官であった佐田白茅が1875年に出版した『征韓評論』に収められた論考である。『征韓評論』を構成する8つの論文のうち、6つは征韓論を支持するものであり、残りの二つは征韓論に反対する立場から、朝鮮に対して別のアプローチを模索するものであった。田山の論文は、穏健派的立場をとるこれら二本の論文のうちの一本である。その論文の中で、田山は、将士の活力を朝鮮に向けるようなことをすれば、秀吉の轍を踏むことになると、征韓論に反駁している。また、朝鮮を征服することは容易ではなく、ロシアと直面することは日本にとり有益ではないばかりか、実際のところ、朝鮮を攻撃することで、日本は自身の敵を増やすだけである。さらに、西欧列強という目前に迫った強敵を避け、「無事の弱国」を伐つのは「怯」であると述べている。

1875年『征韓評論』
(櫻井義之『明治年間朝鮮研究文献誌――明治・大正編』龍溪書舎、1979年)

　　「伝ヘ聞ク、朝鮮ノ人心、厚ク信ヲ好ミ固ク義ヲ守リ、其気質ノ美ナル、亜細亜洲中ノ秀絶ナリト。而シテ未タ嘗テ外夷ノ姦誘ニ応セス、風姿恰モ其徳ヲ常ニスルノ美人ニ似タリ。美人ハ常ニ人ニ愛セラル。而シテ独何ソ此美国ハ遇セラルヽ、如此虐ナルヤ嗟。」8)

ここで田山の思想の根幹にあるのは、朝鮮に対するノスタルジックなイメージである。田山にとっては、日本に開国を迫り、いわゆる「文明」を押し付けた西欧列強こそが真の敵であった。日本が西洋文明を隣国にもたらすべきだという主張に対しても、田山は異議を唱えている。そこには何の利点もない。それどころか、日本は開国することで西洋の言いなりになってしまったというのだ。西洋諸国はその富を濫費しているゆえ、没落は避けられ

ないものである。いかにして、日本が辿った誤った道を辿るよう、心から朝鮮に勧めることができようか。いかにして、その誠実と正義に基づく美しく伝統的な文明を朝鮮に捨て去るよう求めることができようか。そして、朝鮮は「外夷の勧誘」に応じずにいる有徳の美人のようだと評している。

このように、田山の関心が朝鮮ではなく日本にあり、朝鮮について語ることで日本を語っていることは明らかである。彼の朝鮮文明への賞賛も、失われた過去に対する反動的な渇望を映しているにすぎない。田山は日本の開国にいまだ反対であり、開国の決断をもはや修復不可能な過ちであったと悔やみ、日本の伝統であったが今は失われてしまった純粋さを朝鮮に見出そうとした。田山の朝鮮の理想化は、反維新的なものであった。

田山は、失われたことが悔やまれる日本の過去を探し求めており、朝鮮はその残影であった。そして、開国前の日本の残響のようでもあった。日本には、自らが無分別に選んだ誤った道に朝鮮を引きずり込む権利はない。田山の描く朝鮮は、非常に反動的で将来の展望を欠いていた。過去から直接引き出され、過去という時間に縛り付けられた、束の間のはかないイメージであった。それは、過去を追求するノスタルジックな、田山の必死の訴えであった。

2　福沢諭吉

ノスタルジックなイメージには未来が欠如していたと述べたが、しかしそれは、そのようなイメージがすぐに消滅したことを意味するわけではない。むしろその逆で、朝鮮に対する郷愁的イメージはその後も隆盛を誇り、ただ、その用いられ方に変化が現れたのであった。田山正中は無名ではあったが、そのノスタルジックな感情をもとに朝鮮半島への不関与を論じ、すでに有名であった福沢諭吉は、若い朝鮮人開化派指導者たちとの出会いから、同じようなノスタルジックな共感を心に呼び起こされ、朝鮮の変革を切望するようになった。

1880年代初頭の福沢諭吉が朝鮮開化派と接触していたことは、よく知られた事実である。福沢は慶應義塾に開化派の学生数名を迎え入れ、なかでも特に金玉均を熱心に支援した。福沢と開化派は、朝鮮は完全な独立国となり、改革が押し進められるべきだと信じていた。

福沢諭吉は、一軒が石造りで、もう一軒が木造の、隣り合って建てられた二軒の家に喩えて、自身の見解を説明している。もし石造りの家の主が火事から自分の家を守りたいのならば、木造の家に住む隣人にも石で家を建てるよう説得しなければならない。さもなければ、燃えやすい木造の家でひとたび出火したなら、その隣に住む自分の家までが、たとえ石造りではあったとしても危険に晒されるからである。

「彼の火事を防ぐ者を見よ。仮令ひ我一家を石室にするも、近隣合壁に木造板屋の粗なるものあるときは、決して安心す可らず。故に火災の防禦を堅固にせんと欲すれば、我家を防ぐに兼て又近隣の為に其予防を設け、万一の時に応援するは勿論、無事の日に其主人に談じて我家に等しき石室を造らしむること緊要なり。(…) 蓋し真実隣家を愛するに非ず、又悪むに非ず、唯自家の類焼を恐るればなり。今西洋の諸国が威勢を以て東洋に迫る其有様は、火の蔓延するものに異ならず。然るに東洋諸国殊に我近隣なる支那朝鮮等の遅鈍にして其勢に当ること能はざるは、木造板屋の火に堪へざるものに等し。故に我日本の武力を以て之に応援するは、単に他の為に非ずして自から為にするものと知る可し。武以て之を保護し、文以て之を誘導し、速に我例に倣て近時の文明に入らしめざる可らず。我は止むを得ざるの場合に於ては、力を以て其進歩を脅迫するも可なり。」[9]

ここに明らかなのは、朝鮮に対する福沢の戦略的視点である。すなわち、安定して近代化された朝鮮が、日本の安全保障には不可欠の構成要素であるという考えである。しかし、福沢はこの実利的な議論だけでは満足しなかった。同時期に書かれた書簡には、彼の朝鮮へのアプローチの中でもあまり知られていない側面、センチメンタルでノスタルジックな思いが露わになっている。以下は、1882年に書かれた書簡の抜粋である。

「本月初旬朝鮮人数名日本の事情観察の為渡来、其中壮年二名本塾に入社いたし、二名共先ず拙宅にさし置、やさしく誘導致し遣居候。誠に二十余年前自分の事を思へば同情相憐れむの念なきを不得、朝鮮人が外国留学の頭初、本塾も外人を入るるの発端、実に奇遇と可申、右

を御縁として朝鮮人は貴賎となく毎度拙宅に来訪、其咄を聞けば、他なし三十年前の日本なり。」10)

　福沢は、感傷的であると同時に、実利的、理想主義的かつ現実主義的でもあり、そこにはいささかの矛盾もなかった。熱狂的な朝鮮人の若者たちは福沢に自身の青春を想起させ、そして、彼の語彙には滅多に見られない語であるが、「やさしく」この若者たちを導きたいと望んだ。なぜであろう。それは、過去の日本、30年前の日本、開国前夜の日本、維新前の、そして大きな変革が起こる前の日本、これらの姿を当時の朝鮮に見出したからである。

　福沢の朝鮮に対するこのアプローチには、戦略的視点とは異なる、もう一つの視点が見られる。二軒の家の寓話に象徴されるような国家的エゴイズムを超えて、福沢は朝鮮に対し尊敬の念を抱いているように思われる。少なくとも、朝鮮にその意志に反する行動を促すべきではないと理解していたようである。朝鮮最初の近代的新聞「漢城旬報」創刊のために弟子二人を顧問として送り出した際、福沢は現地の慣習を損なわないよう注意を払いつつ、西洋の知識の伝達に専心するよう指示している。

　　「君も亦朝鮮国に在て全く私心を去り、猥に彼の政事に喙を容れず、猥に彼の習慣を壊るを求めずして、唯一貫の目的は君の平生学び得たる洋学の旨を伝て、彼の上流の士人をして自から発明せしむるに在るのみ。」11)

　前述のように、朝鮮を文明の道へ導こうとする福沢の意志は、現実主義的な計算と理想主義的な感傷とが混じり合ったものに由来していた。一方では日本の国防のために朝鮮の安定が必要だと考え、他方では朝鮮に過去の日本を見ていたのである。朝鮮は、過去の投影であり、かつ、文明化の機がまさに熟している存在でもあった。

　この二元的アプローチは、福沢が開化派に対して思想的・物質的両面において支援を行うという結果を生み出した。しかし、金玉均らが1884年の甲申政変クーデターに失敗して福沢の期待を裏切ると、福沢はその失望から「脱亜論」を説くようになった。朝鮮に対するノスタルジアは反転し、

悪しき過去の日本の姿を朝鮮に重ね、朝鮮を過去から脱出できない国として見なすようになった。

　西洋文明を取り入れ開化した日本は、東洋を文明化へ導くべき資格を得たと福沢は論じている。しかし、もし、東洋にある日本の朋友、とりわけ朝鮮が、文明化の道を日本とともに歩むことを拒否するのであれば、日本はそれらの国々から距離を置き、彼らがどのような運命に身を任せることになろうとも見限り、西洋諸国と同様の対し方で接するのみである。もし朝鮮が過去の日本のような国であり続けたいと望むなら、そうする自由があるが、その場合、今日の日本が朝鮮を今後世話することはないだろうとも言っている。

　　「左れば今日の謀を為すに、我国は隣国の開明を待て共に亜細亜を興すの猶予ある可らず、寧ろ其伍を脱して西洋の文明国と進退を共にし、其支那朝鮮に接するの法も隣国なるが故にとて特別の会釈に及ばず、正に西洋人が之に接するの風に従て処分す可きのみ。悪友を親しむ者は共に悪名を免かる可らず。我れは心に於て亜細亜東方の悪友を謝絶するものなり。」

　過去の日本の投影としての朝鮮のイメージが、ノスタルジックな感情ではなく、苛立ちを引き起こすようになっていた。

3　樽井藤吉

　福沢諭吉におきた変化が、すべての知識人にもおきたわけではない。イメージというものは、一日にして消滅したり、その意味を変えたりするものではないのである。1885年以降の福沢が朝鮮に対して苛立ちに近い態度を示すようになったとはいえ、ノスタルジックな朝鮮のイメージは依然として存在していた。そのようなイメージを持つ一人に、アジア主義の先駆者であった樽井藤吉がいた。樽井も福沢と同様に、朝鮮は遅れた国であるという視点に思考の出発点を置いたものの、日本と朝鮮は合邦するしかないという、福沢とは正反対の結論に行き着いたのであった。

　樽井は、1885年には福沢の脱亜論への反論の執筆を終えていたが、出版

樽井藤吉

1893年『大東合邦論』
(櫻井義之『明治年間朝鮮研究文献誌——明治・大正編』龍溪書舎、1979年)

は1893年までされなかった。その樽井の著書『大東合邦論』は、のち1910年の韓国併合を正当化するために用いられ、樽井自身も併合を支持した。しかし、それらの事実により、発表時に樽井の論考が示していた本来の意味は、不明瞭になってしまった13)。

「朝鮮は貧弱なりといえども、その面積はわが国に半ばす。その貧は制度の不善に因る。もし合同してもってその弊を革むれば、富もまた期すべきなり。古より、貧人の変じて富人となり、弱国の化して強国となるもの、枚挙に暇あらず。現状を目してもって将来を侮るべからざるなり。文化開けず、百工興らず、智見進まざるは時運の致すところ。昔わが国は韓土に学びて今日の盛有り。今我の彼を導くは、徳に報ずるなり。いわんや教うるは半面学ぶことなるにおいてをや。辺境の守禦を負荷するは、ただに朝鮮の守禦のみならず、また我の守禦なり。朝鮮にして他邦に侵犯せられば、合同せずといえども傍観すべからず。ゆえにいわく、朝鮮の守禦はすなわち我の守禦なりと。」14)

朝鮮は後進国ではあるが、その後進性は人間の持つ習性の結果にすぎず、決して根源的かつ不変の本質なのではないと樽井は述べている。貧しい国が富める国になり、また、国力の弱い国が力を増して強い国になることがあるのは、歴史によく見られることである。現状を観察するだけで、将来を決めつけてしまうのは重大な誤りなのである。朝鮮は過去の日本であるというような直接的な表現をとってはいないものの、富める強い国となった貧しく弱い国に言及したとき、樽井の念頭に浮かんでいたのが日本であったことに疑問の余地はないであろう。

4　山路愛山

　ノスタルジックな朝鮮のイメージの痕跡は、樽井の著述以外にも多数みられる。しかし、時が流れ日本が自身の過去から隔たるにつれ、日本の過去の投影としての朝鮮像はネガティブな色を濃くしていくのであった。朝鮮は少し前の日本なのだという概念は否定されるどころか、むしろ遠い過去の日本として捉えられるようになり、そこから導き出される結論は福沢の1885年の主張に近いものであった。山路愛山の旅行日誌と福田徳三の経済理論がそのよい例であろう。

　1904年に朝鮮を旅した山路愛山は、その印象を日記に書き留めた。釜山で訪れた青空市場は、愛山に新潟の朝市を思い起こさせたが、清潔さにおいて釜山の方が劣っているとも感じた。籠を頭にのせて行商して歩く女たちは、京都に薪や木製品を売りにやってくる大原女のようであった。背中に重い荷物を担いで歩く男たちは、あたかも京都近辺の農民のようであり、人々が長いものを小さな台車に乗せて運んでいるのは、三条橋の辺りで見られる光景でもあった。時代に左右されず、ゆったりとした時の流れの中にある釜山の人間関係は、伝統的な日本を象徴する京都の人々を思い起こさせたのである。愛山はこの感情を次のように述べている。

　　「街路に市を開きて物を売るは越後新潟辺の朝市にことならずして、ただその極めて汚穢なるを異にするのみ。女の物を頭上に上せて売りあるくはあたかも大原女のごとく、チゲをもって高く物を背上に荷うことは京都の村民のごとく、小さき車に長き物を載せて行くも三条橋上に見るものに似たり。しかしてその行歩の悠々閑々としてあたかも日月の俊のごとくなるを知らざるがごとき光景もまたほとんどわが京人に似たり。持統天皇御詠にいわく、「春過ぎて夏来にけらし白妙のころもほすてふ天のかく山」
　　時まさに春夏の交、韓人の白衣を干すこと真にかくのごとし。僕の目に映じたる韓人は実にわが奈良朝時代の復活なり。ただ韓人の生活は精神なき奈良朝生活にして、奈良朝の生活は精神ある韓人生活なるを感ずるのみ。」[15)]

山路愛山

このような印象は、たった半日の釜山滞在で書かれたものであった。朝鮮に到着した時点で、これから訪れるその国についての見解はすでに固まっていたのである。彼の頭の中では、自分が見聞きすることをどう解釈すべきかの枠組みがすでに出来上がっていたのであった。

5　福田徳三

　このような朝鮮理解の枠組みを作り上げ、過去の日本としての朝鮮像を理論化した人物が福田徳三である。
　朝鮮の後進性の原因は、その歴史に封建時代が欠如していることにあると、博士論文とも合致する論を展開した。それゆえ、現在の朝鮮は日本の平安時代に相当し、いまだ封建時代以前の段階に停滞したままで、伝統が足枷となって自立的発展の段階に入ることができない。しかし、日本は封建時代をすでに経てきているので、朝鮮を手助けすることは日本の役割である、と結論づけた。朝鮮を発展させ、日本との類似性を持たせ、日本に同化させることは、その歴史を鑑みて日本の義務であると主張したのである。
　この理論は、韓国併合後に重要な役割を果たすことになるが、福田の思想は日朝関係のその後を予感させただけでなく、これまでの日本人の朝鮮観の帰結でもあった。福田は朝鮮に平安時代の日本を見ていたが、それは、前述した山路愛山とはどう違うのであろうか。福田の成したことは、1870年代以降広まっていた朝鮮観に理論的背景を加えたことであり、また、脱亜論と(朝鮮への)干渉主義との統合も果たした。日本がその地理的環境に属していないという事実は、朝鮮が過去の日本であるという理由、日本にその隣人を文明化する義務があるという理由の説明を容易にした。朝鮮

が過去の日本であるからこそ、日本によって文明化することが可能であり、また、そうされるべきなのである。「未開の」隣人である朝鮮を蔑視することで、日本人は自身の過去を拒絶し、日本の成功が朝鮮の成功にもなりうることへの確信を表現したのである。

結論——日本についての言説

　朝鮮についてのノスタルジックなイメージは、明治期の朝鮮認識におけるもうひとつの重要な要素である「架空の朝鮮」と絡み合っている。日本人の思考には、往々にして二つの朝鮮が存在していた。一つはありのままの朝鮮であり、もう一つは想像された朝鮮である。その姿は、しばしば何層もの虚構に包み込まれていた。江戸時代には、林子平、佐藤深淵、吉田松陰などの思想家が朝鮮に対し侵略的な理論を展開したが、それぞれが言及していたのはいずれも真の朝鮮の姿ではなく、あくまでも想像の中にある姿であった。日本がとるべき道を強調するために、利用されたのであった。

　明治初頭においても、同様の架空の側面はまだ存在していた。日本人はその真実の姿を知るようになる前から、朝鮮は「野蛮な」国であるというイメージで捉えていた。この朝鮮の「野蛮さ」は仮想のものであり、理念上のものであったが、1876年に朝鮮が開国されると現実のものとなった。ここでもやはり、朝鮮の野蛮さに関する架空の言説は日本が文明化しているということを強調するための方便であった。重要だったのは朝鮮ではなく、朝鮮と対照されている日本であった。

　朝鮮に関する概念の多くがそうであるように、ノスタルジックなイメージもまた、肯定的であれ、否定的であれ、朝鮮半島や日本について多くの言説を作り上げた。そして朝鮮は、日本への視点と世界における日本の位置を示す手段にすぎないことがほとんどであった。理想的、近代的かつ文明化された日本を日本人自身が入念に作り上げるのに必要な引き立て役を演じていたのが、まさしく朝鮮であった。

註
1) Lee, William. «From Sazae-San to Crayon Shin-Chan: Family Anime, Social

Change, and Nostalgia in Japan.» *Japan Pop! Inside the World of Japanese Popular Culture*. Ed. Timothy J. Craig. Armonk, NY: M. E. Sharpe, 2000, pp.186-203.

2) Iwabuchi, Koichi. «Nostalgia for a (Different) Asian Modernity: Media Consumption of "Asia" in Japan.» *positions: east asia cultures critique* 10.3 , 2002, pp.547-73.

3) Kondo, Dorinne. *About Face: Performing Race in Fashion and Theater*. New York: Routledge, 1997.

4) 本稿では大韓帝国(1897-1910)期の朝鮮半島も「朝鮮」と訳出した。

5) Jung, Sun. «Bae Yong-Joon, Hybrid Masculinity and the Counter-Coeval Desire of Japanese Female Fans.» *Imagining Community/Nation without (Cultural) Borders - An International Conference on Inter-Asian Culture, Communication, Conflict and Peace*. Bangkok (Thailand), 2006.

6) Onishi, Norimitsu. «What's Korean for 'Real Man?' Ask a Japanese Woman.» *The New York Times* 12/23/04.

7) 中塚明『近代日本の朝鮮認識』(研文出版、1993年)40-45頁。

8) 前掲註(7)同書、42頁。

9) 福沢諭吉「国権之事」『時事小言』第四編(高崎宗司『「妄言」の原形——日本人の朝鮮観』木犀社、1996年、11頁)。

10) 福沢諭吉『小泉信吉宛書簡』(上垣外憲一『明治前期日本人の朝鮮観』1994年度日韓・韓日文化交流基金合同学術会議、釜山、The Japan-Korea Cultural Foundation. p. 7.)

11) 福沢諭吉「牛場卓蔵君朝鮮ニ行ク」『時事新報』明治十六年一月十一日〜十三日(前掲註(9)高崎書、14-1頁)。

12) 福沢諭吉「脱亜論」『時事新報』明治十八年三月十六日(山田昭次・高崎宗司・鄭章淵・趙景達『近現代史のなかの日本と朝鮮』東京書籍、1991年、75-77頁)

13) 櫻井義之「東洋社会党樽井藤吉と「大東合邦論」」(同『明治と朝鮮』櫻井義之先生還暦記念会、1964年)1-27頁。
韓相一『樽井藤吉と大東合邦論』(1994年度日韓・韓日文化交流基金合同学術会議、釜山、The Japan-Korea Cultural Foundation.)
鈴木頼寿「樽井藤吉の「アジア主義」——東アジアの「近代」と「国家」」(義江章夫・山内昌之・本村凌二編『歴史の文法』東京大学出版会、1997年)225-239頁。

14) 樽井藤吉『大東合邦論』(前掲註(12)山田・寺崎・鄭・趙書)77頁。

15) 山路愛山「韓山紀行」明治37年5月5日(前掲註(12)山田・寺崎・鄭・趙書、79-80頁)

6 台湾から満州国へ、
中国における大倉組の市場開拓

クロード・アモン

　大倉喜八郎(天保8年10月24日〜昭和3年4月22日)は、元々、政府の殖産興業・富国強兵政策を巧みに利用しながら、国内外に店の看板を掲げ、貿易事業に乗り出していた。それは、明治政府要人とのコネクションを作ることによりなされ、その運命に大きな影響を及ぼすことになった。彼は、明治初期から大陸に進出した草分け的・典型的な政商、起業家の一人として知られており、積極的に植民地への進出に参加していった。たとえば、近代中国の鉄鋼業部門の起業に当たり、それが満州の東北三省に集中したプロセスは、大倉組という20世紀の中堅財閥の努力に繋がっていた。明治・大正時代の著名な実業家たる大倉喜八郎が創立した本渓湖煤鉄公司の工場、もしくはコンビナートは、三菱財閥の朝鮮兼二浦製鉄所、国策会社南満州鉄道の鞍山製鉄所(後に昭和製鋼所満鉄)とともに、おそらく殖民地鉄鋼業の3本柱として挙げることができるであろう。これらの事業によって昭和10年代の満州と北朝鮮は日本重化学工業発展の後背地になっていった。

　しかしながら、戦前期で最も有名な財閥は、大倉組ではなかった。実は、大倉組の財産は、敗戦当時の財閥解体の統計を調べてみると、三井財閥や三菱財閥の10分の1しかなかった[1]。今まで、企業集団関係の研究は大倉組にあまりに時間を割いてこなかった。その例外としては、近藤出版社が1982年に発行した大倉財閥研究会編の『大倉財閥の研究——大倉と大陸』という浩瀚な書物が挙げられる。この段階では企業のデータ収集・分析に欠かせない研究の道具である 。それには、大陸進出の先駆者としての大倉喜八郎の人物像がよく分かるように、親戚が記録した彼の家庭生活を物

語る貴重な資料も参考にした。本研究のアプローチは概して産業発達史と商社の経営史の分野に属するが、元来はこの共同研究計画の一環として始まったものである。

1 大倉組商会の設立

　明治維新から6年後、1873年10月に36歳になったばかりの大倉喜八郎は、欧米諸会社の組織にならって、日本人初の貿易商社大倉組商会を創立した。商会の資本金15万円の内[2]、旧津軽藩主が5000円を賄ったことから、その藩主溝口家から副頭取が指名された。大倉組の所在地を賑やかな京橋区銀座2丁目に移すとすぐに、ヨーロッパとの直貿易および用達事業に乗り出した。海外店舗網の第一歩として翌1874年ロンドンに拠点を置いたのだが、営業状態の面から見れば、その支店の常駐社員はわずか二人、すなわち支店長と管理監督者のみであった。創立の時期には、輸出入貿易を行うことが大倉組商会の一番大事な目的であったとしても、まだその収益源ではなかった。1883年に米国に開設されたニューヨーク支店は日本茶を販売していたのである。そして海外店舗網は明治末までにハンブルク、シドニー、上海、天津、漢口、大連などに拡充されていったことによっても拡大の勢いが察知される。大倉組商会の基幹事業は大きく3つに分類された。貿易、商業・サービス業の「大倉商事」、鉱山・鉄鋼業の「大倉鉱業」そして土木・建設業の「大倉土木」で、大倉組商会はそれらの3大事業を統括する現代の持ち株会社といった趣であった。そして、1911年には財閥としての体制を整えるに至った。

　政府要人との太いパイプを活かしてきた喜八郎は、とりわけ海軍・陸軍の依頼を受けて、またその御用達になったのである。大倉組商会は台湾出兵(1874年)や、その3年後の西南戦争に拠る兵站輸送、軍靴製造、食糧物資調達、製材所建設などで大儲けしたことから、やむを得ず「死の商人」と呼ばれることになった[3]。1878年に、渋沢栄一と大倉喜八郎の二人が発起人となり、実業者の社交場としての東京商法会議所を設立した[4]。その時期に喜八郎が手がけた企業は、壮大な広がりを見せたが、中でも土木・建設への進出は成功のカギとなった。きっかけは仙台市に建設する洋風刑務所であった。建設業者がひしめく中で、内務卿の大久保は大倉組を指名

6 台湾から満州国へ、中国における大倉組の市場開拓（アモン）

したという。大倉には建設・土木の実績がほとんどなく、藩閥とも無関係で異例の指名であったが、欧米で知り合い、台湾出兵や西南戦争では命がけで軍の御用を務めた大倉に、大久保らの信頼が高まっていたからである。その後も、続けて鹿鳴館建設などの事業が舞い込んだ。大倉組の手で着工され、あまねく文明開化のシンボルとうたわれた鹿鳴館は、1883年に完成されると、毎夜のように西欧風舞踏会と慈悲バザーなどが催され、各国の外交官と上流階級の人々を集めた。この鹿鳴館は、条約改正交渉に絡む一つの演出としての政治的な社交場であった。

1887年には、喜八郎と渋沢栄一と藤田伝三郎(1841-1912)、それから明治財界の巨頭の力をもあわせて、資本金200万円の有限責任の会社「日本土木会社」と資本金は70万円の「内外用達会社」が設立された。合同出資によってできた日本土木会社は資本力、技術力も高く、当時において唯一の総合建設企業とし、藤田組[5]と大倉組の土木部門を合併したのみならず、二社ともに共通していた軍隊の御用達に関する部門も統合された。群を抜いた日本土木会社は、東京本社や大阪支店のほかに、全国に14もの出張所を置いたのである。後世に名を残す建設物としては帝国ホテル、歌舞伎座、日本銀行、海軍兵学校、東京電灯の本社などを請け負ったのである。

ところが、政府は1887年2月に会計法を公布して、工事の請負や物品の納入は原則として、一般競争入札によるべき旨を規定したのである。1889年には、どういうわけか藤伝三郎がこれからも退陣して、鉱山の経営に専念したために、喜八郎のワンマン経営になっていったのである。翌年、日本土木会社は、3年目発足から起きた恐慌の影響で、注文の全面停止に見舞われたのである。当時の難局を切り抜けられなかったことが、倒産の最大の原因になり、1892年11月には、やむを得ずこのマンモス会社を雄図空しく解散するに至った。日本土木会社は、喜八郎によって新しく創立された大倉土木組に、残工事と清算事務を継承した一方、大倉組商会は、内外用達会社をともに吸収合併し、合名会社大倉組と改称したのである。後は、各方面とも多角化を図りながら、商業と産業と政府用達の3部門を急テンポで強化することで、大倉関係諸事業を子会社として傘下に収めていったのである。

2　アジア大陸における多角化

　大倉喜八郎が中国と朝鮮半島に乗り出したのは、初めて台湾出兵の兵站業務を指揮して乗りこんだ1874年だった。つまり、3年前には琉球人難破船の乗組員が台湾南部に漂流した際、54人も原地民に殺されたことをきっかけに、陸軍省は部族を処罰しようという目的があったらしい6)。それに遠征の組織を考えていた明治政府は、島を管轄した清国に対して、事件の賠償などを求めたのである。三井や小野などの特権商人は、軍事関係の需要にほとんど順応できず、三菱は軍事輸送を、大倉は陸軍の輜重、糧食、人夫の供給と取り締まりの任を政府から引き受けたのだが、台湾遠征は概してほとんどの赤字となった。というのも、職工や鳶、人夫など、建設関係の約500人を雇っていた喜八郎は、現地で適切な治療を受けられないということで、128人が熱帯熱マラリアなどで病死者となったからである。それに兵隊のほうでも、戦争に動員された人数1658人の内、死者は573人いたが、小競り合いによる死亡者はわずか12人で、ほとんどが病死であり、戦死者と言えなかったのである7)。

　翌年、1875年には明治政府の軍艦が朝鮮海岸付近で、砲撃事件を引き起こす事件があった。間もなく、朝鮮は日韓修好条約を余儀なく締結しており、それによって1876年10月には釜山港が開港されることになった。しかし、政府の予想に反して、進んで日韓貿易に従事しようとする民間人はあまり現れなかった。そのため、喜八郎は領事などに熱心な誘いをかけてもらい、率先して同年11月に釜山で大倉組の支店を出したのである。釜山支店が朝鮮に輸出した品物に関していえば、舶来品としてはラシャ、金巾、天竺木綿の類、日本品は甲斐絹、縮緬を初め京都西陣の織物、その他雑貨類、日用品などをバザーで並べて売り捌いたのである。同時に、日韓貿易商のため、そこに係る両替・荷為替・短期貸付業務などを行う銀行を設立するなど、朝鮮における関心は非常に高いものがあった。しかしながら、明治政府は朝鮮の銀行設立は早過ぎるとして、これに賛成しなかった。そこで、喜八郎はやむを得ず、渋沢栄一と共同に、私立銀行という形で、各々半分の出資で資本金5万円の銀行を釜山に設立することを決心した。1878年には、明治政府の発布した国立銀行条例に伴い、この「釜山銀行」の継続は認められないということになって、結局第一国立銀行の支店

として公認されるに至った[8]。

　新たに、大倉組の中国大陸における対外投資の嚆矢となるのは、日露戦争の最中の1905年である。ロシアがシベリア横断鉄道を完成させることにより、その勢力が強化されるのをおそれた日本にとっては、朝鮮半島は地上通信の重要な戦略的要地となった。1894年、日本は京仁・京釜鉄道の敷設権を獲得して、1904年に京釜線を開通させた。さらに、日露開戦とともに、日本の軍事輸送を目的とした鉄道敷設が強行され、戦争が終わった直後の1906年に、満州側までの京義線を全通させたことによって、南北縦貫鉄道が完了した。

　大倉組が朝鮮半島南東部へ積極的に進出する際に、京釜線と関釜連絡船の間に位置する釜山港は、小高い丘に囲まれているため埠頭の平地が非常に少なく、市街地も横に細長く伸びるというように、なかなか日韓貿易に見合わないと考えた。そこで、喜八郎は釜山港の埋立事業のために、明治政府と交渉し1899年に同意を得て、1902年7月、釜山埋築株式会社（資本金35万円）を設立するに至った。当然、工事は大倉土木組が請け負ったが、第一期工事は1904年に10ヘクタールを完了し、さらに第二期、1908年にようやく完成を告げた。合計面積13ヘクタールの海面埋立地を竣工して、1909年12月にこの会社は解散するに至った。一方、大倉組は日露戦争の真最中、平壌に遠くない西海岸の良港南浦を発展させたいという意図で、1904年に防波堤を建築して湖水を防ぎ、干拓地にすることが、その計画の主要点であった。工事の起工は7月で、同港海面埋め立て面積は約100ヘクタールにのぼった。農業の分野においては、1903年に大倉農場の事務所を全羅北道に設け、農耕地の買収とその水利灌漑事業を進めたのである。大倉農場は1907年の時点で2300ヘクタールにも及んで、関係町村135にまたがる大規模な小作地を経営することにより、朝鮮に対する農業投資を拡張していった。

3　日露戦争と本渓湖炭鉱の獲得

　20世紀はじめにかけ、大倉組は大きな成長を遂げるために、その多角化戦略を強化したのだが、満州を投資の主な目的地としながら、新しい製鉄業部門や炭鉱発掘などにも乗り出した。喜八郎は1903年にヨーロッパ

から帰って、中国への最初の旅行を試み、上海から漢口まで日本商船の船で揚子江一帯を遡って視察した[9]。最初に中国大陸で展開した投資の目的は林業にあった。日露戦争の最中、満州と朝鮮半島の境界線である鴨緑江の下流域を日本陸軍が占領した際、大倉組は軍事当局の要請に応えて、大倉組製材所という企業を戦地に急設した[10]。戦後は、一時休業となってしまったが、中国側の安東などに新しい工場を建設する上で、1000人以上の労働者を雇い、順調に業績を上げるようになった。それ以降、1915年に両国政府は合弁により、鴨緑江製材公司を設置して、森林伐採・筏運送・製材を一貫して行うことになった。資本金は500万円とし、営業期間25年間で、本店は安東に置いた。大倉組が半分の250万円を出資したこの企業は、第一世界大戦後の好況の波に乗り、東洋一の製材所と言われたそうだ。大倉組は、さらに中国の豊かな森林資源を利用し続けて、1918年には豊材公司(森林伐採)、1921年には吉省興林造紙公司(森林伐採と製紙)という二つの日中合弁会社を創立し経営した。

　大倉組は日露戦争の中に、軍の特命による建設工事のほかに、武器・軍靴・食糧の輸送をためらうことなく担当したのだが、三井・三菱のような財閥は受け入れに消極的になっていたのである。彼が御用商人として納めた利益は巨額にのぼったため、昔と同じく「死の商人」と呼ばれた。喜八郎はその時、派遣された将兵を慰問するために、戦争の攻防最激戦地となった旅順の203高地を訪れた。その際、大倉組の現地社員は、日本軍に同行して、南満州の占領地を資源調査し、本渓湖炭田ならびに廟児溝鉄山の有望な結果を得た。本渓湖炭鉱は安奉鉄道が周辺を通っており、奉天と朝鮮に面する安東を結んでできたのに対し、廟児溝はその付属地の南芬にあり、北の本渓湖から数10キロ離れた場所にあった。1906年は、本渓湖の治外法権が南満州鉄道(満鉄)によって認められた年である[11]。本渓湖地域の炭鉱と鉄山は200年前に中国人が開発し初めて、わずかの人夫程度の力を尽くしたものだが、結局のところ採掘を放置してしまった。1905年にはそれを再発見した大倉組員の判断に従って、喜八郎は現地を見ずに会社設立を決心した。日露戦後に伴い、同年9月5日にポーツマス条約が締結されてから間もなく、12月19日に当時の遼陽関東都督府から石炭採掘の許可を得て、翌年5月から150名の現地人などを使って、本渓湖炭鉱経営を開始したのである。実は、当時の日本人の考えでは、あのような「山川草

6 台湾から満州国へ、中国における大倉組の市場開拓（アモン）

木うたた荒涼」とした場所に巨費を投じるのは、とても理解に苦しむ突拍子もない行動に思われたのであった。

翌年1907年6月、日中合弁事業を設立するために、喜八郎は初めて本渓湖を訪れることにした。だが、この炭鉱の利権における折衝は捗らなく、結論に至らなかった。この間、大倉組は官営製鉄所に廟児溝の調査を依頼し、それに鉄鉱石の試掘願いが許可されて、奉天と安東を結び、本渓湖を通る鉄道の敷設を進めたのである。それとは逆に、本渓湖から10キロメートルほど離れた地元民の炭鉱が、すでに良質の石灰を産出していたが、現地に鉄道が存在しなかったことから、輸送力の不足とコストの甚だしい高騰が重なり、開発は極めて限られたものとなっていた。さらに、日本が獲得した権益はポーツマス条約によって定められた部分が多かったので、清国政府は「満州そのものが中国の領土だ」という重大な抗議を寄せて、本渓湖炭鉱を直接に返還するべきだと強く主張し、清国人との共同経営を要求した。当時の折衝に当たったのは、中国東三省総督の地方長官たる徐世昌(1855-1939)と日本外務省と喜八郎の3者で、後者は外務省の強い指導のもとで東三省総督と合弁契約を結ぼうとしたのである[12]。挙句の果てに、1910年5月、喜八郎が再び渡満して交渉した直後に、「本渓湖煤礦有限公司」なる日中合弁の炭鉱が設立された。

資本金には大洋銀200万元が折半出資で、大倉組は炭鉱設備を100万元に評価の上、現物出資として組み入れたものである。さらに、1911年10月、喜八郎は3度目に渡満して現場に赴き、両国の最終交渉がまとまった段階で、日中合弁契約に製鉄事業をも加えることにした。資本金を400万元に倍増し、社名を「本渓湖煤鉄有限公司」に改称してコンビナートを実現させたのである。

それを背景に、満州製鉄の産出独占を狙った喜八郎は、本渓湖以外の事業の申請を許させなかったから、きわめて好都合な条件下にあった。それで、彼は財政危機に陥っている奉天省に、横浜正金銀行・朝鮮銀行・満鉄などと同様に、200万円の借款を供与して、合弁相手の奉天省を支えたのである。そして、本渓湖煤鉄公司は、日中双方が対等に選ぶ「二重役員制」を導入したが故に、価値観の違いを感じる両民族間の紛争を巻き込みがちなシステムであった。それは、手続きの無駄や繁雑、利益処分などの問題点からくる対立が、意思疎通の分裂を引き起こす危険を含んでいた。かく

して、公司設立後わずか10年ほどの間で、大倉側の代表者は島岡亮太郎 (1871-1947)一人だけがいたのに対し、奉天省側の代わりとする者はただ3 〜 4年間ほどで、7人にも上ったそうだ。

4　多角化した鉱山投資

　欧米列強と同じように様々な利権を得ていた日本は、日露戦争が勃発して以来、中国大陸の最大投資国の一つとして、イギリスと肩を並べるまで成長したのである。もともと資源・採掘産業が事業の中心で、5年にわたり、探査・産出権の獲得を拡大する一方であった。かくして、内地の立ち後れた製鉄部門に注目を集め、南満州の奉天省でそれを埋め合わせようとして、中国での影響力をすみやかに伸ばしたわけである。

　1917年には合名会社大倉組を持株会社とし、大倉商事、大倉土木、大倉鉱業を直系3社とするコンツェルン機構を形成した。大倉商事の営業品目は機械類、羊毛、藍靛、綿糸、麻布、木材、石灰、米糖、肥料、鉄砲弾薬などで、外国保険の代理にも及んでいた。大倉財閥が中国で手掛けた事業を例にあげれば、路面電車、紡績所、港湾の埠頭設備、水田の開拓など、まことに多種多様な部門に広がり、厖大な設備と製品の製造又は販売を引き受けたのである。日中合弁公司を、地下資源に限って見ても、石炭をはじめとして、鉄、銅、鉛、錫、マンガンなどといった鉱物の採掘及びそれに付属する選鉱、製錬を一体として行ったのである。大正末期頃の中国に対する投資の総額は、有名な経済雑誌『実業之日本』の記事によると、すでに数千万円にも達したと記されているのである。喜八郎は歴とした億万長者になりつつあったとしても、この事業のほとんどが赤字経営なので、あたかも底なしの沼に落ち込んだようであった。実際、1928年度末業績を調べると利益は2 〜 3%、もし内地に同額の投資を行ったとすれば、利益は1 〜 2割はあるはずであった。その時点で投資の3割前後が回収不能と見なされ、収支が引き合うようになるのは、喜八郎の死後、満州事変が勃発してからである。このように、大倉組の対外投資は、大戦の好景気を背景に、大正初期にその最盛期を迎えている。喜八郎は東洋への欧州諸国の輸出が途絶したのを見て、つぎつぎと新会社を設立することにしていた[13]。

　1914年に、中華民国の大統領になった袁世凱(1859-1916)は、排外主義に

6 台湾から満州国へ、中国における大倉組の市場開拓（アモン）

傾いていた政策を改めて、新たに鉱業条例を制定し、外国人に対して鉱業の合弁権を付与することにした。喜八郎は、本渓湖から技師を中国各地に派遣して、地質の調査に携わらせたのだが、ライバル企業間の競争は激しかった。残念ながら、中国湖北省においては、漢冶萍鉱山と大冶鉄鉱を除いては、きわめて大雑把な試掘調査を行ったのである。そのため、喜八郎は5年間にわたって、約100万元の資本を投じたにもかかわらず、ついにその利権を放棄せざるを得なかった。実際、大倉組は江西省に進出し、中国実業家との合弁で豊城炭田を購入することに伴い、順済鉱務公司を組織したのである。同時に、湖南省においては、銅鉱の採掘・製錬を目的に、喜八郎が五金有限公司を日中合弁として設立するに至った[14]。当時、ヨーロッパでは大戦が長引いていることと相まって、鉛と亜鉛の需要が増え続けていた。そのような状況の下、湖南省の当寧県下で、水口山鉛鉱は依然として、中国における原石供給を独占したのである。従来、ドイツ礼和洋行は、売鉱契約を結んでいたが、中国参戦の結果として契約を破棄された後、資源を求めて各鉱業家が競ったため重大な問題になった。喜八郎は競争激化を危惧し、各社の合同に努めた結果、三井合名、三菱合資、古川合名、久原礦業、鈴木商店、高田組の6社が賛意を表して、1918年4月日本側の資本家団である興源公司を設立するに至った。本公司の経営にあたって注目すべきところは、何よりも鉱石の販売権を手中に収めたことである[15]。

　大源鉱業株式会社は、1920年中国山西省の大同炭田を開発・運営することを目的とし、大倉組が出資した事業の一つであった。実際、同年9月興源公司の中の大倉、古川、鈴木、三菱、三井と明治鉱業の6社は組合となり、資本金200万元を設定して、喜八郎を社長に任命するに至った。さらに、日本のシベリア出兵に当たっては、現地で鉱物などの地下資源の探検・調査を実行したのである。そして、富楽公司は江西省楽平県におけるマンガン鉱の採掘を目的として、喜八郎の努力によって成立されたものである。大倉鉱業会社は中国当局の許可を受けてから、1921年に優良鉱の採掘を開始させたが、これほどに良質のものはアジア大陸のどこにも匹敵するものがなかったそうである。マンガンの埋蔵鉱量も豊富にあるし、日本の鉄鋼業のために20年以上供給できるほどの鉱山であった。投資額はすでに5年を経て300万元に上った。

魯大礦務公司は、日中合弁の勅許会社として、喜八郎をはじめ何人もの努力により創立された事業である。日本が中国山東省のドイツ軍を追い払った結果、その利権の継承を求め単独で諸鉱山を占領下にしたが、中国の強力な反抗もあって、やがて山東問題の解決するために、1922年にほとんどすべての利権を中国に返還することになった。このため、山東省における淄川と坊子の両炭鉱、それに金嶺鎮の鉄鉱は、将来日中合弁会社の経営に移されたのである。そこで、1922年にはワシントン会議で山東還付問題を協議した折、鉱山についての協定を結ぶに至った。ようやく、紆余曲折を経て、1923年8月に日中合弁の魯大礦務公司(資本銀1000万元、日中折半出資)が青島に成立した直後に、山東省の炭鉱利権を受け継ぐことになった。その推定埋蔵炭量は、淄川炭鉱の約10億トン、坊子炭鉱の8000万トン、金嶺鎮鉄鉱の約1億トンと莫大なものであった。本公司は、鉱物の採掘・製錬・販売・運輸のあらゆる側面を網羅的に扱ったのである。

　なお、日本の出資に関しては、山東における鉱業権の確保を目的にして、関連民間会社が日本陸軍省、外務省、大蔵省などの要請に応え、共同で投資活動を行う企業家団の創立に乗り出した。かかる中央官庁の政策にしたがい、設立された山東鉱業株式会社(資本金500万元)は、本店を東京に置き、喜八郎を取締役会長に指名したのである。株式数10万株の内、発起人において6割を引き受け、残りの4割を公募することで、日中合弁の魯大鉱業公司に対して総資本の半分を出資することになった。その内部に中国側"董事"(日本で言うと"取締役"のようなもの)の比率は過半数を占めたようだが、実は見せ掛けだけの責任分けであった。例えば、魯大公司において、淄川炭鉱などの管理を行った作業部門では、満州などで募った職長の8割以上が日本人職工であった。結果として、本公司に権力が集中してしまい、権力はすっかり日本側の手に落ちたのである[16]。

5　本渓湖煤鉄公司

　1911年1月1日に開弁式を行った本渓湖煤礦公司は[17]、少し前から石炭の採掘を開始したが、実際に現場の製鉄所が稼働し始めるのは、4年後の1915年からである。そこでは良質な「粘結炭」を細かく粉砕し、中国式の土窯で蒸し焼きした後、燃料のコークス小塊を作る予定であった。鉱山

6 台湾から満州国へ、中国における大倉組の市場開拓（アモン）

の産出する石炭は、社内用のみならず、三菱財閥の朝鮮兼二浦製鉄所、満鉄の鞍山製鉄所(後に昭和製鋼所)にも使われており、植民地統治下における一貫製鉄所の主な要素の一つをなしたものである。

　原料炭は、満州鉄鋼業が急速な拡大を遂げた結果、1933年の石炭総販売量の13％に対して、1936年には17％まで上昇していた。そこで、産業全体における該当部門の石炭消費量は、大正末期の2割から昭和初期の4割まで飛躍的に向上したのである。つまり、満州の近代的鉄鋼業は、奉天省の炭鉱群に対して、きわめて中心的な役割を果すようになっていた。現地の銑鉄・鋼材の生産は比較的遅く始まったのに、時代の求めに応えて、着々と進行し大きく発展を続けたのである。それは、日本実業界における重鎮の一人で、かつ先駆者として活躍した喜八郎が、当初から本渓湖地方の製鉄を独占しようというつもりで、公司以外の製鉄事業を許可させなかったからである。

　当時、喜八郎は、八幡製鉄所に廟児溝鉄山の調査を依頼したところ、溶鉱炉にとって品質の良い鉄鉱石だということが判明したので、加えて製鉄事業をも手掛けることに決めた。彼の命令により、工場及び溶鉱炉の建設工事には一切外国技師を雇い入れず、日本人にすべてを委託することになった。かかる「本渓湖煤鉄公司」の設立後、3年目となる1914年には、資本金を700万元に増資するに至った。と同時に、喜八郎が日本の広島に設立した山陽製鉄所は、大倉鉱業株式会社事業の一つとして、銑鉄の製造と加工にも乗り出したのである。このような事業は、第一世界大戦が勃発すると、スウェーデン純銑鉄の原価上昇はもちろん、当然のごとく運賃保険料の暴騰、ドイツ潜水艦の脅威というような混乱も加わって、輸入困難極まる仕事になってしまった。実際、海軍当局が狙ったのは、軍艦の鉄砲身と装甲板に欠かせない純銑鉄の生産であった。その要請がきっかけになり、海軍当局と大倉組との間で、請負契約が正式に調印されるようになった。そのため本渓湖煤鉄公司が用いている廟児溝鉄山の鉄鉱石は、安全に日本の広島まで船で運送され、原材料として銑鉄の製造に使われるようになった。製鉄所の建設にかかる技術的指導は、八幡製鉄所から受け、喜八郎が日本に設立した山陽鉄鋼との提携で、本渓湖煤鉄の第一号木炭吹高炉は1915年、第二号は1917年に操業を始めた。

　本渓湖の住民はその大部分が中国人であった。1918年の調査によると、本渓湖煤鉄公司はすでに7000人余の労働者を雇用して、20ヘクタールほ

どに広がる敷地には、事務所、宿舎、学校、病院、クラブなど278棟内外の建物が並んでいたのである。もともと、人口300人足らずの寒村であった本渓湖は、やがて人口3万人の大きな町に膨れ上がり、商業もどんどん盛んになって、非常に地域経済の発展に貢献したのである。1919年ごろには、本渓湖製鉄所は溶鉱炉に火を入れ、稼働し始めて徐々に軌道に乗り出した時であった。4年間のあいだに、2000～9000トンの低燐銑を生産しており、主として軍工廠・軍関係工場に提供したのである。1921年に純銑鉄の生産に成功した本渓湖公司は、山陽製鉄所の経験を生かして、コークス吹生産方式を使ったのだが、日本の植民地の勢力範囲において、ただ一つの供給源だったのである。

　喜八郎は海軍の軍備増強計画に乗じて、大蔵省預金部から興銀を通じて200万円の惜しみない資金を受けており、当分の間、大々的な支援を動員することができたが、1922年のワシントン軍縮条約に伴い、海軍との契約が解除されるに至った。喜八郎は政府との交渉に当たってみたが、山陽製鉄所はやむを得ず、工場を閉鎖に追い込まれてしまった[18]。本渓湖公司においても、低燐銑鉄の生産は一時停止されたのだが、1920年代後半、海軍からの大量発注に支えられて、再び順調に発展するようになった[19]。1930年代に入ると、本公司は軍器生産体系の欠かせない重要な構成要素となっている。それは、軍用高級鋼製造原料として使われる低燐銑は日本向けの払出が急増して、自給を達成することができたからである。しかし、1940年代になって、鉄鉱石、石炭（低燐コークス用）などを社外買鉱しなければならなくなり、自給体制は崩れはじめたのである。

6　本渓湖公司の資本構成

　本渓湖煤鉄公司は、中国東三省を長く制覇した軍閥の張作霖(1875-1928)と喜八郎の二人が連携して、日中合弁で展開したコンビナートと言えるのである。実際に、公司を創立する際に資金の調達にして見ると、大倉組の諸事業は採算割になったなどを理由として、喜八郎が個人投資家として設立した事業である。それ以来、奉天省側が公司の増資に参加できない場合は、その保有株を担保とした大倉組より融資し、喜八郎への資金依存が増加していることが明らかとなった。本公司は、利益の循環についていえば、

6 台湾から満州国へ、中国における大倉組の市場開拓（アモン）

　大戦中の高収益から1920年代前半の不況とその後半の回復というような上下変動を表したものの、採炭のほかに製鉄事業も行ったので、多角的な管理・運営を実践して、かなり安定を確保しえたのである。

　1930年代には、満州建国により、公司のとりまく状況は大きく変化した一方、この時期に経営権を奪取された奉天省・北京政府・張政権は、関東軍・満州国当局に取り替えられたのである。その後、政府の促進する満州製鉄業の合同計画は、製鉄業者に反対された大掛かりなトラスト構想のせいで、あげくの果てにはとうとう成り立たなかった。その代わりに、1935年8月には、本公司の第一次改組が実行され、在満営利法人から準特殊会社への組織変更で、大倉組はひとまず出資比率を60％に維持することができた。海軍の下請け関係にあった本渓湖公司は、経営業績の向上も見えてくるのである。しかし、1937年から、満州産業開発5ヶ年計画の発足を契機に、鉱工業への融資は一元に管理されたのである。日中戦争が拡大・長期化する状況では、日本軍の増強の断行とともに、満州重工業開発(満業)における莫大な設備投資を促進させるようになった。満業の傘下になりつつ、特殊鋼部門などの建設に乗り出そうとした本渓湖公司は、1939年に資本金の10倍化で、やむを得ず大倉組の出資比率を40％まで低下させてしまった。それは、満業の40％と満州国の20％と比して、あまり差がなかったのである。

　その後、1941年には、公称資本金を2億円へ増資した際は、しばらく満業が公司を乗っ取ろうと策を巡らしていた。この経験に懲りていた大倉財閥は、1943年に、合名会社大倉組を大倉鉱業株式会社に吸収し財閥本社とさせ、かろうじて資金を調達した。その当時、大倉鉱業の株式の9割以上は大倉一族が握ったことから、あまり財閥公開に積極的でなかった。それが故に本渓湖公司は、満業からの借金を徐々に減少する代わりに、銀行の借り入れに依存するに至った。戦時経済が悪化するにつれ、銑鉄の大量生産の促進を優先したといっても、年産3000トン足らずの特殊鋼・鋼材で、この時期の公司を銑鋼一貫製鉄企業と称すことはできない。1944年には、物資動員計画の蹉跌を乗り切ろうという目的のもとに、大倉組の本渓湖煤鉄(銑鉄)を含む満業の昭和製鋼所(銑鋼一貫)と東辺道開発(鉱石の供給)の合同に向かったが、実質的に破綻したものと見られる[20]。

　1945年8月からは、日本の敗戦と満州国の解体に伴い、本渓湖の製鉄コンビナートはソ連軍により、事実上の施設接収を迎えただけでなく、大倉

財閥が海外で経営する全財産をもなくしてしまったのである。だが、現在もまだ日本に残っている大倉系事業は、大成建設、帝国ホテル、サッポロ・ビール、日清製油、ホテル・オークラなどいくつも挙げることができる。

参考文献

大倉財閥研究会編『大倉財閥の研究――大倉と大陸』(近藤出版社、1982年)。
大倉雄二『鯰――元祖"成り金"大倉喜八郎の混沌たる一生』(文芸春秋、1990年)。
Claude HAMON, *Shibusawa Eiichi（1840-1931）bâtisseur du capitalisme japonais*, Paris, Maisonneuve & Larose, 2007.
鶴友会編『近代日本企業家伝叢書8――大倉鶴彦翁』(大空社、1998年〔初出1924年〕)。
砂川幸雄『大倉喜八郎の豪快なる生涯』(草思社、1996年)。
長島修「書評『大倉財閥の研究――大倉と大陸』」(『史学雑誌』91巻12号、1982年)1839-1847頁。
森川英正『日本財閥史』(教育社、1978年)。
Tim WRIGHT, *Coal Mining in China's Economy and Society 1895-1937*, Cambridge UK, Cambridge UP, 1984.

註

1) 持株会社整理委員会調査部第二課編『日本財閥とその解体――資料』(持株会社整理委員会、1951年)420-442頁と468-469頁を参照。
2) 大倉雄二『鯰――元祖"成り金"大倉喜八郎の混沌たる一生』(文芸春秋、1990年)77頁。大倉組商会は、1893年に、商法の会社部等の制定により、商社名を合名会社大倉組に改める。その後、日清戦争と日露戦争によって蓄えた資本を背景に、1911年11月、資本金1000万円の「株式会社大倉組」を設立する。第一次大戦を経て財閥の機構を完成するに至り、1920年12月、資本金を5000万円に増資したのである。
3) 森川英正『日本財閥史』(教育社、1978年)32-33頁。当時の大倉組商会はビール醸造業の新しい分野に乗り出して、大成功を収め、色々な穀物と野菜(秣、豆類、粉、油)だけでなく、家禽・家畜をも扱うようになったのである。
4) 1878年、大蔵卿の職にあった大隈重信(1838-1922)が渋沢栄一に、「商人たちの世論を代表する機関をつくるように」と勧めた。渋沢は、大倉喜八郎と二人で発起人となり、東京商法会議所を設立して、おされて

6 台湾から満州国へ、中国における大倉組の市場開拓（アモン）

会頭の任についた。Claude HAMON, *Shibusawa Eiichi（1840-1931）bâtisseur du capitalisme japonais*, Paris, Maisonneuve & Larose, 2007, 197-204 頁参照。
渋沢栄一の事業パートナーとなった大倉喜八郎は、1887年以後、民営札幌ビール会社と帝国ホテル会社をあわせて、様々な企業を設立し経営したのである。

5) 藤田伝三郎（1841-1912）は、酒造業者の四男として長州藩・萩で生まれて、明治維新以後から、陸海軍の御用達になった。藤田組は、1881年に、それまでの藤田伝三郎商会を引き継ぎ、新しく設立された建設会社である。

6) 前掲註(3)同書、121-122頁。

7) 砂川幸雄『大倉喜八郎の豪快なる生涯』（草思社、1996年）60-61頁。1874年末ごろは、台湾出兵が終結する時で、日本人人夫の困難もあげられる。すなわち、大倉喜八郎は現地に取り残され、伝染病にかかった人夫の憐れな姿を見て、どうにか日本へ出帆したばかりの船を引き返せることになり、かろうじて人夫を救うことができたのである。

8) 前掲註(7)同書、252-255頁以下参照。第一銀行は、朝鮮半島が開港されることになって、次々と支店網を拡げた。元山が1880年5月、仁川が1883年11月、京城が1887年10月、木浦が1897年10月と続いたのである。

9) 前掲註(2)同書、182頁。1900年前後、操業を始めたばかりの官営八幡製鉄所は、漢口の下流にある大冶鉄山の鉄鉱石を確保するという目的で、購入契約を締結するに至った。この際、大倉喜八郎は、事業資金に仰ぐ「漢陽鉄廠」に、25万円の借款を供与したのである。

10) 日露戦争後は、注文不足のせいで、一時休業されたが、1911年までの鉄道改軌工事で作業が再開されるに至った。大正時代に入ると、日本三大業林の一つである「秋田木材」は当社で投資を行った外に、「満鉄」の勧めにも従って、安東市に新しい工場を建設した。

11) 本渓湖炭田が、どのように購入されるに至ったのか明確な回答が得られないが、廟児溝鉄山は戦中の混乱で満州の馬賊から取得されたとの意見もある。

12) Tim WRIGHT, *Coal Mining in China's Economy and Society 1895-1937*, Cambridge UK, Cambridge UP, 1984, 121-122頁。

13) 大倉組の中国向け投資等の詳細な一覧が挙げられる。鶴友会編『近代日本企業家伝叢書8――大倉鶴彦翁』（大空社、1998年〔初出1924年〕）211-304頁。

14) 鉱業関係においては、1919年に設立された「興源公司」（鉛・亜鉛の採掘）、1920年の「大源鉱業株式会」（石炭の採掘）が数えられている。他に

は、鉱山部門の「銅鉄公司」、「安東製煉所」(銅の採掘・製錬)、「大同鉱業公司」(アンチモンの製錬)といった企業設立も挙げられる。
15) 興源公司はそれから明治礦業、住友、藤田、貝島の参加により、11社の組合となった。
16) 前掲註(12)同書、129頁。
17) 撫順炭坑における露天掘り、または本渓湖炭坑における山腹の水平掘り、というような方式が使える鉱山はわりに少なかったのである。万里の長城以南は、山東省、河北省、江西省においてもいくつかあった。日本人が経営した炭鉱は概して近代的で、本渓湖炭鉱に関していえば、石炭の坑道運搬のため、馬と坑内用ポニーのかわりに、電気機関車を使用するようになっていた。前掲註(12)同書、38-41頁参照。
18) 前掲註(7)同書、225-228頁。その一方で大倉組は、三井物産に匹敵する鋼鉄の重大な輸入商社であったため、1910年、本渓湖の製鉄所が軌道に乗る前に、鋼管の製造に携わる新しい会社の設立プランを持っていた。八幡製鉄所は本渓湖煤鉄がつくる銑鉄を受けており、帯鋼からの加工を担当するはずであった。しかし、資本金の応募などが遅れを取っていたということで、大倉喜八郎は計画から手を引くに至った。
19) 満鉄の鞍山製鉄所は、1919年から1932年にかけて、採算性と作業効率が悪かったのである。それゆえに、二つの会計期間を別にして、大幅な損失を記録したのである。
20) 長島修「書評『大倉財閥の研究──大倉と大陸』」(『史学雑誌』91巻12号、1982年)1839-1847頁。

7 岡倉天心の地政学的直観

浅利　誠

はじめに

　18世紀の本居宣長、20世紀の竹内好は、日本を中国との差異において語り、西田幾多郎から丸山眞男までの多くの知識人は、日本を西洋との差異において語ってきた。しかし、幾人かの刮目すべき省察によって、現在、これまでよりもずっと正確かつグローバルに「日本」について語ることが可能となった。そのことを裏付ける一つの具体例として、ここで柄谷行人による岡倉天心の位置づけに注目してみたい。端的にそれは岡倉天心を「地政学的」に位置づける試みである、と言ってよい。

　「地政学的」という用語をインド、中国、韓国、日本という4国間の、本質的に歴史的な相互的関係構造を問う視点というふうに限定して用いた場合、本居宣長、西田幾多郎、竹内好、丸山眞男以上に日本の地政学的な特質を直感していたのは、おそらく岡倉天心である。岡倉は、主に美術論の構築を通して、地政学という言葉が存在する以前に、地政学的洞察力を身につけていた。そのことを柄谷行人の岡倉天心論を通して確認しうるだろう。さしあたり、明治の前半期における美術史家としての岡倉天心が、「ネーションと美学」[1]というテーマ系において、最も具体的な手がかりを与える人物として特権化されていることに注目してみたい。

　柄谷は、2001年に大著『トランスクリティーク』[2]を出版した直後に、その時点ではまだ萌芽的にしか打ち出されていなかった視点、地政学的視点を打ち出すことになるのだが、柄谷における地政学的省察の成果は、ようやく2006年の『世界共和国へ』[3]として、また、2010年6月に出版された『世界史の構造』[4]として実現された。ところで、私の見るところ、『世

界史の構造』に至る歩みにおいて、柄谷は、地政学的な視点を打ち出した先駆者として、とりわけ二人の人物を重視している。一人は、『オリエンタル・デスポティズム』5)の著者カール・A・ウィットフォーゲルであり、もう一人が岡倉天心であるが、ここで注目したいのは、一つには、柄谷が、世界史についての省察と東アジア史についての省察とを同時並行的に押し進めたということであり、もう一つは、この二つの省察を連結させるいわば蝶番の位置に岡倉天心が位置づけられていた、ということである。

　ところで、柄谷行人が『世界史の構造』において採用した最も根本的な操作の一つは、ヘーゲルにおける世界史の言説を、地政学的視点から大胆に修正することであった。具体的には、マルクスが『経済学批判』の中で語っている「5つの社会構成体」6)を地政学的知見によって吟味＝再考することであった。つまり、ヘーゲルによる世界史についての言説に対するマルクスの批判を踏襲しつつ、マルクスにおける5つの社会構成体の類型化を地政学的視点から捉え返す試みとなっているのである7)。その際、実は、ヘーゲルにおける世界史概念への批判が、岡倉天心による暗黙のヘーゲル批判、とくに、アジアについてのヘーゲルの言説に対する岡倉天心による暗黙の批判8)と同時並行的に問われてもいたのである。

1　岡倉の占める今日的位置

　マルクスのいう「5つの社会構成体」の中で第2の位置を占める「アジア的社会構成体」、それと第4の位置を占める「封建的社会構成体」を問題にする際に、柄谷はウィットフォーゲルの見方に最大限の重要性を与えている。ヘーゲル的な歴史観においては、「アジア」は一貫してアジア的停滞というモティーフを通して語られてきたが、ウィットフォーゲルの見解を採択して、「国家」としての完成度としては「アジア的社会構成体」がヨーロッパ的近代国家に比べてさえも、はるかに高度な完成度に達していた、と柄谷は言う9)。それに加えて、「封建的社会構成体」に関しては、マルクスもマックス・ウェーバーも、極東の島国である日本に封建制が成立したことには注目はしつつも、ついにそのことの意味を解明できなかったのであり、それを可能にしたのはウィットフォーゲルであった、と柄谷は言う。柄谷によれば、その解明はウィットフォーゲルの「亜周辺」という地政学的概念に

よってようやく可能になったのである[10]。ところで、このことを確認する過程で、柄谷は、岡倉天心による「日本」の規定の中に一種の地政学的な直感を読み取ってもいたのである。つまり「日本は亜細亜文明の博物館である」[11]という岡倉の既定が、地政学的観点からみて妥当なものであったという評価を下していたのである。その点に関して、『東洋の理想』の一節のなかに見られる岡倉の地政学的直感を次のように語っている。

> 「興味深いことに、日本に失望した岡倉は、ボストンから日本に来たフェノロサの移動とはちょうど逆に、日本を去ってボストン美術館のために働きはじめたのである。
> 　しかし、重要なのは狭義の美術館ではない。私は、先に近代の「世界史」そのものが美術館という装置にほかならないとのべた。岡倉が明瞭に自覚していたのはそのことである。彼は狭義のナショナリストではなかった。なぜなら、彼はつねに「東洋」を視野においていたからである。他のナショナリストが日本の独自性を強調するのに対して、岡倉は日本の思想・宗教がすべてアジア大陸に負うことを率直に認める。彼は、『東洋の理想』においてインドの仏教哲学、『茶の本』において中国的仏教(禅)を原理的なベースとさえするだろう。だが、彼はその上で、日本の「偉大な特権」を見出す。それは日本において、歴史的に、インドや中国などで起こりそこでは消滅してしまったものがすべて保存されてきたということである。たとえば、仏教はインドで消滅し、中国で発展された禅仏教もそこでは消滅している。それらがすべて残っているのは日本だけである。美術にかんしても同様である。
> 　日本の「島国的孤立」が「日本を、アジアの思想と文化を託す真の貯蔵庫たらしめた」と岡倉は言う。《日本の芸術の歴史は、かくしてアジアの諸理想の歴史となる――あいついで寄せてきた東方の思想の波のおのおのが、国民的意識にぶつかって砂に波跡を残して行った浜辺となるのである》。」[12](『東洋の理想』)

岡倉によるこの日本の規定に近いものはいくつかある。よく知られたものとしては、本居宣長による日本の規定あるいは丸山眞男による日本の規定がある。本居宣長は、中国やインドに対する日本の特質をもっぱら「美

学的な」特質として語ろうとしたことは周知の通りである。カント的な図式化で言えば、宣長はほぼ以下のように言っているといえる。つまり、知的なもの、道徳＝政治的なもの（あるいは体系的で原理的なもの）を体現しているのが中国やインドであるとすれば、日本は、その独自性として、「もののあはれ」のような美学的なもの（あるいは、体系的でも原理的でもない、感受性のようなもの）を体現している、というのが宣長の主張の骨子である。本居宣長の指摘を補完するような形で、丸山眞男は、『日本の思想』[13]の中で、周知のように、日本の顕著な特徴として以下の点を列挙している。つまり「日本における思想的座標軸の欠如」(5頁)、「外来思想」の雑居性(8頁)、それと外来文化に対する（なんでも抵抗なく受容するという意味での）「無限抱擁」性(21頁)などである。しかし、丸山の規定に敬意を表しつつも、柄谷は次の重要な指摘を加えている。「丸山真男が日本の思想について指摘したことは、宣長が見たものを否定的に捉えただけである。いいかえれば、丸山がいったことは、それをそのまま肯定的に評価できるのである」[14]。ところで、ここに岡倉天心の見方を並べると、宣長、丸山、岡倉という3者のそれぞれの観点が鮮明になる。たしかに中国やインドに対する日本的特質の規定において、3者の見方には共通性があることはたしかだが、大きな違いもまたあるのである。真っ先に思い当たることは、インド、中国についての本居宣長の言説に対して、岡倉の言説が極めて具体的であることである。そもそも宣長の「漢意批判」は、中国批判というよりは日本批判である。その意味で、地政学的省察が顕在化されていない。柄谷が岡倉に注目したのはそれなりの理由があってのことだったにちがいない。主に以下の二つの理由によるだろう。第一に、宣長が直接的に中国やインドに言及せずに日本を両国に対して規定しようとしたのに対して、岡倉は日本をアジアの中に位置づける試みを具体的にやってのけているからである。第二に、岡倉が日本を、ヘーゲルにならって、世界史的に位置づけているからである。もっと具体的に言えば、岡倉が「日本」を一つの美術館のような空間と見なしたこと、しかも、その空間の中でこそ「東洋の歴史」を展望しうると考えたこと、この二点に柄谷は注目したのである。

　第一に、日本についてのウィットフォーゲルの地政学的知見と岡倉の地政学的な直感が交差していることに柄谷は注目したはずである。ウィットフォーゲルによれば、日本は、地政学的に言って、「中心ゾーン」をなす中国に対す

る「亜周辺」としてあるのだが、この見方に従えば、かつてモデルとして取り入れた中国帝国の制度などに対して日本のとったスタイルというのは、実は、日本の地政学的特性が可能にさせたものであったという見方が可能になる。

第二に、柄谷の岡倉論の中に現れた興味深い次の変更は注目に値する。柄谷が書いたもっとも本格的な岡倉天心論は1999年の「美術館としての歴史」という論文だが、実は、このテクストの初出は1994年で、その時のタイトルは「美術館としての日本——岡倉天心とフェノロサ」とされていた。それが、5年後には「美術館としての歴史——岡倉とフェノロサ」というふうにタイトルが変更されているのである。この変更が何を物語るかを推測するのは難しくはない。以下のように言うことができる。つまり、日本を「東洋の美術館(博物館)」としてとらえた岡倉の直感は、単にアジアにおける日本の地政学的な位置づけのみならず、イギリスに次いで、世界のヘゲモニー国となった米国の地政学的位置づけとして、米国を世界の美術館として捉えうるということを含意させるタイトルになっているのである。岡倉がフェノロサと共有する美術史におけるかの有名直感(日本には遠くギリシャと繋がるものが保存されているという直感)が、より普遍的なレベルに適用できるという柄谷の暗黙の確信が含意されているタイトルへの変更なのである。そればかりかこの1999年の論文そのものが、ある意味では、柄谷の考察がどこに向かうことになったのかを明瞭に示してもいるのである。

『東洋の理想』の中で示した岡倉の地政学的直感を柄谷は地政学的省察の画期的な成果である『世界史の構造』の中で継承するという立場をこの1999年の「美術館としての歴史」の中で予告していたとさえ言えるのだ。つまり、「美術館としての日本」という岡倉の洞察が、より普遍的なレベルにおける「美術館としての歴史(世界史)」という史観として受け止めうるという方向に柄谷は歩を進めたと言えるのである[15]。その意味では、「美術館としての歴史」というモティーフが、ライフワークとして柄谷が取り組んでいる「地政学的観点による唯物論の歴史の見直し」の企図において、単なる一概念以上の意味を持っていたと言えるのである。

2 　岡倉の視点の独自性

岡倉についての柄谷の言及を追っていくと、岡倉がたえず3つの固有名

との併置ないし対比において語られていることに気づく。年代順に言うと、本居宣長、西田幾多郎、丸山眞男の3名である。彼らとの併置ないし対比が繰り返しなされているのは、まずは、岡倉を含むこれら4者に共通の洞察力、日本の特質を捉える鋭い洞察力を認めているからである。しかし、この併置と対比において岡倉がある特異な位置を占めていることに注意すべきである。4者の共通項と共に、岡倉の独自性がどのように語られているかを確認することによって柄谷の描く岡倉像がくっきりと浮かび上がってくるのである。

　前3者から岡倉を区別させるものは二つある。一つは、岡倉にあって他の3者に欠けているものとしての地政学的洞察である。もう一つは、更に重要なものとして、前3者における、とくに、本居宣長と西田幾多郎に見られる思想の「美学化」あるいは歴史の美学的な解釈といった性格が、美術史家としての岡倉には、逆に、なかったという点である。もちろん、本居宣長と西田幾多郎による日本の特徴の規定の仕方は丸山眞男のそれとは明らかに異質である。にもかかわらず、岡倉を通してみた場合には、丸山を含む3者に欠けているものの共通項が見えてくるという意味では、それほど隔たっていないという言い方も可能なのだ。本居宣長と西田幾多郎は、思考の美学化、あるいは美学化された思考によって日本を規定しているという点で共通するが、この二人がむしろ肯定的に語った日本の特徴を、丸山は否定的に語っているにすぎないという点では、丸山の見方は、結局のところ、本居宣長の見方とそんなにかけ離れてはいないということになる。

　それに対して、柄谷が岡倉にこだわる理由は、岡倉がこの「思考の美学化」、「美学化された思考」を免れている希有な日本人である、と柄谷は考えているからである。そのことを確認するために、ポール・ヴァレリーへの柄谷の言及を参照することにする。

3　柄谷行人が岡倉の中に読みとったもの

　1993年の講演「近代の超克」の中にヴァレリーについての重要な発言がある。まず、この講演において、柄谷は、小林秀雄をはじめとする『文学界』の同人が主催した1942年のかの有名な会議(座談会)「近代の超克」を二つの「美学」の対立[16]として押さえている。『文学界』の立場がフランス文

学系の美学の立場であるとすれば、この座談会に京都学派を代表する形で出席した面々の立場はドイツ哲学系の美学の立場である、という構図で語られているが、文学界のメンバーさえ美学的でしかなかったことを悔いる気持ちを込めつつ、「近代の超克」という会議は、「『美学』の中での議論以上ではなかった」17)と言明している。ヴァレリーへの言及の導入部は以下のようなものである。

> 「この会議では、下村寅太郎や物理学者を例外として、技術に対する軽視が目立っています。そのかわりに、「文化」や「精神」が深刻に議論されています。しかし、このことは、小林秀雄・河上徹太郎・中村光夫などがヴァレリーを読んでいたことから見ると、奇怪に思われます。」18)

ここで柄谷が取り上げているのはヴァレリーの『現代世界の考察』の「序言」(1931年)であるが、柄谷はヴァレリーの文章を解説するような形で以下のように述べている。

> 「彼[ヴァレリー]は、自分がヨーロッパを意識したのは、一八九四年の日清戦争と一八九八年の米西戦争においてであるというのです。それまでは、ヨーロッパは「世界」であって、そのなかにフランスとかドイツとかがあった。ヨーロッパが一つの世界でしかないということを思い知らされたのは、日清戦争と米西戦争だというのです。ヨーロッパから見てファー・イーストの日本と、ファー・ウェストのアメリカ。しかも、そのいずれもが、ヨーロッパから流出したテクノロジーを駆使して勝った。こうして、日米が、ヨーロッパから出ていったものを利用して、逆にヨーロッパに立ち向かってきたときに、彼は、ヨーロッパがもはや一世界にすぎないことを痛切に感じさせられたというのです。
> 　いいかえると、ヨーロッパが一世界であることを痛感させたのは、ヨーロッパにとって異質な世界があるからではない。実は、ヨーロッパ自身が生み出したものがヨーロッパに敵対してきたということです。それは何か。技術(テクノロジー)です。ヴァレリーは、ヨーロッパを「文化」あるいは「精神的な深さ」において考えていない。彼はそれを「技術」にお

いて見ている。だから、それはその外に応用可能であり、逆にヨーロッパを追いつめるものなのです。」[19]

さらに柄谷はこう続ける。

「ヴァレリーが、一九世紀末に、アメリカと日本をとりだしたことは、驚くべき予見性だと思います。それは現在の世界三極構造にまで及ぶものだからです。そして、この洞察力は、彼が、いわば「美学」を斥けたことと関係しています。彼が批評家として考えたのは、「詩学」(ポエティックス)であり、つまり、「技術」の問題だったからです。」[20]

ヴァレリーの洞察の驚異的な予見性は、イマニュエル・ウォーラーステインの2000年1月の時事評論のなかにある次の文によっても確認できる。

「北アメリカと西欧と日本の〈三極〉的中核地帯という概念が知られるようになったのは、まさにこの1970年代においてであった。」[21]

　最後に以下の一点に注目してみよう。柄谷は、終始一貫、京都学派の創設者である西田幾多郎の哲学的思考における「美学的」性質について言及しているが、それに対して美学の専門家としての岡倉天心を対置しているのである。そして、柄谷が注目したのは、美学の専門家の岡倉には、逆に、現実の「美学化」がなかった、という点にであった。
　柄谷が岡倉の中に見出すのは、岡倉におけるヴァレリー的な視点である。19世紀末から20世紀にかけての時期において注目すべきものとして、柄谷は、美術史家岡倉天心における、ヴァレリー的な歴史認識の鋭さに注目したのである。具体的にいえば、岡倉は、個人史の中で、「技術」の問題をたえず抱えながら美術史の視点を構築した人物であったということを重視したのである。一見したところ矛盾しているように思えるが、しかし、美術を専門とした岡倉は、日本を「美学化」してとらえるという、本居宣長や、さらには西田幾多郎がはまり込んだ弱さ(抽象性)、より正確に言えば、それを自覚した上での一種の「戦略」を採択することを免れていたのだ。たとえば柄谷行人は『近代日本の「美学」の誕生』の著者である神林恒道の次の一

節に同意しているに違いない。

> 「それにつけても、こちらとしては合点のいかぬ話だが、これまで海外からの日本の文化や芸術についての関心は、なぜか専門の美学者の手によるのではない、つまり「美学」ではない美学に向けられてきたように思われる。たとえば、西田幾多郎、鈴木大拙、和辻哲郎、久松真一らによる芸術論、あるいは文化論の試みである。」[22]

　この神林恒道の不満に答えるかのように、柄谷は、岡倉に立ち返って、日本の美学の歴史を再考することの必要を示唆しているのである。ここにあるのは、思考の美学化による日本の規定、それと岡倉における美学を通した日本の規定、この二つの既定の対比を押さえることが重要であるという指摘である。
　岡倉のアジア論は、むろん芸術論として展開されてはいるが、しかし、彼がたえず技術の問題を視界に入れていたことに柄谷は注目している。それが可能であったのは、岡倉が、日清戦争、日露戦争を通して、技術の問題に向い合いつつ美術史を考察していたからであろう。それにまた、岡倉は、1867年と1878年の二つのパリ万博などを通して、歴史感覚を涵養していた人物でもあったのである。その岡倉の歴史感覚の鋭さを柄谷はたとえば次のように語っている。

> 「岡倉は美術が商品であること、さらに世界市場において日本美術が商品であるということを自覚していた。この自覚の鋭さにおいて、岡倉は、西洋派と伝統派のみならず、フェノロサとも違っていた。生涯にわたって工業資本主義を否定した岡倉が、にもかかわらず、美術作品の商品性(marketability)には極度に敏感であったことに注意すべきである。岡倉は、美術が当時国際的に通用するがゆえに、それによって日本を代表させるということを明確に自覚していた。」[23]

　ここにみられる岡倉のスタンスは、近衛体制の時期に「近代の超克」のモティーフを掲げた西田幾多郎や三木清のとったスタンスとは大いに異なっている。岡倉は、支那事変の前後に三木清や西田幾多郎がぶつかったよう

な問題に、それに先立つ日露戦争の時期に、すでにぶつかっていたのである。明治時代の岡倉にとっても、昭和時代の三木や西田の場合と同様に、「東洋」を一つの自律的世界と見なさなければならないという切迫した思いがあったはずである。しかし、岡倉の場合は、三木清が支那事変の世界史的意義を協同主義の哲学の視点から語った時のスタイルとは対照的に、アジアの自律性が美術においてのみ可能であったということを自覚していた。この点に関する柄谷の次の指摘は見事である。

　　「岡倉にとって、東洋のonenessは、西洋列強による植民地化という運命のもとにある東洋の同一性を暗黙に意味していた。しかし、彼は、そうした消極的な同一性ではなく、積極的な同一性を見いださねばならなかった。そして、それは美術の観点において以外に見いだされない。実際、東洋のonenessは、西ヨーロッパと違って、政治的・宗教的な観点からは不可能だからであり、第二に、美術が西洋と対抗しうる唯一の領域だという自信が岡倉にあったからだと言える。」[24]

　1999年の「美術館としての歴史」と、柄谷のライフワークと言っていい2010年6月に出版された『世界史の構造』との間には明瞭な連続性が認められる。「美術館としての日本」という岡倉の洞察の現代性を確信するかのように、柄谷は、すでに述べたように、1994年の「美術館としての日本」を1999年には「美術館としての歴史」と改題している。ところで、この論考の最後の方で柄谷が述べている次の一節は、この論考が『世界史の構造』に直結するものであることを語っているように思える。

　　「フェノロサと岡倉の出会いには、たんに西洋と東洋の出会いという一般論ではかたづけられないような興味深い問題がある。岡倉が言うように、極東の島国日本が「美術館」であるならば、アメリカもまた極西の島国――どんなに巨大だとしても――であり、一種の「美術館」なのである。それはたえず、ヨーロッパや各地から「思想の波」が押し寄せる「浜辺」である。」[25]

　この一節は、ウィットフォーゲルの「亜周辺」という地政学的概念、それ

と岡倉天心による「日本」の既定とが重ねられていることを雄弁に語っている。日本とアメリカが、地理学的差異を超えて、また空間的規模の違いを超えて、資本主義的に高度の達成を遂げた「亜周辺」の国というふうに規定されうる二国としてアナロジックに捉えられていると同時に、岡倉的な意味で「美術館」として捉えられてもいるのである。

『現代世界の考察』の中でヴァレリーが示した驚異的に鋭い世界史的洞察に逸早く注目していた柄谷は、近年になって、そこにウィットフォーゲルの視点を重ね、現代世界の地政学的考察を展開しているわけだが、それと同時に、『東洋の理想』における岡倉天心の地政学的洞察に最大限の敬意と重要性を与えていることも疑いえない。

註
1) 「ネーションと美学」は、『定本・柄谷行人集4』(岩波書店、2004年)の表題である。
2) 柄谷行人『トランスクリティーク カントとマルクス』(批評空間、2001年)。この本は『定本・柄谷行人集3 トランスクリティーク』(岩波書店)として2004年に改訂出版されている。
3) 柄谷行人『世界共和国へ』(岩波新書、2006年)。
4) 柄谷行人『世界史の構造』(岩波書店、2010年)。
5) カール・A・ウィットフォーゲル『オリエンタル・デスポティズム』(新評論、1991年)。
6) カール・マルクス『経済学批判』(岩波文庫、1956年)14頁。前掲註(3)同書、31-40頁。
7) 方法論的には、マルクスの「生産力」の類型化を「交換」による観点から読み替える試みである。前掲註(3)同書参照。
8) 前掲註(1)同書、139頁参照。
9) 『あっと』3号(太田出版、2006年4月)81頁参照。
10) 前掲註(9)同書、81頁。
11) 岡倉覚三『東邦の理想』(岩波文庫、1943年)29頁。以下、柄谷行人のテクストの用語に合わせて、『東洋の理想』という表記にすることをお断りしておく。
12) 前掲註(1)同書、142-143頁。
13) 丸山眞男『日本の思想』(岩波新書、1961年)。
14) 前掲註(1)同書、214-215頁。

15) 柄谷行人は、「美術館としての歴史」(前掲註(1)同書)の中で、美術館と歴史の関係についてあからさまにこう言っている。「美術館において、はじめて『絵画史』というものが可能になるのだ。しかし、絵画の歴史と、その他の歴史は別個のものでない。近代において成立する『世界史』は、いわば『美術館』と同じ装置にほかならないのである」(135頁)。
16) 柄谷行人『〈戦前〉の思考』(講談社学術文庫、2001年)99-106頁参照。
17) 前掲註(16)同書、122頁。
18) 前掲註(16)同書、122頁
19) 前掲註(16)同書、122-123頁。
20) 前掲註(16)同書、123頁。
21) イマニュエル・ウォーラーステイン『時代の転換点に立つ』(山下範久編訳、藤原書店、2002年)30頁。
22) 神林恒道『近代日本「美学」の誕生』(講談社学術文庫、2006年)7頁。
23) 前掲註(1)同書、132-133頁。
24) 前掲註(1)同書、140-141頁。
25) 前掲註(1)同書、145頁。

8 今泉雄作の図案法と岡倉天心の泰西美術史

廣瀬　緑

はじめに

　今泉雄作(1850-1931)と岡倉天心(1863-1913)、この二人は明治20年(1887)東京美術学校の設立に関わっただけではなく、明治時代の美術教育にとって重要な人物である。二人に共通しているのは、東洋美術に詳しいばかりか、欧米社会もよく知っている点である。

　今泉は1877年から84年までの7年間、当時フランスのリヨンにあったギメ美術館で東洋美術鑑定人として働き、文献、特に経典などを翻訳し、美術館のコレクションを充実させる仕事を担当していた。一方、岡倉は若い頃から英語が堪能で実家は横浜で貿易商を営んでいた。1886年には欧米視察の旅に出て、実際に欧米社会を目の当たりにしている。その後、英語で日本文化を紹介する書物を出版しているが、これらは全て日本語で出版される前に欧米に向けて発信されたものであった。晩年は日本とボストンを往復する生活をし、ボストン美術館の日本美術コレクションの充実に寄与している。

　このように二人は欧米文化に親しんでいたばかりか実際に現地に滞在し、事情をよく知っていたのだが、他の日本人留学生などと違って欧米の技術や文化を日本に導入しようとはせず、それどころか日本独特のものを探すために、中国にその源を求め、岡倉に至ってはさらにインドまで遡るというように、思想の源をアジアの大陸文化に依っている。

　この論文では、1894年今泉雄作が美術雑誌「国華」の中で発表した「図案法」と1896年から岡倉が東京美術学校で行った「泰西美術史」の授業を考察し、日本から中国へと源を探すべく思想の基盤が広げられていく過程を見ていきたい。

1 今泉雄作の「図案法」

今泉は明治27年(1894)に発表した「図案法」の序文で次のような内容を述べている。

> 「図案法ができるかどうかと考えた時に、法というものを作ってしまうと変化がなくなってしまう。図案というのは新しいものでなくてはいけないので変化が必要である。しかし、教育のためには一定の道、法が必要である。」

つまり、今泉は図案というものは創案であると考えている。続く内容は、この図案法が足利時代の書物から得ていること、その原典は朱子学の書物「周易本義」[1]から来ていることを述べている。足利時代は中国から来たものが「唐物」として尊ばれた頃で、明銭(永楽通宝)、生糸、織物、書物などが盛んに輸入されていた。「周易本義」の理論を応用して日本で作られたものに、「紹鷗棚」という茶道の棚がある他、花入れ、掛け軸の長さ、道具の置き方などにもこの法則が使われていたということを述べている。このように、今泉の図案法は「雛形」と呼ばれる図案集ではなく、デザインの作成法を説き明かそうとしたものであり、その点では日本で初めての理論であると言える。この序文の後、今泉は具体的な理論を述べている。それらは6つの法則から成り立っている。それらを以下に紹介する。

(1) 第1の図案法：差渡の規矩

円形は万物の原象であるという考えが最初に述べられている。天は円、地は四角を意味し、全ての形はこの二つから成り立つ。しかし、天の後に地が生じることから、地は天の徳を受けている。地から生じる人間、動物など自然のものは全てが円形から成り立っているので、先ず円が万物の原象である。この天地自然の考えに従って制作すると、美しいものが作れ、背いた場合は醜くなるというものである[2]。万物はこの円形の集合より形がなっており、円周の部分を切断した形は「照り」と呼ばれる一種の微妙な曲線の基本となっている。この曲線は具体的には、日本刀の反り、寺院の屋根の反りなどを指していると考えられる。

8 今泉雄作の図案法と岡倉天心の泰西美術史（廣瀬）

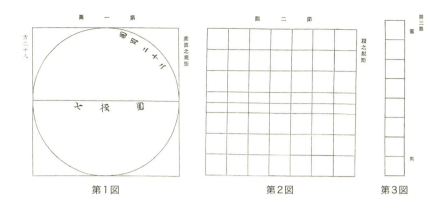

第1図　　　　　　　　第2図　　　第3図

　(2) 第2の図案法：積の規矩

　これは第1図の円と正方形を組み合わせた図の面積、容積に相当する。正方形を7等分したものが第2図である。7等分した小さな正方形の数は49になるが、これは易の基本数50から実際に使う時には1を引くという易の法則に当てはめている。真ん中の線は円の直径を表している。

　(3) 第3の図案法：高の規矩

　これは器の高さに関する決まりで、器の円周の最大の長さの7分の1を22倍し、これをこの器の自體尺と名付ける[3]。この自体尺の長さを8で割り、その一つを1寸と決め、またその1寸を8で割った数値を1分として、それをまた8で割ったものを1厘と定める[4]。この法則は特に茶道の人たちが竹の花筒を作る時に用いたという[5]。この法則は掛け軸にも応用されており、掛け軸の場合は、紙の長さを8で割り、それから寸、厘を決め、掛け軸の文字の大きさを決める。そして、左右の上下の掛け軸の長さが決まる[6]。

　(4) 第4の図案法：真の模様の規矩

　第4図を見ると分かるように、縦横6等分した正方形からは5本の線ができる。天を1、地を2とすることから、偶数は地、つまり陰数になる。この図は6という陰数から5という陽数が生まれることを示している[7]。

119

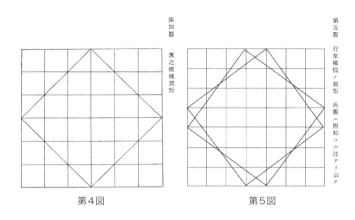

第4図　　　　　　　第5図

(5) 第5の図案法：行草模様の規矩

　これは第5図にあるように縦横7等分した正方形から6本の線ができることを示している。この図は大きな正方形の中に作られる小さな正方形を示している。外部の正方形の面積は7×7で49、内部の正方形の1辺の長さは5になることから面積は25である。この大、小の正方形が交わる点を数えれば56か所あり、この一点を選んで模様を散布する位置が決まるとしている。

　この法則をまとめて「陽数陰を生じ、陰中陽動く」と述べている。これは7の正方形から5の正方形、そこから4本の線が生じることから陽数7が陰数4を生んだということを示している。そして、7×7=49の大正方形は5×5=25の小正方形の動作によって初めてこれが可能になることから「陽動く」と述べているのである[8]。

(6) 第6の図案法：模様大小の規矩

　これは図案拡大、縮小の法則で、5分の1ずつ小さくしたり大きくしたりするとよいというものである。大小の模様を混合する時にもこの規則を応用するとある。

　今泉はこれらの図案法は全て「朱子啓蒙附論」の図に基づいているとしているが、図案法は未完のままここで終わっている。

　このように今泉の図案法の特徴は朱子学の中の易学の原理に遡り、法則を整理している点で復古主義的なものと言える。しかし、7年間もフラン

第6図

スに滞在して西洋に学んだ成果が全く生かされていないのは非常に驚きである[9]。なぜこの時期に、このような古めかしい図案法を提案したのか。そのことを念頭に、時を同じくして東京美術学校を創設し、今泉とともに美術史を教えていた岡倉天心の授業について見ていくことにする。

2 岡倉天心の「泰西美術史」

岡倉[10]も非常に復古的、歴史主義的な人物として知られているが、そのような人が日本美術史だけではなく、西洋美術史を教えるというのは意外な感じがする[11]。なぜ、岡倉自らが西洋美術史を教える必要があったのだろうか。

授業の内容は岡倉の授業に出席した学生が筆記したノートから知ることができる。それらを何冊かまとめた物が1980年に平凡社『岡倉天心全集』第4巻として出版され、その後1982年に更に「菅紀一郎筆記のノート」が発見された。本論文では、最近見つかった新資料の「香田麟吉ノート」[12]をもとに分析を試みたいと考えている。

この授業の内容はドイツの美術史家ウィルヘルム・リュプケ Wilhelm Lubke(1826-1893)の History of Art を基にしているものである。それは時代区分、分類においてのみで、岡倉は作品解説ではなく、時代の特徴を大づかみにしている点が Lubke とかなり異なっている。

(1) 香田麟吉ノートの目次と体裁

目次はエジプト、メソポタミア、インド、ギリシャ、ローマ、中世史、

香田麟吉筆記ノート

ゴシック時代に分けられ、ギリシャの部分が一番多くなっている。この美術史全体に流れる分析法が極めて独創的になっているのは、歴史を「変化」と「不易」という二つの尺度から見ている点である。これは中国の老荘思想に基づく言葉で東洋的であるばかりか、先に述べた今泉と同じような視点から見ていると言える。また、ヨーロッパの源を古代においては、エジプト、メソポタミアにおき、その後はギリシャ、ローマにおいており、西洋美術史を古代文明から探ろうとしている。序文においては次のように述べている。

「西洋美術史モ東洋ト同シ各時代ノ美術ノ有様ヲ述べ、次ニ各時代ノ哲学者ノ説ノ変遷ヲ詳説スベシ。美術ト云フ名義モ西洋テモ左ノミ古カラズ。百年或ハ百五十年ヲ以テ独乙ノハフマント云フ人ガ美学ヲ哲学ノ上ニ作リタリ。欧州ニテモ我国ノ如ク古キ所ニハ美術史ナドト云フ者ナシ。」（ママ）

ここではまず、西洋美術史と東洋美術史を対等なものと位置づけ、美術史という概念は最近のものであると述べている。

以下、本文からいくつかの特徴的な内容を抜き出して分析をしていきたいと思う。

エジプト

エジプトの章では次のようなことが書かれている。

「美術史ヲ説クニ当ツテ他ノ歴史ニ於ケルガ如ク埃及ヨリ始ルナリ「ローマ時代」ノ歴史ニ於ケルガ如ク古代ノ開明ト近世ノ開明ハ其異ナル謂以ハ古ヘハ開明ノ度変化ナク一定ニ経ルナリ而シテ近代ノ開明ハ

8 今泉雄作の図案法と岡倉天心の泰西美術史(廣瀬)

其度著シク変化シテ進ミシモノナリ
其変化ナキ即チ一定不変ナルモノ尤
モ甚[ダ]シキモノハ埃及ナリ即チ変
化ナキコト埃及国ノ如キハナシ然レ
ドモ一定不変ノ性質ニ於テモ又各時
代ノ間ニ主客ノ区別アリ此古代ノ美
術ハ専ラ絵画彫刻建築ヲ説クナレト
モ此三者ガ美術上ニ於テ同様ナル勢
力及ビ権力ヲ有スルト云フニ非ズ」

筆記ノートのさしえ ピラミッドの内部

古代は近世、近代に比べて変化が少ない時代で、中でも特にエジプトは変化が無いといっている。また、古代においては絵画、彫刻、建築を主に取り上げ、この三者の力の均衡は常に同じではなく、時代によって異なっていると述べている。続いて、

「如何ナル理ニヨリテ一定不変ノ性ガ埃及ニ巻ハレシヤト云フニ之レ他ナシ彼ノ「ナイル」河ハ疾流万古不易ニシテ埃及ノ中央ヲ貫通セリ又四時雨少ナリシテ茫々タル碧空ハ其色ヲ変ゼズシテ永ク人心ヲ支配セリ此ノ如ク埃及ヲ圍繞セル諸物体ハ皆千古不易ノ状ヲ呈セルモノナリ四時之レニ依リテ支配セラレ居ル人民ハ又万古不易ノ人民ナリ之レ即チ美術上ニ於テ一定不変ノ性質ヲ現セシ原因ナリ又此ノ国ハ変化ヲ導クガ如キ国勢ニアラズ(…)」

この部分では、ナイル河の存在がエジプト美術に「一定」、「万古不易」の特徴をもたらしており、「変化」がないことがエジプト美術の特徴となっていると述べている。繰り返し使われている「一定」、「万古不易」、「変化」という言葉は老荘思想における基本的な言葉であることに注意しなければならない。これらの言葉は講義ノートの中でしばしば使われている。

「(…)ピラミッドハ何故ニ斯ル形状ヲ撰ミシヤト云フニ種々論アリ宗教上ヨリ云フ者ハ三角形ハ三徳ヲ表シテ火ノ焔ノ形チナリト云ヘリ之レ印度等ノ仏教ニモ円ト三角ヲ物ノ始(ママ)メトシテ尊ブナリ我国ニ伝ハル

不動尊ノ負ヘル火焔ハ三角形ナリ(…)」

　この部分では、ピラミッドの三角形の形状は仏教の三徳[13]とも関係があり、炎の形を示しているものであると述べている。この炎は不動明王の火焔を指している。また、インドでは円と三角が物の初めを示すことを述べ、三角形が東洋の宗教にも共通して重要な図案であると述べている。内容はまだまだ続くが、基本的にはエジプト美術は「一定」した変化のないものと結論づけている。

メソポタミア
　この章では、メソポタミア美術もエジプト同様変化のないものだが、残存する遺跡が少ないので歴史的変化を知るのは困難であると述べている。平凡社版では、エジプトもアッシリアも建築が広大である点が共通しており、エジプトのものに変化はないが一定の規則があるのに対してアッシリアの建築には一定の規則がないと述べている。

　「柱ニハ埃及程ノ面白キモノハアラサレトモ白キモノニテ蔽ヒタルモノ又ハ十六ノ菊形ヲ彫刻セルモノ(之ヲ以テ古学者ハ日本ニ関係アリト云フ)」

　ここでは日本のことが述べられている。「白キモノ」はアラバスターと呼ばれる大理石のことで、「十六ノ菊形」について日本の菊文様との関連に触れている。古学者が日本に関係があると言っていることについて、当時起こりだした「日ユ同祖論」[14]すなわち日本とイスラエルに共通のものがあるという意見のことを指している。岡倉はこれを紹介するだけで、それ以上は述べていない。
　続いては彫刻についてであるが、アッシリアの彫刻はエジプトのものと違い「変化」があるとして次のように述べている。

　「(…)其彫方ハ埃及ノ如ク一定シタルモノニ非ズ故ニ埃及ヨリハ稍変化アルモノト云フコト可ナリ変化アルガ故ニ一定ノ規則ナシ其他王ノ肖像僧侶ノ捧ゲ物ヲナス所(矢張支那ニテ云フ甘露木)ナリ主ニ半肉彫ナリ「アシリアニハ丸彫少ナケレドモ其著シキモノハ門ニ置キタル神像

ナリ人面獅身五足ノ怪獣ノ状ニシテ佛法ニテ仁王様ヲ建ツルガ如ク王ノ門前ニハ必ズ立ツルナリ(…)」

　この部分は、東洋と比較して特にメソポタミアには、王の姿とともに「生命の樹」が浮き彫りになっている彫刻がある。これは中国の甘露木に匹敵するとしている。また、アッシリアの神殿の守護神である怪獣[15]が日本の仏教における仁王像と同様の役割をしているとも述べており、東西共通の文化の意味を見いだしながら、美術史を解説しようとしていたことが分かる。

インド
　この章は今までのノートに全くない部分で、最も興味深い箇所である。岡倉が1901年インドに旅立ち、晩年インドに傾倒したことはよく知られている。香田麟吉ノートにあるように仏教の国インドがなぜアジアではなく、泰西美術史の中に入れられたのか。冒頭は次のように始まっている。

「局面一変シテ「アレキサンドル」ガ征服シタル希臘ノ美術史ヲ説ク前ニ東洋ニモ西洋ニモアラズ一種ノ異国ノ美術史ヲ説ク可シ即チ印度ノ美術史ナリ即チ印度ノ美術ノ如何ニ西洋美術ニ関係アルカヲ説ク可シ」

　この数年前に岡倉は授業の中で「印度は印度特有の美術あれとも泰西に影響すること尠なし」[16]と述べているのと大きく異なっている。このノートでは「如何ニ西洋美術ニ関係アルカヲ説ク可シ」とあるから、むしろインドと西洋がどのように関係があるか述べるという風に変わっている。また、ここでは泰西美術とは言わず西洋美術と言っており、印度は西洋に入っていないと解釈できる。この時の岡倉はインドを東洋でも西洋でもない「一種ノ異国」と捉えていた。しかし、後にその著書「東洋の理想」の中で「アジアは一つ」「思想の母国インド」[17]と述べているように、インドはむしろ東洋の中枢の一つを成す国として重要になっていく。

「印度ハ大国ニシテ今ハ世界ノ宝庫少ナリト[雖]モ英吉利ノ宝庫ナリ(…)気候ノ上ニ於テハ極熱ナリト雖モ変化ニ富メリ(…)実ニ殷富ニシテ殆ンド印度ヨリ産出セサルモノナシト世界ノ高山ハ此国ニアリ世界

ニ於テノ最大ナル「ダイヤモンド」ハ此国ニ出デタリ世界三大宗教ノ一ハ之ニ出デタリ(…)実ニ印度ハ一個ノ不思議ナル国ナリ又此住民ハ一定[ノ]モノニ非ズ古ヘヨリ生活シ易キ自然ノ国ナルガ故ニ四方ヨリ移住シ来レリ(…)」

　文中の、インドは「一個ノ不思議ナル国」という表現からも、強い興味が示されていることがわかる。気候については「変化ニ富メリ」と述べ、それに対応するように、近隣からの移住が多く住民は「一定ノモノニ非ズ」とある。これは前に見たエジプト美術の特徴である「万古不易」と対照的となっている。ここでも、天心の美術史において、「変化」と「一定」がキーワードになっていることがうかがえるが、不思議な国、変化に富む国インドへの関心が充分に伝わってくる内容となっている。続いてインドとギリシャとの比較において、次のようなことが述べられている。

　「波羅門宗教ハ印度最古ノ宗教ニシテ主トシテ梵天ヲ推ス梵天ハ普ク天下ヲ統掌スル神トス其ノ宗旨希臘ノ古教ニ似タリ即チ梵天インドラナドハ即チヂヤピタス[ジュピター]ナドニ比シキモノナリ而シテ印度ニ於テ宗教ノ秘密ハ波羅門ニアリシナリ(…)」

　バラモン教では梵天(ブラフマン)という神が世界を治めるが、これはギリシャ神話の世界観とよく似ていること、梵天やインドラ(帝釈天)といった神々はギリシャの神ジュピターなどに匹敵するものであると考えている。バラモン教が仏教の影響を受けた後、しだいにヒンズー教にかわっていき、中国にはこれらが混合した密教が伝わったとしている。しかし、結論として「兎ニ角印度ハ殖産国ニシテ美術ニトマズト云フベシ」としてインドは宗教の影響が強すぎる国であるために美術の国ではないと結論づけている。

希臘(ギリシャ)

　「希臘技術ハ実ニ泰西美術ノ発スル根元(源)ニシテ此史ノ攻究又従テ必要ナリ其史前事詳カニ考ヘカラズ紀元前ノ千七百七十年代ホーマーノ詩ニテ考フレバ未ダ完全ナル発達ナク貴重セル楯甲武器ノ如キ

ハ多クハ亜細亜亜非利加ナドヨリ輸入セルガ如ク其建築ハ粗雑ナル柱
ヲ用イ彫刻ノ如キハ後世ノ発達アルニ係ラズ一モ見エルコトナシ」

　ギリシャは泰西美術の根源であるが、初期のギリシャ美術は完全でな
く、粗雑なものであったため貴重な武器類の多くはアジア、アフリカなど
からもたらされていたと述べている。つまり泰西美術の源は結局、アジア
やアフリカにあるという内容となっており西洋の優越性を述べないものと
なっている[18]。続いて、希臘彫刻の中で特に有名なパルテノン神殿のア
テナ・パルテノス立像について次のように述べている。

「(…)此破風尤モ要用ニシテ正面ニハ「パラスアセニー」ノ生ル所アリ
此神ハ智ノカミニシテ「チュース」(ゼウス)ノ頭裂ケテ出タリ而レトモ
此ノ如キ所ハ彫刻ニ顕(表)シ難キヲ以テ只ニ神カ生レ来リテ今出ント
云フ所ヲ示シタリ恰モ大自在天ノ頭ヨリ枝(伎)藝天ノ出シト云フノト
同一ナリ(…)」

　これはアテナ誕生の破風についてで、アテナがゼウスの頭から誕生する
様子を、大自在天王(シバ神)の髪の生え際から生まれた天女である伎藝天
に例えている。
　現在、東京藝術大学には「伎芸天立像」[19]という作品が所蔵されている。
この作品は明治21年から東京美術学校に雇われ、24年から教授となってい
た竹内久一（たけのうちひさかず）が制作したもので、明治26年(1893)、シカゴ・コロンブス世界博
覧会に出品された。竹内は日本の伝統的木彫を世界に見せるために、特に
諸芸の祈願を納めるという伎芸天女を題材にしたと述べている。もちろん、
「伎芸天」と「アテナ」の誕生の仕方が非常に共通しているという前提があっ
てのことだが、香田ノートの序文には「欧州ニ於テartト云フハ技藝ヲ云フ」とい
う一文があり、西洋の智の神「アテナ」と日本の芸術の神「技芸天」の対比とし
てとらえている点は興味深い。希臘の絵画については次のように述べている。

「此頃、此人ヨリ式一可年モスギテ変体アリギリシヤハ演藝ヲ好ミテ
之ヲナス為ニ書キ割ヲナセリ」

ギリシャで陰影による絵画表現が発達したのは演劇のせいで、その舞台装置のために必要になったからである。これを天心は「変体」と述べているが、「変化」がもたらしたものと捉えている。

　　「(…)アレキサンドル頃ニハアペレーアリ此人ハ有名ニシテ或ル処ニ家臣ノ像ヲ画キテ果シテ家臣ヲ探ラシメタリト云フ尚巨勢金岡ト同様ノ話アリ」

　この部分では、希臘の画家アペレース Apelles とプロトジェネスの腕比べについて述べており、ここでは日本の例を引き合いに出している。平安時代の画家、巨勢金岡が熊野権現化身の童子と絵の描き比べをして敗れ、絵筆を投げ捨てた話しを取り上げている[20]。ギリシャの陶器については、供物用の壺は日本でいうところの祝瓶[21]や中国の宋朝に見られる黒釉と同じようなものであると述べている。「赤地ニ黒模様又は黒地ニ焼いて赤い下ノ地ヲ出シタ」ものは東京の今戸焼に似ているということも述べている。日本との比較はさらに続き、ギリシャの壺絵についても金地に色鮮やかな彩色を施した作風で知られる古土佐派のようであると述べている。「金ハ凡テ箔ヲ置キタリ極ク簡単ナレトモ雅致アリ」と述べて、今戸焼のように素朴でなおかつ、古土佐派のような雅やかさを備えたものととらえている。事実、ギリシャの壺絵と古土佐派はその表現法のみならず主題においても共通点がある。壺絵には兵士の闘いの場面、神話、日常生活の一コマなどを取り扱ったものが多く、それらはまるで古土佐派の絵巻や屏風絵を彷彿とさせるものである。特に「雅致」という表現からも岡倉はギリシャ陶器を評価する尺度を日本的な美的基準から見ている。

羅馬(ローマ)
　ローマの章はギリシャ美術と比べると量的に少なく、内容的にも岡倉がローマ美術を好意的にとらえていなかったことがよくわかる内容となっている。

　　「性質上ニ於テハ卑シ何トナレバ羅馬人ハ元来理想ニ乏シク長スル□□□軍事ニアリ因テ哲学家文学家ナシ皆希臘ノ焼直シニシテ国民ニ大変化ナシ(…)羅馬美術トシテ今日異ナッテ見ユルハ規模ノ大ナルニア

> リ(ローマ)人ハ物ヲ作ルニ面白キ観念ヲ以テセズ只自トノ権力富貴ヲ第一ニ現ハセルナリ故ニ非常ニ大ナルモノヲ造レリ(…)益々壮大ナラサレバ意ニ含マサルニ至ル東洋ノ美ニ於ケル如ク趣ノ深ク細キモノナシ故ニ建築術ハ其尤モ見ルヘキモノナリ」

岡倉はローマ美術というのは全てギリシャの焼直しで理想に乏しいと考えていた。ローマ美術は「変化」がない代わりに、「非常ニ大ナルモノヲ造レリ」とあり、これはエジプトにおいても変化がなく非常に大きなピラミッドが作られたという内容と共通の法則に基づいている。従って巨大な建築を作ることが羅馬の特徴だと捉えている。

中世史

中世の時代区分については「古代キリスト美術」、「ロマネスク」、「ゴシック」という3つの時代に分けている[22]。ローマ美術を高く評価していない天心も世界歴史においてはローマが全世界を統一した功績を認めている。ローマが崩壊した後も世界統一の余勢が続いたのは、精神面においてキリスト教が広がったためであるという解釈をしている。東洋との比較がみられる部分は、次の箇所である。

> 「彫刻絵画ハ未ダ多ク発達セズ只前時代ニ比スレバ神像ヲ造リテ悪シキトノ念ハタラキタル為仏教ニ於ケル羅漢的ノ像ヲ彫刻シ始メタリ(…)」

これはキリスト教の聖人の像のことを指している。ヨーロッパの教会にはキリスト、マリア像以外にもさまざまな聖人の像が祭られている。特にロマネスクの教会建築によく見られる柱頭彫刻には教会を支えるという意味から聖人等の人物像が彫刻されていることが多い。これが仏教における羅漢に匹敵すると述べている点は興味深い。

ゴシック

> 「此時代ハ伊太利ニテハ二百年程ニテ絶エ独逸ハ三百五十年迄伝ヘリ

> 「希臘ノ古キ文明ヲ忘レタル羅馬人カ自己ノ考ヨリ発明セル美術ヲ起シ中世的ノ精神ヲ表ハシタルモノナリ之即ヤソ教ノ影響著シノ云ハサルヲ得ス同教中ニモ優美ナル考ヲ有セルナリ殊ニチュートン人（北方及中央）カ女尊ノ風ト結合シ婦徳ヲ尊称スルコト盛ニナレリ」

　この時代の特徴を「羅馬人カ自己ノ考ヨリ発明セル美術ヲ起シ中世ノ精神ヲ表ハシタルモノナリ」とまとめている。ここでも、キリスト教の影響を重要なものととらえている。「女尊の風」とあるのは、他のノートでは「武士道」と書かれている。これに関連した内容は後、明治37年に出版された《The Awakening of The East（日本の覚醒）》の中でも述べられている。

> 「婦人に對する西洋人の深い尊敬の態度は教養の美しい一面を示してゐて、我々が切に見習ひたい所である。これは基督教が與へた最も尚い教の一である」
>   　　　　　　　　　　　　　（岡倉覚三『日本の目覚め』村岡博訳、87頁）

　このように女尊の風は日本や東洋に欠けている態度だと述べている。続いて、キリスト教と禅との比較も行われている。

> 「当時僧侶ハ種々ノ説ヲナシ□ナドヲ尊ビ肉体ヲ苦シメタリ王ト雖トモズックノ衣ヲ着ケ跣（はだし）只ニテ寺ヲ回リ或時ハ市中ニテ肩ヲヌギ鞭ウタシメテ喜ヒ粗食ヲナセリ此考ハ禅宗的トハ異ナレトモハデナラス優美ニシテ清キ点ヲネラヘハ禅宗ト同シ点ヲ見出シ得サルコトナシ故ニ当時ノ彫刻ナドハ滅ニ粗造ナレトモ面貌ニ優美ナル処アリ…」

　自らの肉体を傷つける行為であるセルフ・フラジェラシオン Self-flagellation は、中世ヨーロッパの僧侶によって行われ、現在に至っても一部の宗派で行われている。この考えが全く禅と似ているとは言わなくても、その質素さ、優美さ、清さは禅に通じるものがあると解釈し、特に「彫刻ナドハ滅ニ粗像ナレトモ面貌ニ優美ナルガアリ」と述べて、粗末な作りのゴシック彫像の表情の中に優美さを見出している点はその精神をよくとらえている。この文章からも日本的、東洋的な美的基準から彫刻を観察していることが分かる。

おわりに

　以上、岡倉天心による「泰西美術史」の講義ノートを通覧して思うことは、これがいったい西洋美術史の授業であるのか、あるいは東西比較美術史の授業であるのかと思うほど、日本や中国の例がたくさん引き合いに出されていることである。また、歴史をみる視点が常に「変化」と「一定」という東洋的な尺度に基づいている点が特徴である。近代化を目指す明治時代に、今泉と岡倉があえて東洋の思想に基づく図案法や西洋美術史を教えようとしたことは単なる近代化への反動とは言い難い。西洋に対して日本のポジションをどこに位置付けるか模索し、その根源を明確にした上で西洋文明史と対等に立とうとしたのではないだろうか。そのためには日本から中国、インドまで遡る必要があったのだと考えられる。今泉や岡倉に習った東京美術学校の生徒たちの中からは、横山大観、菱田春草といった日本画家が育っているが、この学生たちの絵画の主題は、仏教、禅、中国の歴史を基にしたものが多くなっている。このことは決して偶然ではなく、やはり今泉や岡倉による美術史教育の成果の現れだと言ってよいだろう。

参考文献
岡倉天心「泰西美術史」(『岡倉天心全集　第四巻』平凡社、1980年)。
岡倉天心『東洋の理想 他』(佐伯彰一訳、平凡社東洋文庫、1983年)。
岡倉覚三『日本の目覚め』(村岡博訳、岩波文庫、岩波書店、1993年)。
宮島久雄「今泉雄作の図案法」(意匠学会誌『デザイン理論』30、1991年)。
宮島久雄『関西モダンデザイン前史』(中央公論美術出版、2003年)。
森田義之「岡倉天心の『泰西美術史』講義の検討」(『茨城大学五浦美術文化研究所報』9、1982年)。
森田義之・吉田千鶴子「菅紀一郎筆記『岡倉覚三泰西美術史講義』下」(『茨城大学五浦美術文化研究所報』13、1991年)。
廣瀬緑「岡倉天心による「泰西美術史」講義(明治29年)についての考察(その一)」(茨城大学『五浦論叢』15、2008年)。
廣瀬緑「岡倉天心による「泰西美術史」講義(明治29年)についての考察(その二)」(茨城大学『五浦論叢』16、2009年)。

註
1) 南宋時代の儒学者。朱子学の創始者である。朱子の尊称で呼ばれる。
2) この法則の基本は円を描けば必ず直径ができる。直径の7分の1の長さを22倍すると円周の長さになる。また、この円を囲んで四角を描くと必ず正方形になる。正方形の1辺の長さは円の直径に等しい。正方形の周囲の長さ(方周)は正方形の1辺の長さの7分の1を28倍したものと等しい。この円周+方周=22+28=50となって易に於いては万物が成り立つ基本数となる。
3) 1尺は明治時代に約30.3cmと定められたが、尺という長さに決まりはなかった。
4) 大きな器であればこの自体尺が大きくなるので、自然にそれに比例して、寸、分、厘も大きくなる。普通、器の高さは自体尺の3寸を基本とする。
5) 八曲尺(はちかねじゃく)と呼ばれた。
6) 日本の掛け軸は文字からさきに決め、後に紙の大きさを決めていくというのである。
7) まず、【真・行・草】というのは、元々は書道における漢字書体の真書・行書・草書の総称で、広く芸能・美術に転用されて用いられる理念である。真は端正な楷書で正格、草は型にとらわれず自由に崩した風雅な形、行はその中間を示す。ここでは「真の模様の規矩は陰数陽を生ず」と言っている。
8) 「行草模様の規矩は陽数陰を生ず」と述べている。
9) 今泉の理論は東京美術学校だけではなく、明治26年(1893)に京都美術学校でも教えられ、当時の京都の新聞、『日の出新聞』5月4日号には美術工芸科の参考になり非常に盛況であると伝えている。
10) 今泉と岡倉の関係であるが、今泉の図案法は岡倉が作った美術雑誌「国華」に掲載されたもので、岡倉が1893年中国に視察旅行に出ている間も、今泉が岡倉の代りに美術学校の校長代理を任されていることからも親しい関係にあったと言える。また、茶道に詳しい今泉が岡倉に強い影響を与えていたことは確かで、岡倉の「茶の本」には今泉から学んだことが反映されていると考えられる。
11) 明治22年10月から「美学」、23年から「日本美術史」、24年9月から「東洋美術史」と「泰西美術史」を教えている。
12) ノートは香田のもとから複数の手を経て現在個人蔵となっている。
13) 広辞苑によると、三徳とは仏に具わる3つの徳を表す。衆生を救護する「恩徳」と、一切の煩悩を断った「断徳」と、平等の智慧を以て一切諸法

を照らす「智徳」。また、涅槃に具わる3つの徳をも言う。仏の悟りの本体たる「法身」と、悟りの智慧である「般若」と、煩悩の束縛を離れた解脱を表す

14) 明治時代、日本にやって来た貿易商のノーマン・マクロード Norman McLeod という人物が、1875年『日本古代史の縮図』(*Epitome of the ancient history of Japan*) という本を長崎で出版した。この中で彼は自分の観察から日本人はイスラエル十部族の末裔だと主張し、最初に日ユ同祖論を提唱したものと言われている。

15) この怪物はウルマフルッルー (Urmahlullu) と呼ばれ、宮殿を悪霊不運から守る善なる精霊と考えられた。上半身が人間で下半身が4本脚のライオンの姿をしており、頭には角状冠をかぶっている。香田ノートでは5足となっているが、実際は4脚に2本の腕がついているので6足である。

16) 森田義之、吉田千鶴子「菅紀一郎筆記『岡倉覚三泰西美術史講義』上」(『茨城大学五浦美術文化研究所報』12、1989年) 33頁。

17) 岡倉天心『東洋の理想』(佐伯彰一訳、平凡社東洋文庫、1983年) 11頁及び49頁。

18) これは天心だけではなくリュプケ Lübke の *History of Art*『西洋美術史』にも記されている。

19) (ぎげいてんりつぞう) 木像、彩色、像高214.5cm。

20) 巨勢金岡は熊野詣の途中、藤白坂で童子と出会い絵の描き比べをする。金岡は松にウグイスを、童子は松にカラスを描いたが、甲乙つけがたかった。そこで二人は、描かれたウグイスとカラスを、手を打って追いはらう格好をした。すると2羽とも絵から抜け出して飛んでいった。そこで今度は、童子がカラスを呼ぶとどこからかカラスが飛んできて絵の中におさまった。しかし、金岡のウグイスは金岡が呼んでも戻ってこなかった。金岡は悔しさのあまり持っていた筆を松の根本に投げ捨てた。それから、その松は「筆捨松」と呼ばれるようになった。童子は熊野権現の化身であったといわれている。

21) 須恵器。

22) これはリュプケの *History of Art* の分類に対応している。

9 江藤新平における「人民の権利の保護」
―― その法政治思想的連関

ベルランゲ河野紀子

はじめに

　明治初期は、制度上そして思想上、過渡期もしくは萌芽期であるという性格ゆえの、思想的不透明性が顕著に現れた時期である。また明治維新自体、革新と復古という相反する価値を標榜している。ただ、この二項対立を内在している明治維新の生い立ち以上に、明治初期の思潮において、江戸末期の儒学を基盤とした伝統的思想文脈との連続性やそのような思想土壌における蘭学・洋学の受容や水戸学の位置づけ等、当時の全体的思想状況を考慮することの重要性が過小評価されてきた感も否めない。そこでは勿論「アジア」という形での括り方は知識人層以外の大多数の日本人にとって一般的にはなされていなかった[1]が、次第に国際情勢の変化から清国や朝鮮国を従来の文化先進国のイメージから停滞とみなし始めるようになってきた。思想状況の全体像の考察は今後の研究に譲るとして、本論では、その思想状況の複雑な絡み合いを端的に表す、司法職務定制のあり方と、特に文言として使用されている「人民の権利の保護」という意味を、当時の思想文脈に置換することにより、より正確に把握していく道筋を示そうというものである。

　国際環境をめぐる変動を背景に、多様な日本儒学、またいわゆる国学といわれている思想領域、そして水戸学、律令学といった一見相容れない学問領域が相互浸透し、蘭学、洋学の翻訳書が知識人層に普及して思想変容を遂げていった。以上のような変容を前提として、初代司法卿江藤新平や政体書を起草した副島種臣ら政府関係者、または明治新政府確立以後、同時代代表的在野知識人として活躍した福沢諭吉らが、「人民の権利の保護」という表現

にいかなる意味を付与していたかのを調べ、司法改革によっていかなる「人民」の創出や、いかなる「権利」を想定していたのかを探っていくことが本論の大枠になっており、今後の課題でもある。このような重層的な概念である「人民の権利」は自由民権運動の思想的基盤の一端を成すとともに、臣民の誕生とも深く結びついているのではないか。以上のような問題提起を掲げながら、西洋法継受における錯綜した思想的連関性、山室信一氏の表現を借りれば「思想連鎖」の一端を少しなりとも明らかにしたい。本論では、特に司法職務定制の文言を追いつつ、「人民の権利の保護」がどのような意味合いで使用されているか様々な角度から問題提起をしたい。江藤新平を代表とする佐賀閥に師と仰がれている枝吉神陽の律令を重んじる思想系譜から「人民の権利の保護」の意味合いを読み取るという作業も不十分ながら、試みてみる。

　司法職務定制というと、江藤新平の名が即挙がる。確かに、江藤は当時司法卿という地位にあり、司法職務定制を制定したので、江藤の思想を探ることができれば、彼の司法にたいする思想的思い入れを吟味することができる。しかし、残念ながら江藤という人物は政治家、政策立案者であっても著述活動に専念する思想家ではなかったため、彼の残した覚書、書翰、草案などという断片的資料に基づき、かつ公文書や他の政治家に関係文書史料とつき合わせた上、かなり想像を逞しくしなければ江藤の思想の輪郭を描くことができない。また、江藤の悲劇的結末のため、人物・業績評価に対し感情移入されがちで、端的に言えば好悪感情で歴史的評価にされており、客観的な評価が妨げられているふしがある。以上の理由から、司法職務定制の「人民の権利」に託されている概念に接近するには、江藤新平のみならず他の司法関係で活躍した同郷で同じ師を仰ぐ副島種臣や他の法制官僚の思考様式に触れる必要がある。いずれにしろ、制定法は一人の所産ではなく、複数の人間が関わっていることから、複数の人間が認識していた「人民の権利」を炙り出して行くアプローチは妥当であろう。

　司法職務定制に関する先行研究では、江藤とお雇い外国人ブスケの影響を論じたもの[2]、裁判権統一の意義を述べたもの、それによる司法省全体の改革とその問題点を整理したもの、江藤の「司法」権の構想とブスケの講述の影響を検討したものがある[3]。以上、法制史の分野での研究が殆どであるが、本論では先行研究の多大な貢献に支えられながら、政治思想的観点から、まず司法職務定制における「人民の権利の保護」の文言の意味合

いを大まかに確認したあと、思想史的文脈の大きな枠組と関連付けながら、大胆な試みではあるがごくささやかな一石を投じてみたい。それは、自由民権運動に連動して行く大きな流れの、明治初期における思想的基盤を考えることにつながっていくのである。

1 司法職務定制における「人民の権利の保護」
――同時代の史料と比較して

(1) 司法職務定制(司法省職制ならびに事務章程、太政官布告無号)の特色

明治5年8月3日に制定され、全22章、180条にわたるものであり、明治8年(1875)5月7日までのわずか3ヶ年に満たない短い期間のみ有効の法律だった。日本で最初の裁判所法であり、これに簡単な民事訴訟法と刑事訴訟法を併せたものである。これにより、明治5年の段階で、近代的裁判制度の骨格が定められることになった。明治13年(1880)にフランス人ボアソナードが起草した治罪法が公布された。確かにこれは法律としては完成度が高いと言えるが、司法職務定制からはその分、起草者の熱意や正義感がひしひしと伝わってくる。

それでは、司法職務定制の制定とはいかなる今日的意義があるのか、ここに法制史、政治史等の学者のコメントを列挙することにより、明確にしてみる。まず、法制史の横山晃一郎は「我が国裁判権の統一と裁判制度の組織化、近代化に最初の礎石を据えた歴史的法典」と形容している。同じ法制史の福島正夫は、行政権と司法権を明確に分離させたという意味で「司法権の独立がここにその最初の礎石をすえたことにこそ歴史的意義が存する」と言っている。また、霞信彦は「明治維新後最初に企図された、司法行政や裁判制度に関する網羅的かつ体系的な規範」[4]と評価している。政治史の毛利敏彦は、「日本法史上はじめて司法における人民の権利と法の前の平等を国家の制度として体系的実質的に保障した意義があった」と、高い評価を、この司法職務定制に与えている[5]。一方で、菊山正明は、江藤の司法改革に対する熱意に疑問を投げかけている。司法卿から参議に転出してから、江藤は司法改革を後退させるような太政官制の改革作業の中心人物だったという点、そしてなぜ、司法改革を推進した江藤が司法改革を後退させるようなことをしたのか、という疑問が残る[6]。つまり、太政官制改革により、法典起草権は正院、それから左院に移り、司法省の直接

管轄ではなくなってしまうのである。

　実際、司法職務定制にどのような特色が見受けられるか、条文を見ていくが、個々の検討は先行研究に譲るとして、本論では「人民の権利の保護」に関連すると思われる部分のみを扱う。また、司法職務定制と江藤新平の司法に対する思い入れは密接な関係にあるが、江藤一人の思惟過程に焦点を当てるというより、江藤を中心とする司法官達が「人民の権利の保護」にどのような意味を込めていたのか、そしていかなる意味合いで普及していったのかを探ってみたい。

　はじめにフランス法からの明白な影響について論じ、伝統的思想体系との連関は後述する。

(2) 検事の創設　人民の権利を保護するという概念とのつながり
フランス法との関係──フランスの制定法や『教師質問録』のブスケ講述において
　日本において検事制度はこの時、初めて導入される。第7章の検事章程冒頭には「検事ハ法憲及人民ノ権利ヲ保護シ良ヲ扶ケ悪ヲ除キ裁判ノ当否ヲ監スルノ職トス」とある[7]。

　つまり、検事の職務は第一に法令及び人民の権利の保護、第二に犯罪の摘発、第三に裁判の監視、と定められている。結論から先に言えば、後の検事の定義にはない、人民の権利の保護と裁判の監視という職務が明確に打ち出されていて興味深い。

　この条文にある「人民の権利の保護」というのは当時の権利感覚から言えば、画期的であるように見えるが、果たして真に画期的であるのだろうか。この問いに答えるには同様の規定が太政官期の同時期の他の法令にあったかを検証し、「人民」と「権利」がいかに捉えられているのかを他の法令もしくは同時期の他の史料の使用例と比較することが必要になるが、本論においては国立国会図書館デジタルライブラリーの図書における「人民」、「権利」「人民の権利」、「人民の権利の保護」の語の検索による検証であることを断っておく。この検索は目次に登場する語彙は検索対象になるが、本文のみに使用される語は対象外である。本稿では、まず、「人民の権利の保護」がフランスの文言ではどのように書かれているかを調べ、双方の文言の齟齬を確認し、その意味するところを探る。その次にデジタルライブラリーの検索により、司法職務定制の他の条文において、「人民の権利の

保護」の内実を明らかにできそうな部分を考察してみる。

　明らかに西洋起源の検事制度は司法省内で以前から知れ渡っていたのか、もしそうであるならばどのように解釈されていたのか、また当時のフランスでは仏語で一体どのように検事が定義されていたのか、お雇い外国人として滞日中のブスケ Georges Bousquet の影響が見られるかなどの問題群に一つ一つ答えを示していこう。

　まず、この検事という職務は、既に「目代」という言葉で司法省内で知られていた。ブスケ来日直前、明治5年2月15日の司法省伺に対する左院意見において「佛國ノ所謂目代（プロキュルアンペリアル）ナル者上ハ國家ノ為メ中ハ法度ノ為メ下ハ人民ノ為メ不可欠モノ職掌」として政府内で取り上げられていた[8]。プロキュルアンペリアル procureur impérial は、明治3年7月刊行の箕作麟祥訳『仏蘭西法律書』刑法第24条に解説がある[9]。すでに、司法省内ではこの内容が、誤訳の部分も含めて、かなり広く浸透していった。この『仏蘭西法律書』刑法第24条の関連部分を以下引用する。「『ミニステール、ピュブリック』『プロキリウル、アンペリアル』及ヒ『プロキリウル、ゼネラル』等ノ如ク裁判所ニ於テ國ノ安寧ヲ監シ訴訟ヲ取扱フ官員ヲ總括シテ云フ」とある[10]。このように、司法職務定制制定以前の段階で、司法省や政府内に既に検事制度の重要性が広く共有されていたようである。ここで改めて江藤の命を受け箕作により翻訳された『仏蘭西法律書』の影響力を確認するとともに、もう一つ興味深い点として指摘できることは、「人民の権利の保護」という文言はこの段階では現れていないということである。その代わり、「國ノ安寧ヲ監シ」という表現が使われている。

　それでは、仏蘭西法律書のもととなったと思われる、当時のフランス法の原文を調べてみよう。

　1810年4月20日の法律 « Sur l'organisation de l'ordre judiciaire et l'administration de la justice » がそれに相当する。その第45条は、刑事事件における検事の権能について、第46条は、民事事件における検事の権能について以下の通り定めている。

第45条

« Les procureurs généraux exerceront l'action de la justice criminelle dans toute l'étendue de leur ressort : ils veilleront au maintien de l'ordre dans tous les tribunaux ; ils auront la surveillance de tous les officiers de police judiciaire et officiers ministériels du ressort »

(検事は、刑事事件における司法行為を、その管轄の及ぶ全ての領域において行使する。検事は各裁判所における秩序維持に留意し、管轄下の司法警察と司法省に所属する官員全員を監督する[11])

第46条

« En matière civile, le ministère public agit d'office dans les cas spécifiés par la loi. Il surveille l'exécution des lois, des arrêts et des jugements ; il poursuit d'office cette exécution dans les dispositions qui intéressent l'ordre public »

(民事事件においては、検事は法律によって規定された事件については職権をもって行動する。検事は法令および判決の執行を監視し、公共の秩序に関する規定においては、職権をもってこの執行を遂行する[12])

　司法職務定制の第22条において、検事は「各裁判所に出張し聴断の当否を監督」し、検事より下位の検察官である検部は「各裁判所に出張し検事の指揮を受けて其事を摂行し聴断を監視」すると定めている。民事裁判についても監督権限と義務を持っていたという検事の権能は正に上記フランス法46条にも明記されており、現在の検事には与えられていない民事関与権を当時認めていたというのは司法職務定制がフランス法に準拠していたことの証である。

　ここで注目すべき点は、司法職務定制とフランス準拠法との間の文言における相違点である。上記1810年のフランス法第46条において、l'ordre publicつまり公序という文言が使用されているが、「人民の権利の保護」という文言は、検事の権能には見られないという点である。ちなみに、この1810年の第46条条文は、現行フランス新民事訴訟法典第422条と423条に引き継がれている。つまり、現行の規定においても、« défense de l'ordre public » つまり公序を守るため、公序を乱さないため、という1810年と同様の文言が使われている。そしてこの公序を守るためというのは、「國ノ安寧ヲ監シ」という箕作訳『仏蘭西法律書』刑法第24条の文言と鮮やかに対応しており、上記のフランス法がベースになっていることが分かる。

　このような照合作業をしてみると、定制の第七章 検事章程冒頭にある「人民の権利の保護」という文言は、フランス法から直接翻訳したものでは

なく、江藤新平が率いる司法省が敢えて加えた表現であるということが容易に推察できる。この頃から、江藤が残した書類群の中に特に「人民の権利」という語が散見され、他の文献にも「人民の権利」という語がそのまま使用された回数は少ないにしろ、「人民」と「権利」[13]という言葉が新時代を切り開く啓蒙的な表現として、翻訳書には勿論のこと、啓蒙書、そして同時代の官公文書に徐々に登場するようになるのである。

　それでは、司法省お雇い外国人として明治5年(1872)2月から明治9年(1876)まで滞在したジョルジュ・ブスケ(Georges Bousquet1846-1937)はこの検事章程の文言に直接関わっていなかったのか、という疑問が残るが、結論から述べると、定制以前にブスケにより書かれたと思われる教師質問録初編中の『目代官員即チ「ミニステールピュブリック」ノ説』[14]には、検事章程冒頭にある「人民の権利の保護」を明確に謳っている文言はない。文言として唯一登場するのは、「自カラ産業ヲ治ムルコト能ワザル者ノ権利ヲ保護スル事ニ付テハ目代必ス立合フ可ク(…)」[15]と「目代ノ職務タルヤ國民ノ權ニ代リテ是非曲直正ウスルニアレバ…無辜ノ民ヲシテ冤罪ヲ蒙ルコトナカラシムハ(…)」[16]の箇所である。

　ブスケの関心事は、司法権と行政権のあり方にあり、検事は裁判を行う者ではなく、裁判を行う事を求める者と位置づけられ、行政権が司法権の権限行使を奨励するものだと示していた[17]。ブスケは当初民法草案の策定にかかわっていたが、ギュスターヴ・エミール・ボアソナードが来日するとその場を奪われ、司法省法学校で法学教育に力を注ぐことになった。

「平當ノ権利」と「衆・人民の保護」

　同じ第7章検事章程の第24条後段に「(…)孤弱婦女ノ訟ニ於テハ殊ニ保護注意シ貧富貴賤平當ノ権利ヲ得枉屈無カラシム」[18]という規定がある。検事は、特に社会的弱者が屈服して泣き寝入りすることのないよう配慮し、貧富貴賤に拘らず、平等の権利を得させるよう職責を果たす必要がある、と明記してあるのである。同時代において平等の権利を謳う書物は殆ど見つからないが[19]、上記の『教師質問録』のブスケによる目代に関する文章において、「全国人民モ裁判公平ニシテ貧富貴賤皆平當ノ権利ヲ保チ幼者ノ如キハ保護ヲ受ケ(…)」[20]とあり、両者は極めて似通っている。恐らくブスケ、つまりフランス法の影響がそこにあると推測できるが、この

際、当初からこのような平等観を掲げていたのは、ブスケによるフランス法体系かかそれとも江藤を中心とした司法省グループか、という問いはあまり意味をなさないように思える。肝心なのは、様々な形で相互に影響しながら、結果的にいかなる過程を経て、当時の司法官員らにより法概念が理解され、吸収されていったのかを明らかにすることであろう。

　新しく導入する検察制度により万民平等の権利を実現させようという司法省内の起草グループの意図は、恐らく、江戸時代遺物である町奉行所という司法、警察、行政を一遍に司った機関から続いている地方官が課する抑圧状態から、民衆を救済し、実に数世紀も続いた圧制的裁判から「人民の権利を保護」するという働きかけにあったに違いない。このように、当該箇所からも、司法グループが敢えて、「人民の権利の保護」という文言を当時の明治知識人達に先駆けて、万民平等の理念とともに規定することにより、この理念を社会全体に普及、定着させたいという狙いがあったことが明らかである。

　そうは言っても、起草者にとっての「人民の権利の保護」の内実に対し、慎重に対応すべきであろう。この表現は従来の封建的束縛からの解放を狙っているように見えるが、実は律令制下の人民、あくまでも治める対象としての人民としか理解できていなかったのではないか。それとも西洋起源の天賦人権説を理解し、賛同したうえでの解放されるべき人民というように解釈されていたのか。より追究する必要がある。

　そのような文脈から第25条に注目してみると、「人民」ではなく、「衆」という言葉が使われている。「検事ハ衆ノ為ニ悪ヲ除クヲ以テ務トス、」とあるが、この語は「人民」のほぼ同義語として使用されていると考えていいだろう。また、当該箇所は、上記の目代に関するブスケ講述に対応している。つまりその冒頭部分は「(…)即チ目代官員ノ惣称ト云ヘル語ノ意ハ衆庶ノ為メ世話ヲ為ス人ト云ヘル(…)」とあり、「衆庶」という語が見受けられる。ここで興味深いのは、検事による犯罪の摘発は国家のためでもなく、公共の秩序のためでもなく、あくまでも「衆」のためであるとしている点である。ただ、そのように保護され、救済されるべき人民はこの規定では支配者に隷属している層と想定されているようにも思える。単に「億兆」つまり万民と捉えるか、より綿密な調査が必要だが、そのような半永久的な弱者の救済措置として、検事の職務が定義されていると仮定した場合、

9 江藤新平における「人民の権利の保護」(ベルランゲ河野)

推測の域を出ないのだが、直ちに解放され主体性を持つべき層とはこの段階では理解されていないのではないか。

　もう一つ、上記の意味合いと異なる使用法がある。ブスケ訪日以前の、前掲明治5年2月15日の左院意見(法規分類大全　第14)にある目代の説明の際に、「専ラ人民保護ノ便ニ」西洋の三等や四等裁判所を府県に設置する方針だと明治5年2月2日の司法省伺に対して回答している。この司法省の質問の背景には、人民のために裁判所設置がなされるべきだという認識が左院や司法省を中心に共有されているということがある。このような裁判所の設置は裁判手続を敏速にでき、「人民ノ便ニ可相成見込」である、と明言している。この左院意見は、ブスケ以前に「人民の保護」を重要視する思想的土壌が左院や司法省に存在していたという点で興味深い。そして、当該箇所では「衆庶」という言葉を使用しないせいか、それとも文の醸し出す雰囲気のせいか、「人民」は保護されなければならない封建社会の半永久的弱者とは想定されていないようである。フランス法との兼ね合いで前述したが、「人民」や「権利」という言葉が登場する文献は、西欧の書物の翻訳書が半数で、残りは日本人が書いた啓蒙書に見受けられるということから、このような言葉は啓蒙的役割、つまり江戸以来の封建的社会関係からの断絶を促進し、皮相的な場合もあるが進取の精神を植え付け、封建的身分制度からの脱却をはかるという役割を担っていると言える。

　因みに、国立国会図書館近代デジタルライブラリーの検索結果によると、1870年から1874年までの期間、41の資料が「人民」の語を目次に含み、内訳は翻訳書が21、他は文明開化の手引きのような体裁の書物が多い。翻訳書にはサミュエル・スマイルズ、中村正直訳『西国立志論』(Samuel Smiles, *Self-Help; with Illustrations of Character and Conduct*)、ヨハン＝カスパル・ブルンチュリ、加藤弘之訳『國法汎論』(Johann Kasper Bluntschli, *Allgemeines Staatsrecht*)、フランシス・ウェーランド『修身学初歩』(Francis Wayland, *Elements of Moral Science*)といった時代を超えて読み継がれている古典的地位の書物もあるが、政治家、図書司書、統計専門官員といった、今となっては名もない実務家による書物も多い。一方、啓蒙書の中にはあまりにも有名な福沢諭吉の『西洋事情』そして加藤弘之の『国体新論』の他は、『開化の本』、『啓蒙日本雑誌』、『布告類編』、『民権夜話』、『太政官布告書』、『人民必携』、『文明開化内外事情』、『律例要条：人民心得』等の、文明開化のハウツーもの、

143

または政府刊行物である。この時代以前には、1848年校定、1868年出版、神田孝平訳、『和蘭政典』に恐らくオランダ語に対応させる形で、「人民」という言葉を登場させ、翻訳書における典型的登場パターンの源流になったと言える。

　そうは言っても、現段階では、この「人民」という言葉の複数の含蓄に注意を傾け続けて行く必要があろう。確かにこの時期には、「人民」という語は封建社会の伝統的身分秩序からの解放を促進していく役割を担っており、そのような新しい意味付けが新政府によりなされていたが、一方で古来からの律令的人民との関連性も疑われる。新しい法体系の方向性として、解放されるとしたら何から保護・解放され、逆に何からは解放されないのか。例えば、明治新政府樹立当初「人民告諭」が地方で出されたが、この文脈での人民は確かに新しい使われ方とともに天皇制に帰順するための装置のようでもある。この語の持つ両義性を、例えば幕末から謳われた「一君万民論」の変遷も視野に入れた上で、今後具体的に検証していかなければならない。

(3) 司法による「人民の権利の保護」
法体系継受の問題、明律、清律そして西洋法
　司法改革に以前から熱心であった初代司法卿江藤新平だが、とりわけ全国に裁判所を設置することを切望し、司法職務定制においてそれを実現した。
　司法職務定制の最大の要は、当時初めて裁判所という組織の設置を全国に義務づけた点である。この発想の背景はなかなか正確には把握できないのだが、江戸中期から、荻生徂徠らが明律や清律から影響を受けた事は知られていて、法制度や法の適用のあり方の点で中国からの流れというのは確かにあった。例えば、その影響を多く受けた薩摩藩においては、より人権的な処置も適用されるようになった。
　明治期に入ってから、ある意味でこの流れが復古的色彩の中で支配層によって強化されたとも言える。つまり、同時代の中国における法律、清律、より正確を期せば明律を継承した清律を範にする動きが現れた。これが具体化されたのが、明治3年(1870)から明治新政府により発布された新律綱領である。明治政府のモデルに、日本の古代律令制度を採用したためか、それとも幕藩体制からの脱皮をはかるために、中国大陸法のような比較的緻密な法体系継受を渇望したのか、その理由は定かではない。この新律綱

9 江藤新平における「人民の権利の保護」(ベルランゲ河野)

領は明治6年(1873)から改定律例と共存したが11年間もの間効力をなしていたので、その影響は無視できないであろう。他に中国からの司法面での影響として挙げられるのは、荻生徂徠の「明律国字解」である。この16巻にも及ぶ元禄享保期の書物は2世紀を超えて、明治期の司法官の必読書として推奨されていたと言われている。

このように、江戸時代から、特に徳川吉宗の時代より、法律概念、知識において中国法に準拠するというのはかなり定着していたと言える。ただ、その場合にも実は中国法が江戸や明治期の支配層にとり、日本の固有法と比較し、より普遍的で体系的であると広く認識されていたことが、中国法に対する熱心な研究につながったという面は否めないであろう。そのような先見を持って、蘭学や洋学を通し、西洋の法典に近づいていったことはほぼ間違いないであろう。

そのようにして接近した西洋法体系であるが、そこに一定の価値を見出だして行く者が少なからずいた。特に、司法官僚や政府高官のなかには、フランスのナポレオン法典に優秀性を認める者と三権分立に賛同する者が多かった。

特に三権分立の思想に多大な影響を受けた法制官僚、知識人達は決して少なくない。フランスに来た日本人留学生や官員は、皆三権分立に心酔しているのはどういうわけだと、当時パリ在住の経済統計学者モーリス・ブロック(Maurice Block)が岩倉使節団員に疑問を投げかけたのは、研究者の間ではよく知られている[21]。反対に言えば、それ程までに明治新政府の高官らの間に三権分立構想が広く共有されていたということである。そこでは、例えば三権分立への共鳴はそれまでに受けた儒学、国学、蘭学等の伝統的素養が時代の要請と可能になったのではないか、という問題設定ができるようになる。この点に関する綿密な検証は他稿に譲るが、以上のような問題意識を持って、検討していく。

裁判所の整備

裁判所を全国各地に設置するという司法改革は多分に蘭学、洋学による知識があったからこそ、その重要性が強く意識されたのは明白である。この構想がフランス裁判所制度のほぼ丸写しであることも、当時のフランス裁判所制度と突き合わせてみるとよくわかる。ただ、蘭学、洋学の知識

習得は漢学の知識習得プロセスが基盤にあったことにより、よりスムーズになされたのではという観点は、現時点では立証不足であるが見逃せない。いかなる理由でこのような裁判所制度に軍配を挙げたのかを見ていく過程で、伝統的思想体系とのつながりが見えてくるかもしれない。

　まず、司法職務定制で規定された裁判所制度を概観してみよう[22]。

　第4条は、裁判所の種類について定めている。「裁判所分テ五トス、司法省臨時裁判所、司法省裁判所、出張裁判所、府県裁判所、各区裁判所、」とし、この5段階の裁判所を、全国的な裁判権の行使のために各地に設置することとした。

　このように、裁判権行使の可能性を全国に張り巡らせることにより、江藤を中心とする司法省は何を狙っていたのか。不平等条約解消のためのみの法整備、裁判所整備というのが通説のようになっているが、管見の限りでは留守政府下で条約改正のみのための司法改革という議論は見当たらず、当事者が果たして不平等条約解消のためだけに司法改革に邁進したのかは未だ疑問である[23]。岩倉使節団の視察目的の理由もしくは口実として、不平等条約解消のための、西欧の基準に適った法、政治、裁判制度の導入の必要性が謳われたことはあったが、実際、留守政府がその理由で司法改革を進めたとは言い難い。明治5年8月に明法寮に入学し、その後日本人初仏国法学博士となる井上正一は、以下のように書き記している。

　「當時外國交渉ノ訴訟ガ段々起ッテマイテ　治外法權ノ弊害ガ倍々劇シクナッテ來タノデ　江藤司法卿ハ日夜治外法權トヲ計ラレ。兎ニ角泰西主義ニ從ヒ　我邦ノ法典ヲ編纂シ我裁判ノ制ヲ改メザレバ　到底治外法權ヲ撤去スルコトハ出來ヌト考ヘタガ　マタ此泰西ノ主義ヲ摸倣シ法律ヲ制定シテ之ヲ發布シタ所デ　或ハ我國ノ事情ニ適セズ　又我國民ハ之ヲ解スル能ワズ為メニ　我國人民ハ却テ不測多大ノ損害ヲ被ムルト云フコトハアルマヒカトノ疑團ヲ懷カレ(…)ブスケ氏ハ之ニ對シテ　サウ云フ御心配ハ無イノデゴザリマス(…)抑壓セラレタル人民ノ權利ヲ伸暢スレバ　ソレデ宜ヒノデゴザリマスト答ヘタ。江藤司法卿ハ　茲ニオヒテ大ニ安心セラレ(…)」[24]

　確かに、不平等条約中の治外法権の弊害が日々問題になっていたので、

9 江藤新平における「人民の権利の保護」(ベルランゲ河野)

その解消のためには西欧のような裁判制度を新たに設置しなければならないという必要性を感じていたということはわかる。しかし、この問題は見方を変えれば、裁判権統一の必要性であり、司法改革の当事者は不平等条約解消のためのみに、改革に関わったと判断するには無理があるように思われる。司法省の真意を突き止めるのは容易ではなく、司法省官員のなかでも関わり方に温度差があったので一概に改革への動機を一般化できないが、この引用箇所において江藤が、人民の権利の伸張というブスケの説明に満足したという点は見逃せないであろう。この問題は「人民の権利の保護」の意味合いの考察に深く関わっているようであるので、現段階では推測の域を出ないが、敢えて司法による「人民の権利の保護」がどのように思想的に絡んでいるのか提起してみたい。

まず、各々の裁判所に関する文言をかいつまんで確認しておく。司法省臨時裁判所は、国家の大事に関する事件または裁判官の犯罪を審理する臨時裁判所と規定されている(第11章の冒頭及び第44条)。第45条では、「平常官員ヲ設ケズ、臨時判事ヲ以テ之ニ充ツ」とある。司法省裁判所は、第12章の冒頭にあるように「各裁判所ノ上ニ位スルヲ、司法省裁判所トス」と明記され、上告裁判所として位置づけられているため、第47条で「府県裁判所ノ裁判ニ服セズシテ上告スル者ヲ覆審処分ス」とし、第48条では、「各府県ノ難獄及訴訟ノ決シ難キ者ヲ断決ス」という規定がある。出張裁判所は、第14章の冒頭にあるように、「各地方ニ於テ司法省裁判所ノ出張所ヲ設ク、之ヲ出張裁判所トス」と定義され、第55条本文では、「難獄重訟及上告ヲ聴断シ、凡ソ権限規程司法省裁判所ニ同ジ、其各出張裁判所互ニ交渉スル事件ハ、本省ニ伺ヒ出ベシ、」とあり、司法省裁判所とほぼ同様の権限が付与されている。府県裁判所は、まず各府県に設置され、各府県名が名称に付くことが、第15章の冒頭で「府県ニ置ク所ノ裁判所ハ府名県名ヲ冒ラシメ、某裁判所トス」という文言で規定されている。府県裁判所の権限は限定されており、第58条「流以下ノ刑ヲ裁断スルコトヲ得ベシ、死罪及疑獄ハ本省ニ伺ヒ出テ其処分ヲ受ク」や、第59条「重大ノ詞訟及他府県ニ関渉スル事件裁決シ難キ者ハ本省ニ伺ヒ出ベシ」というように重大な事件に関して司法省伺が義務づけられている。また、府県裁判所の判決に不服の場合は、第60条「府県裁判所ノ裁判ニ服セザル者ハ裁判状並ニ其裁判所ノ添書ヲ以テ本省ニ上告スルコトヲ許ス、但シ、上告ハ其裁判所ノ検事ヲ

147

経由スベシ」という規定で上告が可能になった。
　区裁判所は、第17章の冒頭で「各区裁判所ハ府県裁判所ニ属シ、地方ノ便宜ニ因テ之ヲ設ケ、其地名ヲ冒ラシメ、某裁判所トシ其区内ノ聴訟断獄ヲナス」とあり、第69条と第70条の規定で権限も限定され、府県裁判所の下位機関としての機能が明記されている。
　このような裁判所の整備の必要性は、三権分立の重要性とともに既に江藤をはじめとする政府の高官たちには共有されていた。確かに、幕末からの蘭学、洋学の学習から翻訳書の『和蘭司法職制法』、『佛蘭西法律書』の影響がそこにはあるに違いない。しかし、江藤においてはその重要性に対する認識度が非常に高いということが言える。というのも、明治2年11月8日に佐賀藩の権大参事から太政官中弁に任命された江藤新平は、何度か改革案を提出し、明治4年(1871)7月9日の司法省設置に連なる、司法台設置の構想、そして一等裁判所、二等裁判所、三等裁判所、四等裁判所の設置を執拗に、建言していったからである。定制成立の、かなり前からこの裁判所構成は、江藤の構想に根付いていたといえる。

三権分立における司法権の強化、特に府県裁判所の役割

　この裁判所の整備は、江藤の率いる司法省において司法権強化という方向に強力に向かわせる。
　司法職務定制第2条は、「司法省ハ全国法憲ヲ司リ各裁判所ヲ統括ス」と規定し、全国の裁判権が司法省に最終的に帰属すると明記した。この司法省の権限強化による司法権の強化は、江藤新平の司法制度改革の要であったと思われる。「国家独立の要素たる司法権独立の基礎を確立し法治国の組織を完成しようとした」[25]わけである。一番効果的な改革は、府県裁判所の実施であった。つまり、地方官が独占していた司法権を剥奪し、司法省に掌握させるということである。
　明治4年(1871)7月の司法省の設置により、聴訟断獄事務一切、つまり民事・刑事裁判権を統一的に司法省が掌握していくことになり、まずは東京府の聴訟断獄事務を接収し、東京裁判所が、他の府県に先駆け、設置された。しかしながら、地方における司法権は維新後も地方官が掌握していた。というのも、江戸幕府下における裁判制度は人民統治の手段であり、明治に入ってからも地方官が県内の最高責任者としての職責を持つ事に固執

9 江藤新平における「人民の権利の保護」(ベルランゲ河野)

し、明治4年(1871)11月27日の太政官第623号布告「県治条例」では、地方官の職務は、県内人民の教督保護、条例布告の施行、租税の徴収、司法権の行使と明記され、かつ、県に聴訟課を設置し県内の聴訟断獄を行うと規定され、司法省設置時に掲げた司法権統一構想から一歩後退した感があった26)。このような後退は、司法省に対する地方官の抵抗の結果ということができる。地方官は明治に入ってもなお地方統治の手段として司法権の行使に執着していたのである。

実はそのような地方官の抵抗の背景には地方官の統括権を有する大蔵省が府県裁判所設置に対し否定的姿勢を取り、地方官は間接的に監督官庁の大蔵省に庇護されていたということがある。府県裁判所発足は、大蔵省と司法省との間で、地方統治権をめぐっての対立を結果的にもたらしたわけである。このような対立が裁判所設置による司法省の予算増問題にもつながり、井上馨の大蔵省と江藤新平の司法省とは激しく抗争することになった。

地方官の抵抗にも拘らず、司法職務定制の制定およそ1週間後の、明治5年(1872)8月12日から府県裁判所は、段階的に全国に設置されるようになったのである。言うまでもなく、この司法権の強化という方向は、改革案の段階で既に明確に打ち出されていた。つまり、繰り返すが、明治4年(1871)7月9日の司法省設置に連なる、司法台設置の構想、刑部省、弾正台の廃止、司法台による府藩県の刑事・民事裁判権の接収と具体的に明記されていたのである。

このように、司法権強化が地方官からの司法権を剥奪するという形で顕著に現れてきたわけだが、この文脈で「人民の権利の保護」との関係を明確にしているのは司法職務定制制定後3ヶ月後に公布された司法省達第46号である27)。ここに関連のあると思われる条文のみ抜粋する。

「一、地方官及ビ其戸長等ニテ太政官ノ御布告及ビ諸省ノ布達ニ悖リ規則ヲ立テ或ハ処置ヲ為ス時ハ、各人民　華士族卒平民ヲ併セ称スヨリ其ノ地方裁判所ヘ訴訟シ又ハ司法裁判所ヘ訴訟苦シカラズ事(…)
一、各人民、此地ヨリ彼地ヘ移住シ或ハ此地ヨリ彼地ヘ往来スルヲ地方官ニテ之レヲ抑制スル等人民ノ権利ヲ妨ル時ハ各人民ヨリ(…)」

この法令は地方官に対する人民救済法であり、人民の行政訴訟権を認め

たという点で画期的な法令である。確かに、人民の権利保護が第一義の目的か否かは明確ではない。少々斜め読みしてみれば、中央政府が、地方官における優越性を確保するために「人民」を持ち出しているとも解せないわけでもなく、また中央政府が善、地方官が悪という単純な善悪二元論に基づいている感も否めない。しかしながら、一方、この法令により、地方官や市町村長らの横暴や怠慢に対し、人民が地方裁判所や司法省裁判所へ出訴できるようになったというのも確かである。このように、地方官からの人民救済という点が前面に押し出されていることからも、やはり人民の行政裁判権の享受という面では大きな第一歩であった。

　因みに、この法令中に「人民」という言葉の補足説明があり興味深い。「各人民華士族卒平民ヲ併せ称ス」とあるのだが、旧幕府下の身分制撤廃後、再編された新しい身分制が導入されたと同時に、「人民」という言葉に地理的、身分的制限を受けず、全ての身分に属する人々という意味が付与されている。身分を超えたカテゴリーを提示することにより、一種の平等観念の啓蒙が行われているが、国民そして臣民の誕生の可能性を伺わせる一節でもある。

司法権強化と明法寮の設置、弁護士、判事

　明法寮は司法官養成機関ではあったが、法典編纂権を持つという重要な役割も兼ね備えていた。また、司法省下にあるということで、当時の初代司法卿の管轄下ということになる。「人民の権利を保護」するためには、可能な限り集権された強力なリーダーシップにより、大々的かつ抜本的な司法改革を推進していかなければならない、と少なくとも、当時の江藤はそのように考えていたようである。彼にとって、司法改革はどのレベルでの改革よりも優先的に実施されなければ成らず、そのため他の省との権限争いが絶えなかった。司法改革の優位性、もしくは三権分立の重要性を根底に持つ思考様式はどのような回路で育成されていったのか。ここでもやはり洋学においての影響（フィッセリング）と幕末での枝吉新陽を中心とした古代律令研究による変革（これも広義での司法改革ではなかろうか）という二つのルートで検証していく必要があるだろう。

　司法職務定制は、その第10章において証書人、代書人、代言人の制度を創設した。この三つの制度は、ブスケがその制定にあたって寄与してい

ることから、それぞれフランスの、公証人(ノテール(notaire))、代訴士(アブエ(avoué))、弁護士(アボカ(avocat))の制度に倣ったものと、ほぼ断言してよいものと思われる。江藤新平率いる司法職務定制において、証書人、代書人、代言人の制度を創設したのは、ブスケの建言を受け、契約当事者や訴訟当事者の権利を擁護するべきだと考えたからのようだが、この制度の創設に関して、定制以前に江藤が意見を述べたことは、管見の限りでは、見つからない。代言人の条では、弱者の権利保護を優先するという意図が読み取れる[28]。

以上、「司法職務定制」という司法改革を通しての、人民の権利の保護の実現とはどのような意味をもっているのかを探ってみた。そこで浮かび上がってくるのは、江藤を中心とする司法省グループにおいて、司法改革と人民の権利の保護という、彼らの信ずる社会的正義の実現との関連性である。

(4)「司法職務定制」に至るまでの「人民の権利の保護」の思想的軌跡
　　──普遍性を前に揺らぐ伝統的東アジア秩序観
「司法による社会変革」枝吉神陽、副島種臣、江藤新平、楠田英世らの律令からの流れ
　江藤新平において司法改革を重視するという態度は、佐賀の弘道館の恩師、枝吉神陽を中心とする学問姿勢から来ているように思われる。また、なぜ佐賀出身に司法省官員が多いのかも、神陽の影響もあるだろう。神陽が呼びかけ人の義祭同盟での同期である副島種臣は、神陽の実弟だが、彼も司法改革には当初大変熱心であった。実は箕作に、最初にフランス刑法の翻訳を命じたのは副島である。彼は外務卿としての仕事で非常に繁忙になり、司法改革の事業を結果的に江藤に任せる事になったのである。

　「佐賀の吉田松陰」とも言われた枝吉神陽は律令を重んじ、令義解の解釈や日本書紀等の古代日本の書籍中心の講読による教育を重視した。同時に、学問の目的は天下経綸であり、人民をよりよく治めるために必要な知識、思考体系、そして変革の必要性を内在するような学問でなければならない、というのが枝吉神陽のスタンスであった。

　詳しくは、島善高の『律令制から立憲制へ』の研究に譲るが[29]、私の研究関心に沿って簡単にまとめてみたい。

まず、司法への関心がどういう形で広まっていたかを、昌平坂学問所に例をとって概観してみる。すると、幕府直属の昌平坂学問所においてさえも、嘉永4年(1851)から学制改革に着手し、従来の学問ではなく、制度故実の取調べ等の実学を中心としたカリキュラムの再編成を行っていたということがわかる[30]。勿論、この再編成は当時日本の置かれた国際環境と密接な関係がある。こうして、安政3年(1856)には、「経科」、「漢土史科」の他に、六国史研究を中心とした「本朝史科」と唐律・明律・清律・律令格式・鎌倉以来の故実を研究する「刑政科」の二学科を新設することになった。このような、法制度などの制度調べが、この時代になって学問の主要教科になったというのは興味深い事実である。新しい教科目だが、この変革の時期に必要不可欠な知識として広く認識し始められたということを示すものであり、司法省グループの司法による社会変革に対する意気込みが、このような新思潮を背景にしていることがわかる。後に昌平坂学問所は諸段階を経て改編されるが、明治3年2月に「大学規則」「中小学規則」が制定され、「大学」と改称されてからは、「教科・法科・文科」という西洋の学問区分に似た教科区分が採用された。「法科」という教科の存在は、昌平坂学問所時代の「刑法科」新設以来、法律学という学問の重要性が認識されてきたことの端的な表れと言っても過言ではない。参考までに法科における必読書としてあげられた書物を以下、列挙する。

　　令、残律、儀式、延喜式、江家次第、三大格、法曹至要抄、周礼、儀礼、唐六典、唐律、明律、文献通考、衍義補[31]

　この必読書の内容を詳細に研究するのは今後の課題としたいが、古代日本の律令や平安時代の有職故実書や唐律や明律なども含まれており、伝統的な教科区分であった、漢学と国学といった国別区分からの決別を示したが、実際は漢学教官、国学教官、洋学教官の間で激しい派閥闘争が展開された。ここでより重要なのは、法科という教科の生い立ちが時代の要請に左右されていたこと、そして教科内容は結果的に国別を超えて、その作成者らの当惑も感じられないこともないのだが、「(…)内外相兼ね彼此相資け、所謂天地の公道に基き、智識を世界に求むる(…)」[32]という理由で、卓越した普遍的な法制度を研究するには特別の国に拘泥しないという論

9 江藤新平における「人民の権利の保護」(ベルランゲ河野)

理が明確にされているということである。既にこの時点で、西洋法が旧来の法体系と比較し優秀であれば、それに範をとっても構わないという、西洋法継受の可能性も示唆していたのである。このことから、ナポレオン・コードが比較的スムーズに明治初期の新政府に受け入れられていく思想的土壌が既にできあがっていたことがわかる。

　また、当時の昌平坂学問所には律令に詳しく、後に、司法省内で特に律令学者として活躍する人物が既に何人かいた。例えば、大丞だった佐賀藩出身楠田英世は、江藤司法卿の時代に明法権頭となり、大博士の水本成美は、新律綱領(1870)の編纂主任として活躍した後、各府県や裁判所から明法寮に寄せられた法条解釈の回答責任者となった。一方、当時小助教で佐賀出身の鶴田皓は、新律綱領と改定綱領(1873)の編纂に携わった後、明法寮を経て、司法制度調査のため渡仏後、律令、中国法、フランス法に造詣が深いということで、西欧近代法を準拠法とする刑法典編纂事業の中心的役割を果たすようになった。明治初年にどのように律体系が重要視されるようになったのか、以上のような昌平坂学問所からの改革からも、部分的にではあるが、徐々に律令が幅をきかせていく過程を読み取ることができる。そして、またどのように西欧法が明治初年に継受されていったかの一端を、鶴田皓のような中国法、律令、西洋法に通じている法律家の議論から探る事も今後の課題にしたい。

　因みに、枝吉神陽は昌平坂学問所の学制改革にも影響を与えた。前掲の島善高氏の研究によると、神陽が影響力のある書生舎長だったということで、彼がが熱心に六国史、令義解や職原抄などの「朝典」の大切さを説いたため、これらの書物がカリキュラムの一環として講じられるようになったそうである。嘉永2年(1849)帰藩後、藩校弘道館の国学指南、後に国学教諭として国史や律令格式を教えるかたわら、翌年には義祭同盟を結成し、勤王運動を行った。門弟には、前述の楠田英世、実弟の副島種臣、江藤新平、大隈重信、大木喬任、久米邦武ら、明治維新以降、多大な活躍をした人材を輩出した。

　神陽の皇朝主義や、時代の要請から来る法制度に関する教科の設置などにより、明治新政府において、司法による社会変革という思潮が徐々に定着していったことがわかる。

　因に、久米邦武は江藤について以下のように語っている。「(…)同君が

政治上の主義は公明正大である、法律は私を許さぬ、公明正大が即ち法律の精神である、然らば法律を以て天下を治むるが、最も策の得たるものであるといふ議論である。故に江藤君は、何事にも公明正大を真向に翳して望む(…)」[33]。江藤は正に法による支配に最大の倫理的価値を与えているのである。

法学教育と漢学の素養──仏語教育との重層的関係

「人民の権利の保護」の思想的軌跡とは直接に関係はないが、明治の法曹関係者のなかで、司法職務定制により設置された明法寮、そして後の司法省法学校における集中学習カリキュラムのおかげで、準ネイティヴレベルの仏語力を身につけた者が少なからずいたということは想像に難くない。しかしながら、彼らが極めて漢学に通じていたということはあまり知られていない。

手塚豊「司法省法学校小史」[34]によると、明法寮を前身とする司法省法学校の入学試験には一貫して、漢学のみが試験科目として課されていた。

明治9年3月5日、法学生徒の募集、養成に関する司法省達第31号府県の第4条に「生徒試験ノ方法ハ無点文及ヒ和漢ノ書籍ヲ清読セシメ及ヒ経義ヲ講述セシムヘシ」とあり、この募集に応じて入学した小宮山三保松は「八百名計りの入学志願者の内から百名選抜して入学を許された(…)此の時の入学試験の科目は漢学ばかりであった(…)どの位まで経史に通暁して居るかと云ふ実力を験られる(…)」[35]とあり、漢学の知識により入学が決定されたと言える。

漢学重視の傾向は以後も同様で、明治17年に実施された入学試験を受けた織田萬は次のように語っている。

> 「(…)唯漢学の力さへあれば足りたのである(…)二回とも論語の弁書と資治通鑑の白文訓点が課された(…)弁書は「べんがき」と読んで、課題とされた論語中の一節を字解、説明、余論の三段に分って書上げるのであって、受験者の実力は主として弁書に依って見分けられたに相違ない(…)。」[36]

「弁書」により、法曹に必須の法的思考の基礎となる論理構成力の良し悪

しを判断するということである。つまり、分析力、構築力の基礎になるのが漢学だと位置づけられている。

司法省法学校には上記の正則科の他に、速成科という短期コースがあったのだが、その入学試験も正則科のそれと同様、漢学重視であった。当時の入学生の一人はこう語っている。

> 「其の試験科目は漢学ばかりで、当時にあっても異例であった(…)これは大木司法卿の強い主張に出たもので、其主趣は漢学により儒教を学び、国土の資質の備った青年に法律を学ばせて初めて真の司法官が出来(…)試験は論語の弁書と資治通鑑の白文訓点とである。弁書は(…)漢学の力と同時に作文の力と思考力とを試験せらるる訳である(…)私は其の余論に於て、儒教の仁と基督教の愛と仏教の慈悲と究極する所は一である等とのことを相当に長く書いた様に覚へて居る。」[37]

江藤前司法卿と同様[38]、大木司法卿も日本古来の伝統的知識体系を重要視した結果、漢学つまり儒教の素養を法的思考の基盤としたと言える。決して、フランス法の丸写しではなく、自国の固有法も重視した立場であり、明治初期の西洋法継受、さらには西洋起源の制度受容の観点から、多くを示唆している。伝統的教養を取るか、それとも啓蒙的教養を取るか、政治的力関係の絡んでいることもよくあったせいか、二者択一を迫られ、どちらかを取捨選択した場合が現実には多々ある。啓蒙的科目を学習するには、自国固有の伝統的教科学習が必須であるという発想は独創的であり、そこには単なるプラグマティズムを超えた一つの注目すべき文化受容形態があったと明言できる。当時、世界を席巻していた社会進化論とは異なる論理の芽が出ていたのではないだろうか。但し、この発想はこの時期の法学教育に顕著に現れていたが、他の様々な領域の文化受容にどの程度該当するかは今後の研究に期待したい。

「人民の権利の保護」の思想的軌跡

以上、江戸末期から明治にかけて、幕府や明治の司法省での法学教育と、律令や儒学の学習が密接な関係にあったことを明らかにした。そうであるならば、一層、このような伝統的知識体系との関連で、司法職務定制の

文言中の「人民の権利の保護」の意味を捉えるべきであろう。それ以前にも、例えば、江藤司法卿を中心に発布された司法省発表に、「人民の権利の保護」という表現が多々見られることから、この意味するところを正確に把握するためには、過去からの思想的枠組みのつながりを探る必要がある。

「人民の権利の保護」という文言は、典拠とされたフランス法典の検事の条項にはないということから、西欧法思想体系から何らかの影響を受けたかもしれないが、そのままの西洋丸写しではないことは確かである。同時代の文献には殆ど見られない言い回しであって、ここには、単なる急進主義／漸進主義の二項対立以上に、江藤ら司法省首脳の独自の思惑があり、独特の意気込みが感じられると同時に、背景としてある、江戸末期の思想的連続性も無視できない。本稿では先行研究をまとめつつ、自分なりのささやかな解釈の提示を試みたい。

枝吉神陽の大義名分論

枝吉神陽にしろ、吉田松陰にしろ、思想的枠組みにおいては他の思想家と大差はないようだが、青年達に対する影響力の点で卓越していたと言える。両者とも自分の信念を並々ならぬ情熱を持って語ることのできる教育家であり、この二人によって多くの志士が生まれ、明治維新の原動力となっていった。

第一に、前述の枝吉神陽と「人民の権利の保護」の関連であるが、今のところ、鮮明に浮かび上がってくるものはなく、強いていえば、良いもの、良い事は即実行という志士的気性ぐらいである[39]。実際、彼の著作の多くが火災に見舞われ、現在残っている文献からは体系的思想というものを知る事はほぼ不可能である。しかしながら、神陽において大義名分論を重視する姿勢があるという点は、例えば司法卿時代の江藤新平の言い方に通じるものがある。枝吉神陽や吉田松陰、後期水戸学では大義名分を根拠に尊王運動の正当性を展開していった。仮説として提示できるのは、人民を社会全体においていかに位置づけるかという問題を、少なくとも江藤は名分論の範疇内で考察しているようであるということである。

最初に神陽に関する引用を見てみよう。長岡藩出身の自由民権家、城泉太郎は、「先生は学問が目的ではない。其志は天下経綸にあったのだ(…)先生の志は即ち日本本位で大義名分を正すにあるのだ」[40]と言っている。

9 江藤新平における「人民の権利の保護」(ベルランゲ河野)

　神陽にあって大義名分を正すというのは、無論、朝廷と藩主の関係、そして臣民との関係を確定する必要があることであろう。「君」は唯一朝廷のみであり、そのような関係に基づいて日本国内の関係を正すことにより、「格君安民」[41] つまり、民の生活も安定する。神陽は吉田松陰に比べ、ごく早い段階から尊王主義を信奉し、たとえ自分の藩主である鍋島閑叟とも君臣関係にあるとは言えないと断言していた。

　この「大義名分を正す」という言い方は明治6年1月に江藤新平が大蔵省との予算紛糾をめぐって提出した辞表中にある言い回しである「国民の位置を正す」に奇しくも対応している。この辞表は、江藤には珍しく司法改革に対する自分の見解を体系立てて露にしている。

　「元来各国と並立の(…)元は、国の富強にあり。富強の元は、国民の安堵にあり。安堵の元は、国民の位置を正すにあり。夫れなお国民の位置不正なれば安堵せず、安堵せざれば其の業を勤めず、其の恥を知らず。業を勤めず、恥を知らず、何以て富強ならんや」

　「いわゆる国民の位置を正すとは何ぞや。婚姻・出産・死去の法厳にして、相続・贈遺の法定まり、動産・不動産・貸借・売買・共同の法厳にして、私有・仮有・共有の法定まり、而して聴訟初めて敏正。しかのみならず、国法精評、治罪法公正にして、断獄初めて明白。是を国民の位置を正すというなり。(…)ここに於て、民心安堵、財用流通、民初めて政府を信ずる深く、民初めて其の権利を保全し、各永遠の目的を立て、高大の事業を企つるに至る」

　綿密な検討を要するが、江藤は国民の権利義務関係を正すというのが国の富強につながる、故に政府の急務なのだと主張している。多少拡大解釈的ではあるが、朝廷と臣民との関係のみならず、国民間の権利義務関係を法律的に確定するというのは、神陽から引き継いだ、江藤流の「名分論」と称しては言い過ぎであろうか。

　一方、この辞表から察せられるのは、国民の権利はここでは財産権や私有権を主に指しているということである。すると、この国民の権利というのは、自由という価値観につながる個人の権利という側面を持っていることになる。このことは、「民権」という概念の二面性を表しているのだが、

江藤を中心とする司法省グループには、自由を標榜する個人の権利と万民平等を謳う権利との相容れない可能性が正確に認識されないまま、結果的に、双方の権利概念の一人歩きに加担してしまうのである。

　また、この段階では、民撰議院設立建白書から自由民権運動の流れで発展していく、参政権としての民権という視点は、江藤にも他の司法省グループにも見つからない。

　以上の事を整理してみると、当時、江藤を中心とする司法省グループが「人民の権利の保護」という文言を導入した狙いは、新たな人民というカテゴリーを創出した上で、その人民を、名分論という儒教理論に基づき、日本社会の完全な成員として位置付け、しかも財産権や私有権を享受できる主体として捉えていくという方向性を据えるということだろう。それは、韓非子以来の法家思想である、悪を処罰するのが法であるという日本法制史の主流の法観念からの脱出を意味する。今後の司法の任務は、個人に権利を付与し、私人と私人、私人と行政との権利関係を規定することにより、社会生活を調整していくこと[42]、つまりそのような法的正義の実現に寄与することと、司法省により解釈されていた。

　但し、この「人民の権利」には、参政権という面が欠如しており、甚だ限定された権利であったことも、同時に理解できるのである。

吉田松陰の一君万民的平等論

　そこで、志士たちに徐々に共有されたと言われる、万民平等観念に注目すると、枝吉神陽の同時代に生きた吉田松陰の「一君万民論」に突き当たる。実際は松陰がこの語を使用した事はないが、後世になって何度となく松陰の思索の産物として、引き合いに出され、有司専制や財閥批判のため、昭和初期には青年将校らに確かに政治的に濫用されたきらいがある。とは言っても、松陰の著作中に「一君万民論」とでも称せる節が多々あるのである。「民の為めの君なれば、民なければ君にも及ばず、故に民を貴とし、君を輕とす」[43]このような平等思想が歴史的にあったからこそ、そのような平等概念の正当性が綿々と語り継がれていったのか、それとも後世において、万民平等観を正当化する為に、吉田松陰の一君万民が実際以上に理想化された形で、「創られて」しまったのか、勉強不足のため判断できない。万民平等観念は討幕という目的で様々な境遇の人々を動員するために

は、有利に働くのは確かである。現実にこの言い回しがスローガンとして使用されたかどうかは別として、藩という序列社会において、不利な立場を強いられてきた下級武士、変革を求める幕末の志士には、万民平等観念は過激ではあるが、だからこそ魅力的であっただろう。このような考え方と、司法省の「人民の権利の保護」のつながりは鮮明ではないが、例えば地方官という特権グループの専横をなくすために、「司法職務定制」の府県裁判所設置があり、政府高官でも法の下の平等ということで、司法調査が及ぶ可能性もあるという制度が誕生したというのは、現段階では立証不十分ということを承知の上で、一君万民論との思想的連続性を指摘したい。

結びにかえて

　明治初期の「司法職務定制」は、フランス法からの多大な影響を受けながら、検事という職務に「人民の権利の保護」という、フランス法にはその起源を持たない任務を与えた。その頃の司法省では、いかなる意味合いを込めてこの文言を使用したのか、という問いに答えるべく、複数の角度から考察を試みてみた。当時の司法卿であった江藤新平の残した文章、近代デジタルライブラリーによる「人民」という言葉の使われ方を検討することにより、「人民の権利の保護」という表現に隠された含蓄を多少なりとも明らかにしようと努めたが、未だ研究不十分のそしりは免れないだろう。

　このような文言を使用する思想的背景、特に、検事の職務を通じて、かつ司法を通じての社会改革や法的正義の実現という理念は確かに司法省内では存在していた。不平等条約改正だけを目的に、司法省が法整備に邁進したというのは表面的な理解と言っては過言であろうか。三権分立は確かにモンテスキューらの法思想からの影響ではあるが、初期の司法省官僚は本家の西洋の国々以上に、この三権分立の思想を制度として実施しなければならない、絶対的な理念として把握していた。

　この司法を通じての社会改革という理念は、一体どのような思想的文脈のなかで形成されていったのか。「人民の権利の保護」という言葉を手がかりに、江戸末期の思想状況とのつながりにも留意してみたが、本稿では解答の糸口を示すだけにとどまっている。ごくかいつまんで整理してみると、以下の関連性が浮かんでくる。

まず、大きな枠組みとして指摘できるのは、幕末の昌平坂学問所において、律令、明律、公家法、武家法等、制度に関する教科が重要視されていったということである。社会にとってより良い制度とは何かという問いに答えなければならない時代の要請があったということだろう。また、明治初期の法学教育では、漢学の素養が前提となっていた。このことは、いくら文明開化の時代とは言え、伝統的学問体系が等閑視されることはなく、ある意味では、かえって法学教育における漢学のように、よりその重要度が増したとも言える。司法省役人、そして法学校の学生は、より良い制度を、司法を通じて形成していく使命を帯びており、そのためには第一段階として漢学に通じていなければならなかった。

　思想的文脈を、より細かく「人民の権利の保護」の意味合いの検討により、調べてみた。司法に多く関わった佐賀出身の政府出仕者にとって、最大の師は枝吉新陽であったというのは一つの重要なポイントであろう。彼の律令に対する思い入れは、人並みではなく、弟子達は変革のためには制度に対する造詣を深めねばならないという気持ちを強めたであろう。また江藤のいう国民の権利というのは、枝吉新陽の名分論と同様の発想から来ているのではないか。また、一方で一君万民論に通じる平等観念、法の下の平等という観念（無論、天皇と「新平民」は除外されるのだが）に貫かれていた。そして、その権利内容は、初めて個人に私有権、財産権を認める、個人の自由という観点からは画期的なものであったが、政治参加の権利は全く言及されていなかったようである。

　近代的な民法上の権利を持つ個人を育成し、一見平等な「人民」の形成を促すという啓蒙的役割を「人民の権利の保護」に見出だすことが出来る一方、その人民に政治参加の権利は付与されていなかった。

　今後の研究課題としては、一つには、そのような限定的権利観念がどのような過程を経て、民撰議院設立建白書に至ったのか、を探ることである。例えば、左院議長時代の江藤新平が新聞の普及に一役買ったのは条野伝平が語っているところだが、司法省グループがどのように公議輿論の醸成に関わっていたのか、それともいなかったのかを追求してみたい。もう一つは江戸末期の思想の連続性をより綿密に検討していくことである。

9 江藤新平における「人民の権利の保護」（ベルランゲ河野）

註
1) 蘭学者の間では、「欧羅巴」や「亜細亜」と呼ばれる地域があるという認識は普及していた。また会沢正志斎は「亜細亜」が外からの命名であることの問題性を指摘した（松田宏一郎『江戸の知識から明治の政治へ』ぺりかん社、2008年、194-196頁）。
2) 福島正夫「司法職務定制の制定とその意義——江藤新平とブスケの功業」（『法学新報』83巻7・8・9号、1977年）。
3) 山口亮介「明治初期における『司法』の展開過程に関する一試論——ブスケ・江藤新平と司法職務定制」（『法制研究』77巻3号、2010年）59-98頁。
4) 霞信彦「実像の司法職務定制（1）」（『NBL』768号、2003年）71頁。
5) この部分のまとめは毛利敏彦『江藤新平増補版』（中公新書、1997年）にその多くをよる（例えば153頁）。
6) 菊山正明『明治国家の形成と司法制度』（御茶の水書房、1993年）186頁。
7) 国立国会図書館近代デジタルライブラリー『法規分類大全　第14』（内閣記録局編、http://kindai.ndl.go.jp/info:ndljp/pid/994186、コマ番号69-83、106-134）、国立国会図書館近代デジタルライブラリー『司法職務定制』（http://dl.ndl.go.jp/info:ndljp/pid/2937956）。
8) 国立国会図書館近代デジタルライブラリー『法規分類大全　第14』（内閣記録局編、http://kindai.ndl.go.jp/info:ndljp/pid/994186、コマ番号68、104）。
9) 国立国会図書館近代デジタルライブラリー『仏蘭西法律書　刑法』（文部省、例えばhttp://kindai.ndl.go.jp/info:ndljp/pid/787858、コマ番号29）。また、前掲註(3)山口論文、76-77頁においても、同様の引用をしている。
10) 仏語での対応は、ミニステール、ピュブリックがministère public、プロキリウル、アンペリアルがprocureur impérial、プロキリウル、ゼネラルがprocureur généralである。
11) 上記仏語条文の日本語への拙訳である。
12) 46条の和訳は以下の文献による。染野義信「裁判制度（法体制準備期）」（『講座日本近代法発達史』第6巻、勁草書房、1959年）70頁。
13) 「権利」という語は箕作麟祥が初めて『仏蘭西法律書　刑法』において使用した。箕作によると中国語訳の『万国公法』の「ライト」が権利と訳されていたため、借用したそうである（国立国会図書館デジタルライブラリー、大槻文彦『箕作麟祥君伝』丸善、1907年、100頁）。
14) 国立国会図書館近代デジタルライブラリー『教師質問録　初篇・第2篇』（http://kindai.ndl.go.jp/info:ndljp/pid/1367270、翻訳課、初篇、コマ番号146-161）。
15) 前掲註(14)同資料、番号150。

16）前掲註(14)同資料、コマ番号158。
17）この目代に関する文章は最後以下の文で締めくくられている。前掲註(14)同資料、コマ番号158「(…)司法權ト行政權トノ區別ヲ判然タラシメ且行政權ヲ以テ司法權ヲ奨励セシムルニ有益ノモノトス可シ　ブスケー誌」
18）前掲註(14)同資料、コマ番号24。
19）参考までに近代デジタルライブラリーによると皆無である。
20）前掲註(14)同資料、コマ番号147。
21）久米邦武『久米博士九十年回顧録』下巻(早稲田大学出版部、1934年)439-440頁、山室信一『法制官僚の時代』(木鐸社、1984年)27頁、島善高『律令制から立憲制へ』(成文堂、2009年)212-213頁、前掲註(3)山口論文、65頁参照。モーリス・ブロックとの会合により、木戸孝允や岩倉具視が三権分立は理論の産物であり現実の制度として実現不可という認識を深めていくようになる。
22）前掲註(14)同資料(http://dl.ndl.go.jp/info:ndljp/pid/2937956)参照。
23）当時の熊谷県権令河瀬秀治は、府県裁判所の設置に反対していたが、江藤は彼を自邸に招き、法典編纂と裁判所の設置を急ぐ理由は条約改正し、独立国の基礎を確立するためだと諭したという(的野半介編『江藤南白』下(『明治百年史叢書』79-80、原書房、1968年)143-144頁。管見の限りではこの文献のみにおいて、江藤の司法改革と条約改正を結びつけている。ただ、この文献は1914年に顕彰目的で発刊されたため、条約改正への江藤の寄与を過度に強調しているのではという疑念が拭えない。また、単なるレトリックのため、条約改正を持ち出しているとも考えられ、江藤の真意はここでは明らかになったとは言えないだろう。
24）井上正一「佛国民法ノ我國ニ及ホシタル影響」(法理研究会編『佛蘭西民法百年紀念論集』有斐閣、1905年)57-58頁(国立国会図書館近代デジタルライブラリー、http://kindai.ndl.go.jp/info:ndljp/pid/792348、コマ番号34-35)。
25）横山晃一郎「明治五年後の刑事手続と治罪法」(『法政研究』51巻3～4合併号、1985年)51頁。
26）国立国会図書館近代デジタルライブラリー『法令全書　明治4年』明治四年(1871)十一月二十七日太政官第623号布告「縣治條例」(http://dl.ndl.go.jp/info:ndljp/pid/787951、内閣官報局、コマ番号247)。
27）国立国会図書館近代デジタルライブラリー『法令全書　明治5年』明治五年(1872)十一月二十八日(明治五壬申年十一月)「司法省　第四十六號」(http://kindai.ndl.go.jp/info:ndljp/pid/787952、内閣官報局、一三四六―一

三四七、コマ番号738)。

28) 「維新以来の裁判たる、民事刑事共に裁判官の専決する所にして、人民は原告たり被告たるに係らず、一に裁判官の命令に服従し、許可を得ずんば、発言は愚か自己の権利を主張し事情を具陳するの機会は決して之を得るに由なかりしなり。是を以て南白の司法卿たるや、各種の改革に伴ひて人権擁護の必要を認め、欧米各国の法を参酌して五年八月、証書人、代書人、代言人の制を定め、之を発布したり」(前掲註(23)同書、的野半介『江藤南白』上、678頁)。

29) 前掲註(21)島書、375頁。

30) 前掲註(21)島書、60頁。(『日本教育史資料』7、明治25年、文部大臣官房報告課、99頁以下)。

31) 前掲註(21)島書、64-65頁。(高橋勝弘『昌平遺響』)。

32) 前掲註(21)島書、65-66頁。

33) 久米邦武「江藤氏の半面」『佐賀新聞』1911年6月20日掲載。

34) 手塚豊『明治法学教育史の研究』手塚豊著作集第9巻、慶應通信、1988年、3-154頁所収(『法学研究』40巻6、7、11号、1971年)。

35) 前掲註(34)同書、56-58頁。

36) 前掲註(34)同書、90頁。

37) 前掲註(34)同書、123頁。

38) 江藤司法卿が、明法寮での授業を参観中、「曩に司法省に於て法学校を設け、学生をして仏蘭西の法律を研究せしむるは、啻に仏蘭西の法律学者を養生する為めのみに非ずして、他日、我が法制を為すに当りて、能く日仏両国の法律を咀嚼し、日本に最も適当なる最も善良なる法律を制定せしむる為なり…」と学生に口授し、日本古来の法制度も鑑みる必要性を指摘している(加太邦憲「司法省法学校設立最初半ヶ年の状況」『法曹記事』26巻7号、1916年、88頁、前掲註(34)、37頁所収)。

39) 江藤と大木が連名で東京遷都論を建言した際、催促のために出した奏文の最後は以下の通りであった「議用いられずんば暇を賜りたいし若し臣の言が不遜不敬なれば射烈さるも厭はぬ」(『佐賀新聞』明治四十四(1911)年三月八日二面)(生馬寛信「明治期 佐賀新聞 掲載の江藤新平関係記事」島善高『「江藤新平関係文書の総合調査」研究成果報告書』江藤新平関係文書研究会、2007年、211頁所収)。

40) 山下重一・小林宏編『城泉太郎著作集』(長岡市史双書37、1998年)80頁以下(前掲註(21)島書、58頁所収)。

41) 「而其志存於格君安民」と昌平坂学問所で神陽と交流した廣瀬が神陽について語った。廣瀬光「送枝吉世徳西帰叙」(翻刻番号420、龍造寺八幡

　　　 宮楠神社編『枝吉神陽先生遺稿』出門堂、2006年）119頁。
42）　三ヶ月章「わが国の司法制度改革（1）」（『NBL』756号、2003年）105頁。
43）　『吉田松陰全集』第3巻、岩波書店、1939年、463頁（http://kindai.ndl.go.jp/info:ndljp/pid/1048653、コマ番号236）。

10 花柳病男子の結婚制限と法律婚にみる 戸籍の法的役割
——新婦人協会と穂積重遠を中心に

小沼イザベル

　いかに人民を統制するか。これは明治初年から政治を司るものの前に大きく立ちはだかった課題であり、とくに私的領域では困難を極めたのではないかと推測できる。明治8年以降とられた法律婚主義、明治31年民法における家制度、明治40年刑法における堕胎罪、すべて形・手段こそ違うがその意図するところは私的領域における人民統制にあると言っても過言ではないだろう。しかし人民統制という政治的動機があったとしても、そこに弱者保護や個人の幸福探求といった目的が入り込む余地が全くなかったかと言えば、そうではない。例えば戸籍を徹底させることに、親族関係把握という人民統制的要求が働いていることは間違いない。しかし同時に、親族関係を法システム下に置くことによって、女性・子供の保護が可能となっていくのも確かである。同じく、優生学的な立場から婚姻統制を図ることに国家的な利益があることは当然としても、そのことが女性や子供等弱者の保護につながることも見過ごせない。

　明治以降の家族に関わる法律(民法親族相続法・戸籍法等)、ならびに優生学的な法律(国民優生法・優生保護法等)は、それぞれ家族と生殖を規律する法律として人民の統制という同一の役割を担っていたにも関わらず、両者の関係が語られることは少なかったように思われる。家、家族や戸を規律する法律が、身体や生殖を規律する法律と合わせ論じられなかった理由として一つ挙げられるのは、両者のルーツの違いである。そもそも戸籍とは、古代中国の制度が東アジア中心に展開され、古代日本にも導入されたものといわれており、日本で最初の統一戸籍である庚午年籍(670年)から今日に

いたるまで、様々な様式と名称のもと、時代ごとに異なる目標をもって編纂されてきた。他方、生殖の統制につかわれた優生学的思想は、西欧諸国、主にアメリカやドイツ、イギリスさらに北欧から日本に導入され、ガルトンやメンデルの紹介、米国諸州の州法やノルウェー法の解説も当時すでに多くなされている。はたして両者は相容れないものなのか。同じ目標を持つものでありながら、共に歩むことはなかったのか。1920年代の花柳病男子の結婚制限運動は、このような問いへの答えが断片的ではあるが見出せるのではないかと考える。

　第42回および第43回帝国議会に、平塚らいてう(1886-1971)らを中心に結成された新婦人協会より提出された「花柳病男子の結婚制限に関する請願」は、民法に優生学的規定を編入しようとした数少ない例の一つである。民族の質という国家的な課題を私法に属する民法に課すことはできるのか。同請願とフェミニズム、さらに優生政策との関係は最近の研究で明らかになってきている[1]。しかし、このような優生学的結婚制限を私法に取り入れることに対する民法学者らの反応はあまり知られていない。1920年代は、エレン・ケイの流れを汲む母性保護論争(与謝野晶子、平塚らいてう、山田わか、山川菊栄)がフェミニズムとともにわき起こっていた時代であり、それと別に、家族制度研究・女性問題研究の萌芽が川田嗣郎、穂積重遠、長井亨や戸田貞三などを中心に形作られていく時期でもあった[2]。

　本稿では、新婦人協会の二請願書の内容を比較分析した上で、社会的波紋の中でもあまり注目を集めることのなかった民法学者穂積重遠の反応を紹介したい。戸籍と花柳病男子の結婚制限とがなぜ相容れないものであったのか、穂積重遠と新婦人協会の間の溝はいかなるものだったのか、さらに衆議院で同請願がどのような扱いを受けたのか、戸籍の歴史的法的分析を試みることで見えてくるものがあるように思う。

1　新婦人協会請願書の内容

　1916年に解散した『青鞜』の女性たちは、新しい組織と運動に向かい、1919年11月に男女同権、母子の権利擁護を目的として新婦人協会を結成する。1920年には治安警察法第五条の修正と花柳病結婚制限の法制化を求める請願書を帝国議会に提出している。

まず新婦人協会は、第42回帝国議会（1919年12月26日から1920年2月26日）と第43回帝国議会（1920年7月1日から1920年7月28日）に「花柳病男子の結婚制限法制定に関する請願書」を提出し、さらに第44回帝国議会（1920年12月27日から1921年3月26日）において、修正を加えた12か条からなる「花柳病者に対する結婚制限並に離婚請求に関する請願書」を提出した。以下に両請願書の内容を紹介し、何が変わったのか、具体的に見てみたい。

「花柳病男子の結婚に関する請願書」[3]
（一）現在花柳病に罹れる男子は結婚することを得ず。
（一）結婚せんとする男子は先づ相手方たる女子に医師の健康診断書を提示し、花柳病患者に非ざる旨を証明すべし。
（一）此の証明書は婚姻の届出に添へて戸籍吏に提示すべし。
（一）結婚後夫が花柳病を隠蔽せることを発見せる場合は婚姻の取消をなすことを得。
（一）結婚後夫が花柳病に罹れる場合、又は病毒を夫より感染したる場合妻は離婚を請求することを得。
（一）夫より病毒を感染したる場合、妻は離婚後も男子に対し全治迄の生活費と治療費と相当の慰謝料とを請求することを得。

「花柳病者に対する結婚制限並に離婚請求に関する請願書」[4]
第一条　婚姻をなさんとする男子は婚姻許可証の交付の住所地の市町村長に申請すべし。<u>事実上の夫婦関係を結ばんとする場合亦同じ。</u>[5]
第二条　市町村長は有資格医師が一週間内に作成せる伝染性花柳病（梅毒、淋病、軟性下疳を含む患者）にあらざる旨の診断書を提出せる男子に対し婚姻許可証を交付すべし。
第三条　市町村長は貧困者に対してはその請求により市町村長の指定せる医師をして無料にて診察し且つ診断書を付興せしむるべし。
第四条　婚姻許可証を持たざる男子は婚姻を為し、<u>又は事実上の夫婦関係を結ぶことを得ず。</u>
第五条　女子は婚姻許可証を持たざる男子と婚姻を為し、又は事実上の夫婦関係を結ぶことを得ず。

第六条　第四条に違反せる男子は三百円以下の罰金に処す。<u>第五条に違反せる女子亦同じ。</u>
第七条　虚偽の診断書を提出して交付せられたる婚姻許可証によって婚姻を為し、又は事実上の夫婦関係を結べる男子は五百円以下の罰金に処す。
第八条　本会の規定に違反して為したる婚姻は之を取り消すことを得。
第九条　<u>婚姻を為さんとする女子は其相手方たる男子より伝染性花柳病患者にあらざる旨の有資格医師の診断書の提示を請求せられたる場合はこれを拒むことを得ず。</u>
第十条　当該吏員の請求あるとき婚姻当事者又は事実上の夫婦関係を結べる者は婚姻許可証を提示すべし。
第十一条　結婚後当事者の一方が花柳病に罹れる場合には<u>他の一方は</u>全治に至る迄の別居又は離婚を請求することを得。
第十二条　<u>当事者の一方が他の一方に花柳病々毒を感染せしめたる場合には離婚後被害者は加害者に対し全治までの治療費と相当の慰謝料とを請求することを得。但し労働不能に陥れる場合には生活費をも請求する事を得。</u>

　両請願を比較すると、重要な加筆・修正が少なくとも二点あることが分かる。
　一つは、結婚制限の男女差である。第42・43回請願では完全に男子のみ結婚制限対象となっており、性病罹患者に男子が圧倒的に多いことがその理由とされている[6]。しかし第44回請願では、婚姻許可証の男子提出義務はかろうじて保たれてはいるものの、それ以外は、両性分け隔てなく罰規定が設けられている。場合によって女子も健康診断書を求められる点や、花柳病に婚姻後罹った場合に、それが男子であれ女子であれ離婚を請求し、治療費と慰謝料の支払いも請求できることになった点などは、1920年帝国議会での討論が、男女差への批判に集中したことへの直接的な答えである。
　もう一つ重要な加筆事項は、第44回請願が「事実上の夫婦関係」にも言及していることである。第一条と第四条は、結婚制限を婚姻夫婦だけでなく「事実上の夫婦関係」にも広げている。なお、婚姻届出の際に、医師の診

断書なくして交付されない婚姻許可証の提出を義務づけるわけであるが、このような法律婚の枠になぜわざわざ事実婚をも入れる必要性があるのか。このことからも、花柳病結婚制限の課題が男女不平等問題だけに留まらず、民法、さらに戸籍法との関係にまで及んでいたことが推測できる。

なお、これらの議論が、広いスケールで近代国家に当時広まっていた優生思想のバックアップを受けていたことも看過できない。平塚の結婚制限活動がノルウェーの結婚制限法を引き合いに出していることからも、北欧の影響を受けていることが分かる[7]。他にも、「米国ジョルジア州」、「ニュールゼルシー州」、「墨西哥」(メキシコ)、「英国」の性病患者結婚制限法制も紹介されており、同請願を世界的な流れの中に位置づけていこうという意図が充分に汲み取れる[8]。結婚制限法に直接インスピレーションをもたらしたのは、当時一般化しつつあった西欧法や優生思想であり、それらに相当する法律を持っていなかった日本においては初の試みであった。

このように、フェミニスト的見地から優生的結婚制限法の請願が行われたわけであるが、民法学者はそれに対しどのような立場をとったのか、次に考えていきたい。

2 民法学者の反応——穂積重遠の場合

当時の代表的な民法学者であった穂積重遠(1883-1951)は、戦前戦後における教育と家族法立法において中心的な役割を担った人物である。なお、『婚姻制度講話』(1925年)において、優生学、なかでも「花柳病男子の結婚制限に関する請願書」を詳しく分析し、それに対し意見を加えている。なぜこのような論文を書くに至ったのか、その経緯は明らかではないが、らいてうが最後の請願にあたって、重遠の助言を求めたとされている[9]。

本稿では、特に『婚姻制度講話』の付録「優生学と婚姻法」(計47頁)を検証対象にしたい[10]。なお、これが1920年2月に衆議院へ初の請願書が提出される前に執筆されたことは、特筆しておく必要がある。現に、1921年の第44回帝国議会への請願は重遠の意見を汲むかたちで、準備されている。

1920年当時、穂積重遠は花柳病結婚制限の請願が与えうる政治的インパクトに関して非常に懐疑的であり、「事によると紹介議員をすら見出し

得ないかも知れぬ。況んやそれが貴族院なり衆議院なりに採択されて政府に取次がれると云うが如きは、今日の所或は望み得まい。一笑に附し去られずんば寧ろ幸である」とさえ言い切っている[11]。重遠自身は請願に対し非常に好意的であり、「此請願の動機には至極同感である」とした上で、「此問題に対する世間の注意を多少なりとも喚び起しただけについてでも、新婦人協会に感謝したい」と結んでいる[12]。重遠は、法律と事実の隔離に目を向けており、「法律婚あって事実婚なき状態」(法律)と「事実婚あって法律婚なき状態」(社会の実態)の溝を埋めることをその目標としていた。

> 「内縁関係は婦人に取って極めて不利益な関係である。内縁の妻たる婦人は多くの場合風俗上道徳上非難さるべき様な地位に在るのではなく、情婦でもなく、妾でもなく、立派な妻なのであって、自らも斯く信じ人も許して居るのに、法律上は全然妻としての権利を与えられて居らぬのである。即ち公然夫の苗字を名乗ることが出来ない。妻として夫から扶養を受けることは権利として要求し得る所であるのに、夫がそれを実行しない場合に内縁の妻はそれを請求することが出来ない。遂には夫に振捨てられても結局泣寝入りに終らざるを得ないと云う次第である。更に又自分と夫との間に生まれた子に嫡出子たる地位を与えることが出来ない。嫡出子たるべき筈でありながら、私生子として取扱われると云うことは、子供に取っても実に気の毒千万な事である。(…)もし父が認知をせずに死んでしまうと、子は実に其父の子でありながら父を相続することも出来ない。」[13]

このように法律婚の一般化からはほど遠い社会状況を前に、女性と子供の保護という立場から事実婚をも認めるべきだという立場をとっている。

なお重遠は、請願の主旨である結婚制限を、法律万能の立場からは論じていない。「法律があるから国民が守るのだとのみ考えずして国民が守るから法律があるのだと云う方からも考えてみたい」と、方向を示した上で、それでも法律には「教育的作用があり得る」のであり、花柳病者禁婚法の如きはまさにこの類いに入るのだとしている。さらに、結婚制限が人権に抵触するか否かについても、重遠自身は「共同生活の必要上行為の自由を制限されるのは寧ろ当然の事」としている。

その中で特に重遠が危惧しているのは、このような法律では到底目的を達することは不可能だということである。結婚制限には確かに教育的な作用があるかもしれないが、それでも「法律で禁止し得るのは法律上の婚姻のみで、野合私生を禁ずることは出来ないから、劣種遺伝防止の目的を達することは不能だ」という意見を「極めて有力な反対論」と位置づけている。
　このような視点から、重遠は新婦人協会の申請に改めて焦点を当て、独自の批判を展開している[14]。ここであらかじめ念頭に置いておきたいのは、重遠は優生思想に反対ではないものの、優生思想に基づく婚姻法には慎重だということである[15]。では、どのような点に対し重遠は懐疑的だったのであろうか。
　事実婚に法的効力を認めるべきだという考えを強く主張している重遠が、新婦人協会の請願に同意できない理由は明らかである。「婚姻届を出さない内に結婚式を挙げ婚姻生活を開始して仕舞うのが普通」な社会的実態の中、「結婚禁止は当事者に内縁関係の継続を強うるのみと云ふ結果になりそう」であり、「益々届書提出率が悪くなりはしまいか、大いに内縁の夫婦が殖えはしまいか」、これが「私が最も恐れる所」であるとしている。要するに「婚姻制度其ものの改造」を経て初めて花柳病男子禁婚案を考慮することができるという立場にあるのである。そもそも戸籍に現実の家族を把握し得るだけの力がない、という前提条件を重視し、そのような現実離れした制度に花柳病の取締を任せきれないという結論を導きだしているのである。1933年の著書『親族法』にもあるように、重遠は、「新しい意味での『家』」について、「国家の構成分子であると云ふよりも、社会生活の一単位であるという点に重きがおかれねばならぬ」としており、現実的なアプローチから法における家族のあるべき姿を描きだしているのである[16]。ここで特に注目されるのが、民法学者から見た戸籍像であろう。

3　戸籍と法律婚の導入

　結婚制限法の直接的な影響として、届出が減り、内縁が増えることを重遠は憂いている。法律婚がなかなか社会に浸透しないのは、戸籍が身分登録として社会的に認められていないからだと考えることができる。重遠の立場を理解するには、1920年代の日本社会における戸籍の性質をも理解する必要が

ある。戸籍と婚姻はどのように結びついていたのか。法律婚の浸透した今日からすると一見明らかなこの問いも、当時の日本社会を振り返ると自明なものとは言えない。戸籍の法的役割および性質に深く関わってくる問いである。

戸籍編成の対象を共同生活集団と見るか、親族集団と見るかは、すべて戸籍編纂の目標により異なってくる。さらに住所地主義をとるか否かで、戸籍と現実生活との距離も大きく変わってくる。明治維新以降初の全国的戸籍といわれる壬申戸籍(太政官布告第170号)は、現行戸籍法の基とされており、その第一則では「此度編成ノ法、臣民一般(華族士族卒祠官僧侶平民迄ヲ云以下準之)其住居ノ地ニ就テ之ヲ収メ専ラ漏ラスナキ旨トス」と明白に住所地主義をとっている。届出は、共同生活を営む団体、かつ親族関係にある成員を人員として届出、その記載には彼等の職業から身体的疾患や前科などを含んでいる。しかし職業選択・移転の自由[17]などの明治初期の政策の影響もあり、住所地主義は必然的に限界を迎えることになった。なお、壬申戸籍は、大家族ではなく、戸＝現実の生活共同体、つまり世帯を対象としていた。記載家族の範囲を見ても明らかなように(人民必携戸籍便覧 第二条)、広範にわたる家族の記載が許されていたが、現実には直系卑属、尊属と配偶者で構成される団体が中心であった。このように、壬申戸籍は、個人を総合的に把握する貴重な資料でもあった。

住所地を把握することを目的としていた戸籍において、婚姻の実態を規律する役割が強化されたのは、法律婚主義を導入した明治8年12月9日付け太政官第209号達下であった。

「婚姻又ハ養子養女ノ取組若クハ其離婚離縁、縦令相対熟談ノ上タリトモ、双方ノ戸籍ニ登記セサル内ハ其効ナキ者ト看做スヘク候条、右等ノ届方等閑ノ所業無之様精々説諭可致置、此旨相達候事」

以降、たとえ「相対熟談」の上婚姻を決めたとしても、戸籍に登記しないうちは「其効ナキ者」とされ、法律婚主義が適用されるものと思われた。しかしその2年後、司法省は司法省丁第46号達を出し、「婚姻ノ登記ヲ怠リシ者アリト謂トモ、既ニ親族近隣ノ者モ夫婦若クハ養父子ト認メ、裁判官ニ於テモ其実アリト認ムル者ハ、夫婦若クハ養父子ヲ以テ論ス可キ」と事実婚主義に傾くかに見えた。これにより、明治31年民法制定までの期間、

法律婚主義であったか事実婚主義であったか、後に論争が繰り広げられることとなる[18]。ここでは深く立ち入らないが、明治民法施行まで一概に法律婚主義がとられていたとは言えない法的状況にあったことは、これをもって確認できる。壬申戸籍の目的が住居地把握にあったことも、家族的身分の変更を自発的必然的に届け出る習慣が広まるに至らなかったことの原因として考えられる。明治13年の『全国民事慣例類集』においても、「凡ソ婚姻ノ式挙レハ口上ニテ其地役場ヘ届ケ、宗門改ノ節簿面ニ加入スルコト、出産第一款ノ手続ニ同シ。同町同村ノ外ハ役場ニテ婚姻ノ届アルトキ其籍ヲ授受スルコト、一般ノ通例ナリ」とことわった上で、地域により異なる慣習を紹介している[19]。

「婚姻送籍ハ定期ナシ。甚シキハ三年ニ及フモノアリ」(畿内　和泉国大鳥郡)
「婚姻ハ届入籍ノ期限定ナシ。家内和熟ノ様子ヲ見届テ取計フ慣習ナリ」(東海道　三河国渥美郡)
「新婦懐妊スルカ又ハ三箇年程過テ送籍スルコトモアルナリ」(東山道　信濃国高井郡)
「婚姻ニ送籍ト云フコトナシ。近所ヘ弘メヲ為ス迄ナリ」(北海道　渡島国亀田郡)

これらのケースは、届出がすぐに、もしくは全くなされなかったことを裏付けるものであるが、届出の方法が様々であったことも以下に読み取れる。

「披露ト號シテ招宴シ、始テ婚姻ノ成ルヲ表スルコトナリ」(東海道　伊賀国阿拝郡)
「婚姻後両三日中ニ村歩ト唱ヘ新婦ヲ伴ヒ親類組合井ニ役場ヘ到ル」(東山道　美濃国厚見郡各務郡方縣郡)

このように戸籍への身分変動の届出があくまで報告の域を出ず、身分確立に不可欠な手続きと見なされない状態の中、明治19年式戸籍は、職業の記載や寺や氏神の記載を廃止し、かわりに戸主の欄を設け、戸主の尊属、

とくに前戸主の名を加えることにより、親族関係把握の道具としての側面を帯びるようになった。とくに、身分事項欄というものが加わり、その結果、登録内容を年月順に追っていけるようになり、家族の身分行為を追跡する機能が加わったことは大きい。

明治31年式戸籍において、はじめて現代の(住所とは切り離した意味での)本籍という概念が成立する。すなわち、居住関係を把握する機能から、身分関係を把握する機能へと本格的に移行を遂げ、同時に、管轄も内務省から司法省へと移り、警察行政的な機能(人民の保護)から、身分関係の公証を中心とする制度に変わったことが分かる。同年施行された民法との位置づけも当然問題となり、戸籍の「戸」と民法の「家」との関係も問われることとなった。他方、明治中期・後期にも届出の不完全性という問題は解消されていなかった。上記の事実婚・法律婚論争は、明治民法制定時も同じ形で噴出した。編纂委員の一人、民法学者梅謙次郎(1860-1910)は、次のように婚姻の届け出を規定する民法775条の解説にその旨書き残している。なお、同条は当事者双方が口頭で、又は署名した書面を以て届け出をなすことを規定するものであり、非常に手続きとしては簡単なものであった。

> 「本条ハ婚姻ノ成立ニ必要ナル方式ヲ定メタルモノナリ。蓋シ此方式ハ外国ニ於イテハ多ク複雑ナル手続ヲ必要トスルト雖モ、我邦ニ於イテハ明治八年ノ達(八年十二月九日太政官達二〇九号)ニ依リテ夫婦双方ノ戸籍ニ登録スルヲ以ッテソノ成立条件トセリ。然レドモ此達ハ殆ド実際ニ行ワレズ、刑事ニ於イテハ夙ニ明治十年司法省達(十年六月十九日司法省達丁四六号)ニ依リテ苟モ親族、近隣ノ者夫婦ト認メ裁判官ニ於テモソノ実アリト認ムル者ハ夫婦ヲ以ッテ論ズベキモノトセリ。爾来民事ニ於イテモ此達ニ依レル例尠カラズ。而シテ実際ノ慣習ニ於イテハ、上流社会ト雖モ先ズ事実上ノ婚姻ヲ為シタル後数日ナイシ数月ヲ経テ届出ヲ為ス者十ニ八九ナリ。況ヤ下等社会ニ在リテハ竟ニ届出ヲ為サザル者頗ル多シトス。」[20]

このように、明治民法施行当時も法律婚主義が社会的実情にそぐわないものであったことが確認できる。

その後、住所地主義を復活させる目的で戸籍の改正作業が始まったが、

大正4年式戸籍は当初の意図とは全く反対の内容で誕生した。この戸籍様式は家族一人ひとりの親族関係(父の名前、母の名前)を記入するものであり、現在の戸籍の形態に非常に近いものとなっている。さらに寄留制度が整備され、90日以上他に住まうことになった場合には、それを届け出る義務が生じることと規定された。つまり戸籍から居住を把握する機能が完全に消える段階に入ったといえよう。

4　戸籍の法的性格

このように戦前の戸籍法は、家族関係の身分変動を証明する文書へと変遷を遂げるのであるが、これら一連の改正は、戸籍の本質的な法的性格にも大きく影響を及ぼすこととなった。明治初期、とりわけ壬申戸籍が編集された時期には、戸籍が私法であるか公法であるか判定するのに充分な法的基盤がなかったため、戸籍法の西欧法体系の中での位置づけに関して重要な議論は行われなかった。明治初期の関心事は、とくに戸籍の編集方法[21]、国勢調査としての戸籍の使用[22]、法の説明[23]等に向けられ、戸籍の目的も壬申戸籍を制定する明治4年戸籍法の前文に、次のように規定されていた。

「戸籍人員ヲ詳ニシテ猥リナラザラシムルハ政務ノ最モ先シ重スル所ナリ、其レ全国人民ノ保護ハ大政ノ本務ナルコト素ヨリ云フヲ待タス、然ルニ其ノ保護スヘキ人民ヲ詳ニセス何ヲ以テ其保護スヘキコトヲ施スヲ得ンヤ」

したがって、現行戸籍法の直接の祖といわれている壬申戸籍の目的は、戸口調査という国勢調査的な色合いが色濃くあったのであり[24]、徴兵・徴税・治安維持の基礎となっていった。

しかし、戸籍が公的な人民統治の手段から、家族内の身分関係の証明書へと移行した時期には、憲法学者穂積八束(1860-1912)などの公法私法二分論に引きずられる形で、戸籍法の法的性格も討論の対象となった。大正3年の戸籍法改正時に、非常に興味深い討論が第4回衆議院委員会で展開されている[25]。それは法学博士で自由民権運動や弁護士・政治家として知られる花井卓蔵(1868-1931)の一見素朴に見える質問から始まった。

「戸籍法ト云フモノハ私法デスカ公法デスカ」

非常に根本的なこの問いに対する返答を見る限り、この質問が当時いかに法学者にとって難問であったかが伺える。まず当時司法次官の鈴木喜三郎法学博士(1867-1940、のち検事総長)が「公法ト承知シマス」と言いながらも、「身分関係ノ出生死亡其他ノ事柄ヲ記載スル点ハ全ク民法ノ施行法規トイツテモ宜シウゴザイマセウ」と述べつつ、「民法ノ親族相続ノ規定ノ如キハ、成程私法的性質ノ民法ノ中ニ規定シテアリマスガ、其親族相続ノ規定内容ト云フモノハ或ハ公法ニ属スルモノモ有ルカト心得マス」とし、「必ズシモ戸籍法ハ私法ナリト云フコトハ言ヒ切レマイト思フノデアリマス」と結論づけている。さらに同氏は、「戸籍ノ事務ハ国家行為デアル、所謂平等関係デナイ。斯ウ云フコトカラ私ハ戸籍法ト云フモノハ公法デアルト申スノデアリマス」と結んでいる。

これに対し花井卓蔵は、「公法私法ノ混同法デアルト云フコトハ言ヒ得ルカモ知レマセヌガ、含ムトコロニハ私法関係アリ、公法関係アリ、故ニ戸籍法ノ性質ハ公法ナリト云フ答エハ当ラヌト思フ」と断った上で、「実際戸籍法ノ性質ハ能ク知ラヌノデス、(…)実ハ政府モ吾々モ知ラヌノデス」と述べている。その沿革からして行政法であるとも言える「一種変体ノ法律デアルノデアル」というのが花井の立場である。このことからも戸籍法は、フランス法体系上の民法の延長法であり、助法でもある身分登録制度(état civil)とはまた違う、異質の姿が浮かび上がる。「戸」の私法化に内在する困難性を改めて確認できると言えよう。

そもそも「戸」だけでなく、「家」の法的性質に関しても明治の中期から法学者の間で討論されていた。民法の親族相続法が公法であるか私法であるかは、民法論争の中心ともいえるテーマであった。例えば、穂積八束のかの有名な論文「民法出テヽ忠孝滅フ」(1891年)[26]でも、「権力ト法トハ家ニ生マレタリ。(…)公法ハ権力相関ノ秩序ナリ。(…)家ハ家父長権コレヲ統治ス。」と述べられているように、ボアソナード民法の私法性が非難の対象となっていた。

「(婚姻が)一男一女ノ自由契約ナリトイウノ冷淡ナル思想。(…)一男一女情愛ニヨリテ其ノ居ヲ同シウス。コレヲ耶蘇教以後ノ家トス。我新

民法マタコノ主義ニ依レリ」[27]

　1898年民法制定後、「家」の私法性が明白になった民法制定後も、戸籍法の「戸」という単位が私法に属するものか、公法により規律されるべきものか、議論が続いていたわけである。これは当然、戸籍の目的が住居地把握から親族関係規律へと変わってきたことと無関係でない。身分登録制度が大正4年式戸籍の際になくなったことは、戸籍が内務的な道具から、身分制度の公証手段へと大きく傾くきっかけになったと考えられる。
　このように戸籍法の法的性質が明白でなかったことは、家を権力関係としてとらえていた家族国家的イデオロギーからも説明できるが、壬申戸籍が住居登録として人民統治の道具として機能していたことにも起因していた。穂積重遠が花柳病男子の結婚制限にイデオロギー的（優生思想）には賛成するものの、もっと他に方法があろうという立場をとったのも、まだ身分登録として浸透しきれていない段階で戸籍に頼ってしまっては、弱者保護という目的を果たせないばかりでなく、戸籍制度がますます機能しづらくなってしまうという危惧から来ていたのである。
　それに比べ、らいてうは、法律婚に一定の社会的存在・効力を認めているように思われる。らいてうの運動は、健康診断書提示を強制することによる社会改良・社会教育をその目標としている。さらに、本来ならば請願はもっとアクティブな「拒婚同盟」形成を補完するものであったとも言っているように、運動の目指すところは弱者としての女性保護にとどまらず、婦人の「改造」にあった[28]。その点も、穂積重遠の立場とは異なっている。
　男尊女卑規範を批判するのに家制度という対象枠組みが必要であったのと同様に、花柳病の夫婦間感染の対策を練るのには法律婚という枠組みが必要だったのである。結婚制度の中に国からの干渉を見出し、それを批判対象としていた平塚の思想は、ここにおいて大きく逸脱するかのように見える。しかし、結婚という枠組みを「人間創造の大事業に従はうとする結婚」と再規定した上で、その中でも女性そして子孫を健康診断の義務化により守るべきだという考えをあくまで前面に出しているのである[29]。つまり、結婚制度を排除すべきという理想論だけでは無理だと言う現実的な判断のもと、女性の擁護という立場から結婚の枠組みを利用するという考えである。それに対し、穂積重遠は、国民すべてが公的機関を通して法律

婚をするという考え自体が理想論であり、結婚の多くは届け出をされない事実婚であることから、花柳病の取締をするとさらに法律婚が減り、女性がますます守られなくなるという矛盾を指摘するものとなっている。要するに両者は、女性の保護という立場は共有しつつも、花柳病者の結婚禁止に対しては正反対の意見となる。なお、制度を変えることによって社会改良を図るらいてうと、私的領域の制度化が充分でないことにその限度を感じている重遠とが話し合ったことにより、その後の新婦人協会の請願内容が変化したことは、すでに述べたとおりである。

5　衆議院申請委員会における議論——優生思想と「女尊男卑」

「花柳病男子の結婚制限法制定に関する請願書」は、第42回帝国議会衆議院請願委員会で討論に付された[30]。1920年2月23日に開かれた同委員会では、後に国民優生法の成立に携わる荒川五郎議員が新婦人協会の請願書を紹介し、一座の賛同を求めている。荒川はじめ、斉藤紀一議員、さらに当時内務省衛生局長を務めていた潮恵之輔が発言したが、重遠の予想に反して非常に真摯な姿勢で一同花柳病の被害を受け止めていたことが分かる。特に荒川五郎は、「ヨリ善キ人間ヲ造ラナケレバナラ」ず、「ヨリ善キ種族ヲ発達サセナケレバナラ」ないにも関わらず、「花柳病ガ是等ノ上ニ大害毒ヲ与ヘテ、人生ノ幸福、大和民族ノ発展ニ大障碍ヲ与ヘ」ていることを深く憂えている。潮恵之輔は請願が男子の健康診断に限られていることや、本病の性質が未だ把握できていないこと、さらに政府の保護衛生調査会で結核と並ぶ衛生上の二大問題として、フランスなどに見習いつつ研究を進めるべきである等、慎重論も出ているが、本請願は「政府参考トシテ送付スルコト」となる。しかし法制化には至らなかった。

1920年7月12日、第43回帝国議会で前回と同内容の「花柳病男子の結婚制限法制定に関する請願書」が提出された。しかしその「女尊男卑」的性格が前回より厳しく批判され、採択されずに終わる[31]。なお、第43議会の請願審査のいきさつはあまり注目されて来なかったが、気になる点がある。第42議会に比べると、優生的な見地からの発言が全く聞かれず、男子のみへの制限への批判がひたすら繰り返されていることである。前回から5ヶ月しか経っておらず、内容的にも全く同一であるのに、優生学的政

策として論じられていたものが、ここで、女性の保護政策としてしか見做されなかったのはなぜであろうか。請願委員として出席していた荒川五郎の発言は記録されていない。

新婦人協会は前二回の挫折と穂積重遠の意見を考慮した上で、新しく請願書を作成し、第44回帝国議会に提出した。「花柳病者に対する結婚制限並に離婚請求に関する請願書」であり、1921年2月7日に議題に付される。「新シイ女ト云フ連中ノ請願」ではあるものの、男女差こそあれ新しく女子の義務も取り入れ、内縁の結婚にも適用する形で再出発を図っている旨が力説されている。紹介者は、医師で衆議院議員の中馬興丸である。前回と異なり、医学的説明も多く、具体的な手続きに言及する内容となっている。そもそも届出のない内縁の結婚において、いかに健康証明書の提示を義務づけるか等、手続き実態上の課題が山積みのように思える。しかし、その点は全く議論の対象とならず、「国民前途ニ対シ重大ナ意味ヲ有シテ居ル問題」であるため、「暫ク尚ホ研究スルコトノ必要ヲ感」ずるとの理由で、採択は一週間後の委員会へ先送りされた[32]。2月14日、荒川議員の紹介のもと再審議に付されたものの、とくに健康証明書の提示義務が男子に限られていることに対し、「男尊女卑ガ国情トナッテ」いる国にはそぐわず、「男子トシテハ甚ダ不面目」である(中島守利)ことや、「女ニ媚ビルヤウニナッテモ困ル」(野村勘左衛門)という意見が多々あり、荒川五郎や飯島信明の説得も空しく、採択されるに至らなかった[33]。なお、飯島信明議員の発言に興味深いくだりがあるので紹介したい。身近なケースで婚姻後悲惨な状態に陥った令嬢の話を出し、次のように意見している。

> 「今日日本ノ習慣トシマシテ、法律ガナイ限リハアノ淫靡ナル問題ニ対シテ相共ニ尋ネ合フト云フコトハ、習慣的ト申サウカ、因習的ト言ヒ得ラレヌ問題ニナル。若シ幸イニ法律ノ制定ガアリマスレバ、国法ノ命ズル所、是ハ各人ノ責任トシテソレヲ提出スルノ義務ガアル。其處デ初メテ神聖ナル婚姻ガ神聖ナル結果ヲ生ムノデアルト私ハ信ズルノデアリマス」

つまり、医者の健康証明書の提出を相手方に要請できない習俗的な事情から、法律の力に頼り各々に責任感を植えつけていこうという主張であり、

前に紹介した穂積重遠の考えとの溝を再確認することができる。

　以上のように教育的な意義は広く認められたものの、平塚らいてうは、重遠と同様、結婚制限法規が花柳病の根本的防止になるとは考えていなかった。およそ花柳病伝播を全面的に阻止するには、「社会制度特に経済組織の改造、売淫制度の改善、其他、宗教、教育、家庭の力等によらねばならないのは言う迄もないことで、私共は斯かる根本的問題のあることを忘れているものではありませんが」と一言断っていることからも、結婚制限が全面的な解決方法とは思っていないことが分かる[34]。さらに、「直接目的が達せられない場合でも、取扱はれた問題に対する社会的自覚を促し、根本的改善への道を開く手段ともなるであらうといふことを考へるものであり」、こうした考えから「私共は請願の形式をも敢てとったのであります（…）」と述べているように、その政治的インパクトはともあれ社会的インパクトをも充分に意識して、このような「おとなしい運動」を試みるのだとしている[35]。実際、この請願運動は種々の反響をよび、社会的な波紋は大きかったと見てよいだろう[36]。

　ともあれ請願は採択されず、第一波フェミニズムは優生思想を取り入れつつも、「後退」もしくは「譲歩」を行い[37]、平塚らいてうは1921年の請願以降、優生的発言はせず沈黙の時代に入った[38]。花柳病の取締はその後、矛先を男子から売春婦へと移し、1927年、花柳病予防法が制定される。新婦人協会の請願とは全く趣旨を異にし、伝染を知りながら売淫をした者をその処罰対象としていく。なお、新婦人協会の請願が不採択に終わったと同じ時期に、永井潜を代表とする民族衛生の組織的活動が開始される。さらに、荒川五郎、永井潜、八木逸郎等による断種法制定の気運が高まり、1930年代前半から法案が複数提出され、さらには日本民族衛生学会の力が強まって、1940年に国民優生法が実現するにいたる[39]。国民優生法の制定に伴い、日本の優生政策の重心は結婚規制から出産規制へと移り、断種法へと議論が進んだのである。後に、穂積重遠は一連の新婦人協会による請願運動を次のように述懐している。

　　「遺伝的の疾患・欠陥・奇形等を有する者と結婚との関係については、それらの者の結婚を法律で禁止するといふ遣り方もあるのでありまして、米国の諸州やスカンディナヴィヤ諸国などでは以前からさういふ法律を

設けています。しかし我国では其方法を採らず、結婚は差支ないが子が出来ないやうな手段を講じさせることにしたのであります。」[40]

結婚制限ではなく断種を選択したことの理由をここで追究する余裕は持たないが、穂積重遠の主張にあった法律婚と事実婚の並存、さらに人権論と家制論とが相互に歩み寄った結果の断種法ではないかと思われる[41]。

おわりに

　花柳病男子の結婚制限と戸籍の問題を広いスケールで検討するとき、その背景に、江戸時代の宗門人別帳を引継いだ戸籍システムが、西欧法的法体系に組み込まれていく過程を見る必要がある。さらに、西欧の優生思想が当時抗しがたい価値観として浸透していく過程をも重ねてみる必要があろう。

　これらの流れを理解する上で、花柳界の占める位置が東アジアを構成する国々の間で異なっていた点が重要であろう。一夫一妻多妾制という制度を共有しながらも、中国や朝鮮ではこれへの依存度が高かったのに比べ、日本では比較的低かったのではないかと考えられるのである。この違いを説明するには、各国における儒教の位置づけを知る必要がある。中国や朝鮮では、儒教が習俗や制度の根幹に据えられていたのに対し、日本では性道徳など比較的緩やかなものであったと考えられている[42]。そのため、中国や朝鮮では性が家庭内に閉込められ、したがって花柳界が発達していなかったのに比べ、日本では花柳界が全面展開し、妾への依存度が低かったと思われる。江戸時代の成人人口の半数が梅毒に罹患していたという推計もあり[43]、花柳病の取締が明治に入り非常に切実な課題であったことは推測に難くない。現に近代に入り、儒教や西洋思想の影響が強まるに従い、花柳病の取締は重要な政治的課題となる。それは、新婦人協会の請願という形でも現れ、女性のための政策と位置づけられながらも、「西洋的近代」の産物とも言える優生学の導入と、さらに儒教的統治機構の強化という多様な目的が内在するものであった。

　このように、非常に近代的な目的をもって推進された花柳病取締であったが、その手段として、近世で確立された公的統治構造の延長である戸籍

が援用されることの可能性が論じられたのである。一見生活に浸透していたかのように見える戸籍であるが、明治初期から後期にかけて、人民の公的把握から家制度内の身分の規律へと大きくその性質を変えたばかりであり、家族内の身分変動を把握しきれていない状態であった。当時結婚があくまでプロセスとみなされ、届出がなかなか定着しない状況の中、そのような戸籍に、あるべき家族や結婚の理想像を重ね、セクシュアリティー取締の道具とすることには限界があるのではないか。私的領域を無理に公的構造に組み込んでいくのではなく、そのままの形で公的価値を付与すべきであるとの穂積重遠の主張は、まさに戸籍にセクシュアリティーの西欧的儒教的取締を課すことの限界を意識したという意味で、今日的な示唆に富んでいる。

参考文献

大村敦志『穂積重遠――社会教育と社会事業とを両翼として』(ミネルヴァ書房、2013年)

岡田英己子「平塚らいてうの母性主義フェミニズムと優生思想：「性と生殖の国家管理」断種法要求はいつ加筆されたのか」(『人文学報社会福祉学』21号、2005年)23-97頁

Ochiai, Emiko & Johshita, Ken'ichi, « Prime Ministers' Discourse in Japan's Reforms since the 1980s: Traditionalization of Modernity rather than Confucianism », in Sirin Sung & Gillian Pascall, *Gender and Welfare States in East Asia: Confucianism or Gender Equality ?*, Palgrave Macmillan, 2014, p. 152-180.

羽太鋭治『花柳病の危険及其予防と根治法』(一橋閣、1919年)

平塚らいてう「治安警察法第五条の修正と花柳病男子の結婚制限」(『女性の言葉』教文社、1926年)482-496頁

平塚らいてう「「拒婚同盟」の企図に就いて」(『女性の言葉』教文社、1926年)497-511頁

穂積重遠『婚姻制度講話』(文化生活研究会、1925年)

松原洋子「民族優生保護法案と日本の優生法の系譜」(『科学史研究』2期34巻、1997年)42-50頁

三谷博『明治維新を考える』(有志舎、2006年)

村上一博『日本近代婚姻法史論』(法律文化社、2003年)

第四十二回帝国議会　請願委員第二分科第四号会議録(http://teikokugikai-i.

ndl.go.jp/SENTAKU/syugiin/042/0211/0421021100410223.html）
第四十三回帝国議会　請願委員第一分科第一号会議録（http://teikokugikai-i.ndl.go.jp/SENTAKU/syugiin/043/0203/0431020300110712.html）
第四十四回帝国議会　請願委員第二分科第二号会議録（http://teikokugikai-i.ndl.go.jp/SENTAKU/syugiin/044/0211/0441021100210207.html）
第四十四回帝国議会　請願委員第二分科第三号会議録（http://teikokugikai-i.ndl.go.jp/SENTAKU/syugiin/044/0211/0441021100310214.html）

註
1) 岡田英己子「平塚らいてうの母性主義フェミニズムと優生思想：「性と生殖の国家管理」断種法要求はいつ加筆されたのか」（『人文学報　社会福祉学』21号、2005年）23-97頁。藤目ゆき『性の歴史学──公娼制度・堕胎罪体制から売春防止法・優生保護法体制へ』（不二出版、1997年）319-320頁。
2) 杉田菜穂『人口・家族・生命と社会政策──日本の経験』（法律文化社、2010年）172頁。
3) 平塚らいてう「新婦人協会の議会運動について与謝野晶子氏に御答へいたします」（『女性の言葉』教文社、1926年）518-519頁。
4) 平塚らいてう「「拒婚同盟」の企図に就いて」（『女性の言葉』教文社、1926年）500-502頁。
5) 下線は著者による。「花柳病男子の結婚に関する請願書」との違いが重要と思われる箇所のみ下線対象とする。
6) 内務省保健調査会の報告が引用されている。大正元年から4年までの該病患者数は、梅毒で男9万5737、女4万3301、軟性下疳で男4万1063、女1万3454、淋病で男10万423、女4万2081となっている（平塚らいてう「「拒婚同盟」の企図に就いて」『女性の言葉』教文社、1926年、505頁）。同じような数値は、当時の医学界でも算出されており、例えば京都大学皮膚科外来花柳病患者310名の男女比は、男271人、女39人との報告がある。伝染経路を見ると妻より移された夫の数は3人（0.01%）であるのに比べ、夫より移された妻の数は22人（56.4%）とその差も指摘できる（羽太鋭治『花柳病の危険及其予防と根治法』一橋閣、1919年、40-41頁）。
7) 平塚らいてう「治安警察法第五条の修正と花柳病男子の結婚制限」（『女性の言葉』教文社、1926年）490-491頁。
8) 前掲註(7)平塚論文、492-493頁。
9) 大村敦志『穂積重遠──社会教育と社会事業とを両翼として』（ミネルヴァ書房、2013年）91頁。

10) 穂積重遠『婚姻制度講話』（文化生活研究会、1925年）149-196頁。
11) 『婚姻制度講話』は1925年に発行されているが、新婦人協会の請願を分析している論稿「付録　優生学と婚姻法」は1920年2月10日に執筆され、『東洋学芸雑誌』462号に掲載されたものである。
12) 前掲註(10)同書、153-154頁。
13) 前掲註(10)同書、50-51頁。
14) 前掲註(10)同書、192-196頁。
15) 前掲註(9)同書、169頁。
16) 前掲註(9)同書、158頁。
17) 明治4年12月18日「華族　士族　卒に農工商業を営むことを許可」、明治5年8月30日「農民の職業選択の自由の許可」。
18) 村上一博は、対照的な立場として山中永之佑、沼正也両氏の見解を紹介している。山中説は、行政上の取り扱いにおいては法律婚主義が貫徹していたとする見解であり、沼説は、大審院の民刑事判決原本では戸籍届け出は、明治民法までは婚姻成立の「選択的要件」でしかなかったとするものである（村上一博『日本近代婚姻法史論』法律文化社、2003年、5頁）。
19) 生田精『全国民事慣例類集』（司法省、1880年）58-78頁。
20) 梅謙次郎『民法要義　巻之四親族編』（有斐閣、1899年）105-106頁。
21) たとえば『類聚冏新概覧』1872年。
22) たとえば『日本全国戸籍表』（内務省、1877年）など。
23) たとえば宇野豊二郎編『人民必携戸籍便覧』（村上勘兵衛、1878年）。
24) 利谷信義「序説──戸籍の身分証書」（利谷信義、鎌田浩、平松紘編『戸籍と身分登録』早稲田大学出版部、2005年）146頁。
25) 塚越翁太郎『戸籍法改正寄留法制定理由』（法律新聞社、1914年）67-70頁。
26) 穂積八束「民法出テヽ忠孝滅フ」（上杉慎吉編『穂積八束博士論文集』上杉慎吉、1913年）246-251頁。他に、穂積八束「祖先教ハ公法ノ源ナリ」（1892年）など。
27) 前掲註(26)穂積論文、248頁。このような思想は、明治民法制定当時の八束の論文でも主張されており、民法がこのような八束の主張を取り入れることなく私法化したことへの悔恨の念が強く読み取れる（「「家」の法理的観念」1898年など）。
28) 平塚らいてう「「拒婚同盟」の企図に就いて」（『女性の言葉』教文社、1926年）509頁。
29) 前掲註(7)平塚論文、493頁。
30) 第四十二回帝国議会　請願委員第二分科第四号会議録　31-42頁（http://

teikokugikai-i.ndl.go.jp/SENTAKU/syugiin/042/0211/0421021100410223.html)。
31) 第四十三回帝国議会　請願委員第一分科第一号会議録　9頁(http://teikokugikai-i.ndl.go.jp/SENTAKU/syugiin/043/0203/0431020300110712.html)。
32) 第四十四回帝国議会　請願委員第二分科第二号会議録　10頁(http://teikokugikai-i.ndl.go.jp/SENTAKU/syugiin/044/0211/0441021100210207.html)。
33) 第四十四回帝国議会　請願委員第二分科第三号会議録　11-13頁(http://teikokugikai-i.ndl.go.jp/SENTAKU/syugiin/044/0211/0441021100310214.html)。
34) 前掲註(7)平塚論文、495頁。
35) 前掲註(7)平塚論文、483-484頁。
36) 中でも1921年2月、『中央公論』が「私の花柳病男子拒婚同盟観」という特集を組み、堺利彦や安部磯雄の論説を載せている(前掲註(1)藤目書、246頁)。さらに、与謝野晶子による同請願書の批判、「新婦人協会の請願運動」(『太陽』1920年2月)も非常によく知られている。
37) 前掲註(1)岡田論文、52-53頁。岡田は、「ドイツの第一波フェミニズムの請願運動の敗退、その後の母性主義的社会政策・社会事業理論への戦略転換と大々的「成功」、さらにナチ期優生政策に至る道筋と、平塚および新婦人協会会員の姿」を部分的に重ねて考えることの必要性を説く。さらに、1922年に日本に短期滞在するマーガレット・サンガーの産児制限、それに内在する優生思想ともつなげて考えることも必要であろう。
38) 新婦人協会から民族衛生協会への移行期については、前掲註(1)岡田論文参照。
39) 日本民族衛生学会と厚生省が制定に携わった国民優生法、さらに新婦人協会の請願の流れを汲むと言われる1948年の優生保護法については、松原洋子「民族優生保護法案と日本の優生法の系譜」(『科学史研究』2期36巻)42-50頁参照。
40) 穂積重遠『結婚訓』(中央公論社、1941年)54頁。
41) らい病患者の断種政策はらい病患者の結婚を許すためのものであったとの光田健輔の説明も合わせて考える必要があろう。
42) たとえば中国の父系性社会を支えたのは儒教であり、女性のセクシュアリティーおよび権利が制限されていたのに比べ、日本は東南アジアの双系制に近く、女性の地位も高くセクシュアリティーの自由も比較

的あった(Ochiai, Emiko & Johshita, Ken'ichi, « Prime Ministers' Discourse in Japans's Reforms since the 1980s -: Traditionalization of Modernity rather than Confucianism », in Sirin Sung & Gillian Pascall, *Gender and Welfare States in East Asia: Confucianism or Gender Equality ?*, Palgrave Macmillan, 2014, p. 153)。

43) 鬼頭宏『文明としての江戸システム』(講談社学術文庫、2010年)152頁。

11 ジャン・レイ
——あるフランス人政治学者の見た日本の植民地主義と東アジア・太平洋戦争

アルノ・ナンタ

　法学博士、社会学者、ジュリストだったジャン・レイ(1884-1943)は、両大戦間期に日仏の重要な架け橋となった人物である。日本帝国とその侵略戦争を擁護、支持したが、彼がもたらした現代日本史(明治初期から真珠湾攻撃までを含む)研究への貢献は重要なものと言える。
　しかしながら、1945年以降は東洋学研究者の間でも忘れられた存在となってしまった。それはおそらく戦前および戦時中に彼が発表した意見が原因となっているものと思われる。本章において、レイという人物について再考察することにより、フランス語による両大戦期の日本史編纂の歴史を明らかにし、なおかつ帝国主義時代の日仏間の関係とその共謀・共犯関係についても知ることができると考える。
　レイが初めて日本と関わることになったのは、第一次世界大戦中のことであった。1907年にパリの高等師範学校を卒業した後、1916年から1919年にかけて、東京帝国大学第7代フランス法教授に任命され、フランス法を教えた。フランスの大学の専任職には就かなかったが、東京の日仏会館(1924年)と京都の日仏学館(1927年)が設立された時期に、日仏両国で文化や外交関連のポストを歴任した。
　ジャン・レイはフランス法の業績で知られているが、その歴史学的側面と、政治的法学的姿勢においても注目に値する。レイは、ジャポニスムの影響が未だ色濃かった時代に、フランスの「形式美にとらわれた」日本観を批判し続けた。一方で、専門家として国際連盟に対し、満州事変から東アジア・太平洋戦争(1937-1945)に至るまでの日本の国際的立場を擁護した。

彼がそのような立場をとったのは、ちょうど二つの大戦間にいたという特殊な歴史的背景があった。1921年に日英同盟の更新が見送られたが、英米の台頭を前に、ジョルジュ・クレマンソー(1841-1929)[1]やポール・クローデル(1868-1955)[2]らは、日仏両国の防衛的な接近を試みようとしていた。フランスは中国南部ブロックを成すインドシナ、雲南、広州(広東)、上海と関係が深く、日本は中国東部・北部ブロックを構成する廈門、膠州湾、朝鮮から満州まで手を伸ばしており、極東問題が極めて重要になっていた。義和団事変の後、フランスは新たな損害賠償を求め、5年間中国と一切の関係を断絶したのであり、そして1915年、日本が二十一ヶ条要求で中華民国に圧力をかけたすぐ後、中仏間の関係もさらに悪化していた。なお、ヴェルサイユ講和会議(1919年)では、ミクロネシアにおける日本の権利が是認され、日本側からすれば太平洋進出を狙う米国を阻止する唯一の防御手段となった。このように1920年代初頭には、日仏の共同ブロックが、それぞれ理由は異なったにせよ、英米覇権体制に対して築かれた。

　本稿は、1920年代初頭から40年代初頭、詳しくはヴェルサイユ講和会議の後から真珠湾攻撃の時期までレイの動きを追い、その次、満州事変(1931年)と太平洋戦争勃発に際しての彼の主張を明らかにしていくものである。

1　ヴェルサイユ批判から満州、そして真珠湾まで

　レイの経歴は一般の大学研究者に比べて明確にし難いが、当時としては並外れた道を歩んでいる[3]。1919年に東京帝大を去った後、合わせて25年間、日本政府の法務顧問を務めている。まず1918年10月から1924年3月まで、そして、一旦フランスに帰国した後、1927年3月から1929年8月まで、日本外務省の法律顧問を務めた[4]。1916年から1929年の間、ちょうど日仏会館が構想される時期に当たるが、通算約10年日本で過ごしたことになる。この日本滞在によって日本語を読む力をつけた[5]。フランスで過ごした1924年8月から1927年2月までと、1929年から他界する1943年の5月までの間は、パリで在フランス大日本帝国大使館の法律顧問であった。1924年7月に、勲三等瑞宝章を受勲した[6]。1922年には皇太子裕仁親王のフランス語教師として選ばれた[7]。

11 ジャン・レイ（ナンタ）

　レイは、カーネギー国際平和基金（カーネギー財団）の在パリ欧州本部で理事も勤めている。また、1933年から39年にかけて日仏会館に配置されたレオン＝ジュリオ・ド・ラ・モランディエール(1885-1968)やレオン・マゾーらの法学者[8]、また東大の同僚であった杉山直治郎、および1930-50年代の日仏会館の主要人物に支えられて、日仏会館パリ委員会委員にも推されている[9]。ちょうど1937年に、日本仏語法曹会が設立される時期である。1934年から1940年まではエミール・デュルケイム(1858-1917)[10]の『社会学年報(L'Année Sociologique)』の後継学術雑誌『社会学年鑑(Annales sociologiques)』のCシリーズ『法の社会学と道徳』の編集長を務めた。

　ジャン・レイは、私法に関する業績、とりわけ1926年刊行の『フランス民法の理論的構造についてのエッセー[11]』(Ray1926a)、『フランス民法典索引』(Ray1926b)をはじめとする民法の業績で知られる。1935年には、日仏会館において、明治以降の日本の法律に関する著作の編纂(Collectif1935)[12]に協力した。しかし、1919年のヴェルサイユ講和会議の後、つまり日本外務省からの招聘以降は関心の軸を国際法へと移していった。

　その考察は、とりわけ、第一次大戦後に組織化された新しい国際社会の立法能力と、地球上で起こる地域紛争への介入能力に向けられた。国際連盟(1921年設立)が、その決定を加盟国に守らせる正当な根拠はあるのか。連盟の決定は実際に、「法」としての権限を持ち、「前例」となりうるのか。このような疑問から、国際連盟の姿勢には、自らの利益を守ろうと結託する英米の意向が密かに反映されているのではないかという批判へと進み、インドシナや満州などの植民地を持つフランスと日本は、協力してそれに対抗した方が得策ではないかと考えるに至った。1920年代には、日仏間においてこのような類の地政学的、軍事的討論が支障なく行われていたのであった[13]。

　ここで国際連盟の当時の状況を振り返ってみると、両大戦間期の加盟国数は42ヶ国、その中には主権が不完全であった（イラクやエジプトのような）国も含まれていた。地球上の大半が、西欧諸国、日本、米国、ソ連の植民地支配下にあった。したがって「国際社会」の討論というのは実際のところ植民地支配以外に関しては存在しなかった。

　レイの著作にみられる批判的側面は、英国の国際政治に対する一種のフ

ランス的猜疑心と切り離せず、それは次第に著作にも表れていった。次に示すリストは網羅的なものではないが、国際法と日本に関するものを集約したものである。

- 1920年『日英同盟は、国際連盟規約とは相容れないと考えるべきか』と題された、英国を批判する論文を発表(Ray1920)。
- 1930年『政策および連盟機構の判例から見た国際連盟規約についての批評』(Ray1930)[14]。ここでは、10年にわたる連盟の後退と加盟国間に存在する解決すべき紛争の難しさについて強調している。
- 1933年3月から5月にかけ、日本が国際連盟を脱退し、その前年には満州国を建設したとき、ジャン・レイは、パリのカーネギー基金欧州本部において「満州における日本の地位・業績および政策」と題する6回の講演を行った。この講演の詳細については後に述べる(Ray1933)。
- 1935年には1930年のテキストを手直しし、国際連盟の特権と「法的」決定の有効性について討論するための論文としてまとめた。『国際連盟の政策および判例』(Ray1935)
- 1938年、レイは歴史的な考察を発展させ、16世紀以来大国間で交わされた国際法的枠組み形成の分析を試み、自ら編集長を務める『社会学年鑑』に論文『16世紀から現代までの条約に基づいた国際共同体』を発表した(Ray1938)。
- 1941年の春、日本に関する大作『現代の大国・日本』[15]を出版。これは日本と彼の所属した機関に捧げた近代史の著作で、明治初期から1940年までを取りあげた。真珠湾攻撃の後、1942年には複数の章を付け加えた増補・改訂版も出された(Ray1941、Ray1943)。

2　満州事変に際しての帝国日本支持

　南満州鉄道株式会社の鉄道に沿って駐屯していた関東軍が、1931年9月、周囲の中国領に侵略を始めたことによって成立したのが満州国である。極東国際軍事裁判(1946-48)は、15年戦争の過程を解明しようとして、1931年当時の満州は中国の統治する領土であり、日本軍が「電撃戦」を展開し、侵略したと判断した。近年の歴史家は、より長い期間における満州支配を

11 ジャン・レイ（ナンタ）

考慮して、日本は1905年以降、南満州鉄道の存在を利用してこの地を少しずつ支配し続けようとしたと主張するものもある16)。この二つの見解に共通するのは日本の在満プレゼンスを侵略と見なしている点であるが、ジャン・レイは日本のプレゼンスを（1905年の日露戦争の勝利に遡るのであるから）当然合法的なものであるとするばかりか、国際連盟の判断は誤ったものであり、日中間の紛争を解決する法的な能力は全く持たないという、侵略を擁護する見解を示した。

1933年3月9日から5月4日にかけ、ジャン・レイは、パリのカーネギー基金欧州本部で「満州における日本の地位・業績および政策」と題する6回シリーズの講演を行った。これは、パリ大学（ソルボンヌ）法学部教授で、中華民国政府すなわち国民党の顧問だったジャン・エスカーラ（1885-1955）の主張に応答するものだった。エスカーラは日中関係の緊迫について何冊もの著書があり、1933年1月12日から2月23日にかけて、同じ基金で「国際連盟と日中紛争」というタイトルで6回の講演を行っていた。エスカーラは、そこでは中国を擁護する意見を述べたが（Escarra1933）、ジャン・レイはこれに対して逆の立場を取り、この二人の論争はその後も続いた。エスカーラは1938年に集大成として『日本の謂う御和平』という（序文で書いてあるとおり）皮肉っぽい書名の著作を出版した。これは日本と中国の近代史を批判的に考察したもので、中国に対して止むことなく攻撃が繰り返されたという視点のもとに、日本による目前の侵略戦争を糾弾したものである。なお、この著作は南京大虐殺（1937年冬）の直後に刊行され、日本側が外国に向けたプロパガンダの影響力についても言及し、批判している。

1933年、レイは先の講演の目的を直ちに明確にし、「事実の尊重と批判理論への憂慮」として日本擁護の意見を主張し、さらに国際連盟の「（1933年2月24日）決議の価値と効力」について熟考するよう強調した。この決議の後、日本が国際連盟を脱退したのである。6回の講演の主題をテーマ別、時代順に整理すると以下のようになる。

1) 国際連盟による満州事変の審議
2) 中国の統治権の問題
3) 日本の権利
4) 紛争の諸相

5) 満州国という新しい国家
6) 満州国と一般的政治の問題について

　1933年2月24日の国際連盟決議はリットン調査団の報告書を基にしたものである。調査団は、1931年9月の「事変」について両国の言い分を調べる目的で、1931年末に結成された。1932年4月から6月に満州に赴き、1932年9月4日に報告書を完成。これを受け1932年秋に連盟総会で審議が行われた。
　レイの目には、リットン報告書は明確な最終的結論を出すに至っておらず、「満州問題」を全く究明できていないと映った(Ray1933:23-24)。まず、連盟の建前論は、満州国の特別な状況に対する全般的な無理解を隠蔽するものでしかなかったとし、その間同時に、満州国が実際に建設されていたという現実も考慮しなければならないとレイは主張した。国際連盟は結果として、英米の決定の小道具のような役割になり下っていたという。特に審議における米国の介在はレイにとっては全く「間違っているもの」と思われた(Ray1933:14)。米国は国際連盟の加盟国ではなく、米国と非西洋諸国の間にヒエラルキーを作り、日本とヨーロッパが同盟国として手を組むのを妨げるために国際連盟を利用しようとしているように思えたのだ。
　レイは1933年2月の国際連盟決議についての第一回目の講演で、連盟にはフランスが満州国を承認するのを禁止する権利はないと主張した。

> 「ここに一つ、だが非常に大事な点がある。それは2月の国際連盟決議についてである。ご存知のように満州国という新しい国家を認めないようにとの強制である。これは非常に奇妙なことだ！(…)(日中)当事国に対しても、総会は勧告を発することしかできない。その総会が、第三国に対して当事国に対するよりも強い権限を行使することが出来るのだろうか。中国や日本に対して出来ないことを、英国やフランスに対して出来るのか。英国やフランスに対し、満州国を承認してはならないと命ずる権利が果たしてあるのだろうか。」

　レイは国際連盟というのは超国家機関ではないので、法の根源ではなく、その決議には一切法的な拘束力がないと指摘している。たとえ満州国を承

認しないようにとの「勧告」を受けても、加盟国には従う義務は全くなかった。言い換えるならば、

> 「これらの勧告は、『満州国の非承認』に関して取りうる態度を示唆するものである。すなわち、この決定は連盟加盟国に全く法的義務を課するものではない。」
> (Ray1933:31)

これに次ぐ一連の講演で、レイは大陸の東北部における日本のプレゼンスの根本的な正当性について考察している。「中国の統治権」と題された講演では、1644年から1911年にかけての清国成立の過程を振り返りつつ解説をした上で、満州への段階的な日本の「進出」について、満州は決して中国の一部ではなく、過去にもそうではなかったと述べた。こうした見方は、1895年から1949年までの間、中国、日本、ロシアによって紛争が続いていたこの地域について以前から受け入れられ、当時のフランスでは一般的な見方となっていた。例えば、1946年のピエール・ルヌヴァンの古典的著作『極東の問題』の中にも同様の見解が見られる[17]。

レイは1905年以降、日本が朝鮮に手を伸ばそうとしていたロシアを退け、満州地方に根を下ろした経緯について述べた。これに関しては最近、批判的な資料研究が進んでいる (Duus1995、Schmid2002)。しかしレイは、1931年の衝突は鉄道をめぐる対立がきっかけであり、その対立自体は中国が1905年の条約を遵守しなかったために生じたものだと強調した。レイの言うこの「非遵守」に対しても、国際連盟は、どの道、裁定を下すことはできない。なぜなら「国際法において、取り決めの事実を確認すべき明確な形式は存在しない」(Ray1933:95)ばかりか、「当該事変については、侵略であるとする一般的な解釈を当てはめることができない」(Ray1933:106)[18]からであり、「周知のように日本が全精力を傾けて介入したのは、自国の利権が危機にさらされ、権利も認められない状況を防御するためであった」(Ray1933:110)とまで述べている。つまり、日本は侵略者ではないという見解であった。エスカーラはまさにこのような見解に対して、前述の著作において「紛争の原因とその正当化」という章を設けて、日本軍による侵略を正当化する論調を分析して批判した(Escarra1938:93-123)。レイは、満州国は傀儡政権ではなく、日本による「新国家満州国」への介入は、むしろ法整

備、治安、経済発展をいっそう進めるために協力しているのだと強調した（Ray1933:130-131）。そして、政治一般について論じた6回目の講演では、共産主義の脅威と、米ソの対アジア太平洋地域政策を主に取り上げた。この講演は米国の政策（門戸開放政策）がヨーロッパと日本の古い植民地政策（勢力範囲設定策）に敵対する位置にあるという構造を強調する機会でもあった。レイは、米国は西欧諸国と日本に狙いを定めて攻撃をしているのであり、ロシアに対しては敵対的ではないと見なした。

極東における英米政策に対する批判は、レイの著作の中で大きな焦点をなしている。彼が日本の立場と「業績」を擁護し正当化したのは、レイにとって日本が身近な国であった上、極東における英国の脅威と米国の強さを危惧したからでもあった。このような点からして、レイは典型的な第三共和政のフランス植民地主義の思想家であった。

当時のフランス帝国主義は英米と対抗すると同時につながりもあるという曖昧な状態にあった。レイの立場はこの状況から説明できる。実際、リットン報告書と逆に、法律家や評論家が日本の満州領有の正当性を最も強く支持した国はフランスであった。この支持は、アメリカの歴史家ジョン・デリフォートの著作（Dreifort1991）が示すように、フランスの外交政策とも関わっており、英米との連帯、英米依存か、あるいは特に海軍レベルで日本と協定を結ぶかの二つの選択の間でフランス外務省が揺れていたことによる。「共産化が進む」中国に対抗し、インドシナ領有と中国南部の権益を保持するために日本に頼るという可能性もあったからである。

フランスの立場は、中国を擁護した英米国とは非常に異なっていた。特に1943年11月のカイロ宣言は日本が取得した領土は「中国から盗取したもの[19]」だとしたが、この点において異なった見解をもったのである。こうした立場からレイの「親日反米」論が説明できるし、当時のフランス本国がヴィシー政権下にあってナチス・ドイツや帝国日本の同盟国だったことも反映される。

3　対中戦争から英米との対立まで

レイは1920年初頭から1933年にわたって、国際連盟の機能と活動の限界に関する多数の研究に専念した。日中戦争(1937-1945)が始まり、そして

ヴィシー政権の初期に『現代の大国・日本』と題した大作を出版した。1941年に刊行された後、1942年に複数の章を加筆した改訂版が出され、さらに1943年に再出版、全部で1万3000部の発行に至っている[20]。著書はこの間、アカデミー・フランセーズ賞とキャリエール賞を受賞している。このようにフランスにおいては非常に好評を博したものであった。杉山直治郎は1944年に(1946年出版)、帝国日本を讃えるこの著作について、「祖国敗戦の裡に在りながら、我国昂揚の労作に貢献した」[21]大著であると述べた。

1934年から1942年にかけて杉山が発表した論文からは、杉山とレイの考えが似通っており、両者とも共通して反英国主義であることが分かる(杉山1934,1942a,1942b, 藤原2014)。しかし、ヴィシー政権下のフランスが、「敗戦の裡に在った」というのは正しくない。ヴィシー政権は第三共和政の敗北によって生まれ、むしろ枢軸国の積極的協力国、戦時中における日本の同盟国であった。問題はむしろフランスによるインドシナ領の保全を日本が尊重したことをレイが強調している点にある(Ray1943:208-209)。

『現代の大国・日本』はいくつもの理由により注目に値するが、知的思想史という点から、またフランスにおける日本を対象にした歴史研究の足跡を辿るという点において興味深い(Beillevaire1993)。

まず知的思想史という点においては、これがヴィシー政権時代に出版されたという点である。

時代が全ての事象を決定しないとしても、少なくともレイは「より宏大なフランス」、そしてアジアにおける日本の「勝利に向けた努力」、さらに概して枢軸国のいわゆる「新秩序」を支持したことは読み取れる。しかし、この著書は1940年代のイデオロギーに尽きるものではない。むしろ、両大戦期間に存在した対立する二つのフランスというもっと長い歴史の中に位置づける方が適切である。パクストンは1972年に『ヴィシー時代のフランス』で当時のフランス・ファシズム運動家らによる次のような批判を紹介した。

「キャンプ生活・スポーツ・ダンス・旅行・合同ハイキングなどをわれわれのおかげで楽しむフランスは、アペリティフの匂いや紫煙が染み込んだ穴蔵のようなフランス、党大会と長時間の飲み食いに明け暮れるフランスを一掃するだろう」

（Paxton1997:76、剣持久木・渡辺和行共訳2004年より）

　当時のこうした主張が示すように、フランスにおける国内対立は1930年代まで遡るものなのである。1941年のレイの著作もそのように、彼が1933年に既に示した考えとそれ以前に示した英米への批判から続くものとして捉えねばならない。一つ忘れてはならないのは、ヴィシー政権時代の指導者層は、それに先立つ両大戦間期の指導者層と同じ顔ぶれだったことである。フランスが1940年から1944年の間主権国家ではなかったとしても、英国との古くからの緊張関係や、「フランス帝国主義」といったビジョンは新しいものではなく、両大戦間期に存在したものと何ら変わるものではなかった。

　次に、日本を対象にした歴史研究という観点からは、まず、日本という国を正確に把握し、現代の大国として検討している点が注目に値する。多くの日本やアジアの専門家、例えばエドワード・モース(1838-1925)[22]、アーネスト・フェノロサ(1853-1908)[23]、エミール・ギメ(1836-1918)[24]、ポール・クローデルらの関心は美術史に集中しており、19世紀以来、「幻想の」日本という美的イメージが繰り返し発信されていた。一方、当時日仏会館に駐在した研究者たちは当初フランス極東学院(EFEO)[25]と関係があったため、インドシナと関わりがあり、中にはインド学者出身のものもいた。逆にいえば、なぜ「権威主義」側の思想家たちが日本の「幻想」ではなく、同時代の現代日本を敏感に捉え、「浮世絵」ではなく産業、近代的制度、植民地帝国、軍隊などに注目したのだろうか。歴史家のゼーフ・シュテンヘルは、ファシズムの起源は「モダニズム」にあり、未来派の流れと関わっていると主張している(Sternhell1978, 1983)。この定義はレイの考えを明快に説明するものと言える。また、『現代の大国・日本』はちょうどその3年前に出版されたジャン・エスカーラによる『日本の謂う御和平』に答える意味も持っていた。

　この書物の構成は、フランスの大衆とジャーナリストがいかに現代日本に無関心かを批判する長い序文に加えて、次に示す14の章から成り立っていた。

　　1) 現代日本の誕生、1867年の明治維新
　　2) 天皇
　　3) 社会における平等とヒエラルキー

4) 宗教
5) 家族
6) 政治
7) 陸軍と海軍
8) 行政
9) 経済発展
10) 労働者と農民
11) 教育と文化
12) 芸術
13) 外交
14) 日本が所有する海外領土、日本と東アジア

　詳細には触れないが、日本についてフランス語で書かれた当該当時の日本史研究のレベルを考慮しても、1941-42年当時としては『現代の大国・日本』の記述の正確さは目を見張るものがある。レイの専門分野である1867年から1940年にかけての日本近代政治史についての内容は特に緻密で正確な内容となっている。とりわけ近代陸軍の創始者である大村益次郎(1825-1869)による帝国陸軍創設の経緯、陸軍制度化の中心人物、19世紀の旧体制打破に努め、内務大臣、内閣総理大臣に就任した山縣有朋(1838-1922)、さらに当時世界に存在していた植民地のいくつもの例の一つとして日本の植民地経営といった内容が取り上げられている。
　例えば、1942年の増補版では、満州についての記述だけでなく朝鮮など他の植民地にも触れ、改訂版では真珠湾攻撃についてレイなりの分析も加えている。
　レイは序文の冒頭で、10年ほど遡って中国東北部における日本のプレゼンスがかなり以前からあったことを述べている。

「歴史を忘れることは地理を忘れることと同様に危険なことである。1931年の日中衝突の折、実はロシアと中国の双方に対し講和条約によって1905年以来日本が満州に踏み込んでおり、この地域を既に植民地状態としていたことを、もし欧米諸国がよく記憶していれば、全ての問題が片付いたというわけではないにしろ、議論は確実に違った

結果になっていたはずである。」

　この意見は第13章の外交の部で特に取り上げられ、1941年当時進行中の太平洋戦争の内容に触れるに至っている（Ray1943:198,220）。
　第14章の植民地を取り扱った部では、1944年以前、少なくとも1943年のカイロ会議[26]以前のフランスにおいては、厳密な意味での日本の植民地帝国が受け入れられ、もっと理解されていたという視点から解明している。台湾と朝鮮の植民地統治をそれぞれ1895年、1905年まで遡って認識し、フランスのアルジェリアやインドシナ領に関する論調や、1944年に田保橋潔(1897-1945)などの植民地研究家が朝鮮について述べていること（Nanta2012）とほとんど同じように「肯定的」に捉えている。レイが1920年前後、実際に朝鮮を訪れていることもこの章からわかるのだが、それは恐らくジョフル総司令官[27]と一緒に朝鮮を訪れたと推測できる。まさに植民地支配を美化し、正当化する発言である。

> 「朝鮮の民は貧困の状態にある。今からおよそ20年前、とても古い仏教寺院で装飾された険しい花崗岩である有名な金剛山を訪れた時のことである。道すがらタングステンの鉱山で働く苦力たちに出会った。彼らは一日にわずかな銭(セン)を稼ぐのに過酷な労働を強いられている。日本政府はこの地を開発させるために非常な努力をしていた。新しい税制を導入し、それ以前にあった抑圧的な体制を取り除いた。政府は台湾と同様、朝鮮においてもアヘンの使用を抑制しようとしていた。（…）朝鮮では人口の71%が農業に従事している。日本の行政官は特に灌漑用水を改良し、選び抜いた肥料と種を使うことによって、大量の生産高の増加を得たのだった。（…）」　　　　　　（Ray1943:218）

　最後に、レイは太平洋戦争や真珠湾攻撃は米国やその同盟国である英国などの覇権主義に原因があり、帝国日本は参戦を余儀なくさせられたかのように述べている。

> 「12月8日の〔対〕米覚書」〔に対する米国の反応を見れば〕はなぜ会談が成功しなかったか理解できる。米国政府は日本に対して、重慶の蔣介

11 ジャン・レイ（ナンタ）

石の国民政府以外のいかなる勢力への軍事的、政治的、経済的支援もしないように要求し、また通商無差別原則が全世界において適用される折には、日本はアジア全域においてそれを承認し、中国へはただちに適用するよう要求した。米国政府はさらに日本をヨーロッパの同盟国と切り離して政治全般にも圧力をかけようとした。日本は新しい体制のもとにアジアの民の開放を目指していたのに、英米二大列強はアジア大陸と太平洋、東南アジア地域における政治的、経済的支配力の維持を要求したのだった。この二つの折り合いのつかない政策では、戦争を決行するしかなかった。こうして12月8日の宣戦布告に至った。」

(Ray1945:210)

レイは、第三共和国時代にフランスが行ったのと同様の近代植民地主義の擁護と、英米の金融的支配に対抗するための「文明化」構想の擁護を組み合わせ、太平洋戦争の日本側の根本目的を一時も問い直すことはしなかった。ヴィシー政権時代にあって、日本をドイツではなくフランスにより接近させる考えを述べ、戦時下の日本とヒトラー政権のドイツで進展していた同族的イデオロギーに飲み込まれることなく自らの考えを述べた(Ray1943:201)。しかしながら結局のところ、日本が東アジアに引き起こした戦争については、当時のプロパガンダを引用するかのような以下の文章で、全面的に支持をする姿勢を示した。

「共栄の実現こそが主要目的である[28]。ただし、これは開発や進歩だけではなく、『新体制』のことを指しているのであって、この標語は日本とドイツの声明の中にしばしば見られる。まず、政治的変革をおこなわなければならない。金融を基盤とするアングロサクソン諸国の覇権を打ち破るのだ。しかし、そこには、深い道徳的変容が伴わなければならない。日本は、これまで虐げられて来たアジアの人々に威厳を取り戻すという志を抱いている。」

(Ray1943:226)

結び

ジャン・レイは、1916年に東京帝国大学にポストを得た後、1943年ま

で日本の外務省の顧問となり、日仏会館が創設された時期にはフランスと日本の架け橋となった。日仏会館には常任こそしなかったが、1920年から30年代にかけて、研究者同士のつながり、また日本の法律学の共同研究を通じて関与した。

　国際連盟の結成時からその国際政策に反対し、1931年の満州事変の際には日本を熱心に支持した。レイは英米に対抗し、フランスにおいて日本の侵略政策の代弁者として20年間擁護したが、これは非難されるべき立場である。先に述べたエスカーラの著作のような日本批判にもかかわらず、日本の政治と政策はフランス政府のレベルではさほど批判されなかった。しかし、同じ頃の日本では、婦人問題の活動家、山川菊栄が1931年に次のように記している。

> 「〔国際〕連盟の指導者たるヨーロッパの資本主義国は、おのおの植民地または弱小民族に対する自国の利害から打算して、他日その行動を拘束されるような言動は避けねばならなかったし、なまじ干渉がましいことをいい出して、拒絶された場合の不面目も考えなければならなかった。」　　（「満州の銃声」『婦人公論』1931年11月号、Souyri2014:145をも参照）

　この文章は本稿で見てきたような矛盾をうまくまとめている。

　レイの支持はヴィシー政権時代に、日独の「新体制」そして戦時下の日本に向けられたのだが、これはヴィシー政権独特の考え方というよりも、1930年代フランスに既に確認できる一種の保守的思想だったと考えられる。

　しかしながら、帝国日本に対するレイの支持を考えるとき、両大戦間のフランスもまた帝国主義国家であり、植民地主義を推進していたことを忘れてはならない。さらに、日本支持の背景には、英米への対抗意識があった。クレマンソーさえも日本を英米に対抗する重要な同盟国と見なしたのである。続くレイの国際連盟への批判は、連盟の抱えていた欠点、とくに1930-40年代にヴェルサイユ体制を揺るがすようになった日独勢力に対して有効な対応手段を持たない、といったより大きな問題を通して検討されねばならない。

　レイはまた、フランスにおける「日本研究」を考えるにも重要な存在であ

る。当時「日本研究」は未だ大学内で専門分野としての地位を確立するに至っておらず、レイと同時代人のミシェル・ルヴォン[29](1867-1947)は例外的な存在であった。従って、高等師範学校出身で、大学界の外で執筆活動を展開したレイを見ると、学者のキャリアにまつわるある種の脆弱性があぶり出されてくる(Monnot2013)[30]。

　ヨーロッパにおいて芸術の日本が注目された時、現実の日本は決して注目されなかった。そのような時代にレイは日本の歴史と大陸での政策について語り、分析をした。日本の戦争を正当化しながらもその論調は綿密な資料に基づいて明白に人々の持つ先入観を暴露するものであった。レイは、フランスで一般に日本への関心が薄く、それが、ひいては東アジアの政治全般への無理解に結びついていることを嘆いていた。1941年刊の『現代の大国・日本』の序文には、岡倉天心が『茶の本』(1906年)において日本に対する世界の不理解を嘆いていたのと同じような気持ちが掲げられている。

> 「数多の日本人が、仏語やドイツ語、そして主に英語で自国について書いてきた。しかし、それにふさわしい読者を獲得できたとは限らない。1909年に大隈伯爵(後に侯爵)が編纂した *Fifty years of new Japan*(『開国50年史』)には、近代日本を作り上げた一流の政治家、軍人、教育者、財界人、法律家による論文が編まれている。何年か前に、私はフランス国立図書館でこの本を借り受けた。袋とじのページは切られていなかった。」
> (Ray1943:vii)

　1950年代、60年代を通じて、社会や大学のあり方が大きく変容したことに鑑みれば、「過去は現在の鏡」だとは言えないかもしれないが、果たして、今日の状況は当時と比べて変わったと言えるのだろうか。レイの業績は、日本社会の実況を理解するにあたって、歴史家、法学者、民族学者の著作に基づいて執筆していたが、彼は同時に帝国主義を推進する列強が敵対し、争い合った時代において、日仏関係の「忘れられた」共犯的な一面を照らし出す存在ともなっているのである。

参考文献

(Anonyme), 1949
 «In Memoriam : Jean Ray», *L'Année sociologique*, troisième série (1940-48), 1 : XV-XVI.

(Anonyme), 1969
 «Nécrologie, Léon Julliot de la Morandière», *Revue internationale de droit comparé*, 21 : 403-407.

Beillevaire Patrick, 1993
 Le Japon en langue française. Ouvrages et articles publiés de 1850 à 1945, Paris, Kimé.

CHUJO Shinobu, avec son équipe (Tetsuro NEGISHI, Atsushi ODE, Nobutaka SHINONAGA), 2012
 Chronologie de Paul Claudel au Japon, Paris, Honoré Champion.

(Collectif), 1935
 «Bibliographie des principaux ouvrages juridiques édités dans l'Empire japonais», *Bulletin de la Maison franco-japonaise*, 4e supplément à la bibliographie des principales publications éditées dans l'Empire japonais, Paris, Geuthner, VII (3-4) : 54-208.

Dreifort John E., 1991
 Myopic Grandeur: The Ambivalence of French Foreign Policy Toward the Far East, 1919-1945, Kent, Kent State University Press.

Duus Peter, 1995
 The Abacus and the Sword: the Japanese Penetration of Korea (1895-1910), Berkeley, California University Press

Escarra Jean, 1933
 «La Société des Nations et le conflit sino-japonais», *Bulletin de la conciliation internationale*, Centre européen de la Dotation Carnegie à Paris, vol. 3-4.

Escarra Jean, 1938
 L'Honorable Paix japonaise, Paris, Bernard Grasset.

Frank Bernard & Iyanaga Shōkichi, 1974
 «La Maison franco-japonaise, son histoire, ses buts, son fonctionnement», *Nichifutsu bunka*『日仏文化』, 31-II : 1-103 (et planches).

Fujihara Sadao 藤原貞朗, 2014
 「大戦間期の日仏会館の東洋学者とフランス極東学院」,『日仏文化』, 83: 121-127.

Ministère des Affaires Étrangères, 1934

11 ジャン・レイ（ナンタ）

«Le ministre des Affaires étrangères à Monsieur l'ambassadeur de France à Tokio» (Procès verbal de la réunion du Comité de Paris de la Maison franco-japonaise), 20 juillet, ministère des Affaires étrangères, archives du Bureau français de la Maison franco-japonaise.

Matsukata Yoshihisa Tak, 2001

The Making of Japanese Manchuria : 1904-1932, Harvard, Harvard East Asian Monographs.

Monnot Élie, 2013

Boursiers et chargés de mission de l'Instruction publique envoyés au Japon (1860-1930). Tentatives de construction savante d'une japonologie de terrain, mémoire de master 2 Histoire et civilisations, Paris, ehess.

Nanta Arnaud, 2012

«The Japanese Colonial Historiography in Korea (1905-1945)», in Caroli Rosa & Souyri Pierre F. (dir.), *History at Stake in East Asia*, Venezia, Cafoscarina, pp. 83-105.

Okakura Kakuzo, 岡倉覚三 1906

Book of Tea,「茶の本」Londres, Putnam.

Paxton Robert O., 1997 [1972]

La France de Vichy, 1940-1944, nouvelle édition, Paris, Seuil.（ロバート・O.パクストン『ヴィシー時代のフランス』渡辺和行・剣持久木共訳、柏書房、2004年）

Ray Jean, 1920 [2e édition en 1921]

Le Traité d'alliance japono-britannique doit-il être considéré comme incompatible avec le Pacte de la Société des Nations ?, brochure imprimée à Tokyo.

Ray Jean, 1926a

Essai sur la structure logique du Code Civil français, Paris, Félix Alcan.

Ray Jean, 1926b

Index du Code Civil : contenant tous les mots qui figurent dans le texte du Code accompagnés de références à tous les articles où ils se trouvent et illustrés de citations qui peuvent en éclairer le sens ou l'emploi, Paris, Félix Alcan.

Ray Jean, 1930

Commentaire du Pacte de la Société des Nations selon la politique et la jurisprudence des organes de la Société, Paris, Recueil Sirey.

Ray Jean, 1933

La position, l'œuvre et la politique du Japon en Mandchourie, Issoudun, Imprimerie rapide du Centre.

Ray Jean, 1935
La politique et la jurisprudence de la Société des Nations, Paris, Recueil Sirey.

Ray Jean, 1938
«La communauté internationale d'après les traités du xvie siècle à nos jours», *Annales sociologiques*, fasc. 3 : 14-49.

Ray Jean, 1939
«Hommage au baron Tomii», *in Hommage au baron Tomii et au Professeur Capitant*, Paris, Librairie du recueil Siret, pp. 9-19.

Ray Jean, 1941 [1ère édition]
Le Japon, grande puissance moderne, Paris, Plon.

Ray Jean, 1943 [2e tirage de la seconde édition révisée]
Le Japon, grande puissance moderne, Paris, Plon.

Renouvin Pierre, 1946
La Question d'Extrême-Orient 1840-1940, Paris, Hachette.

Schmid Andre, 2002
Korea Between Empires, 1895-1919, New York, Columbia University Press.（アンドレ・シュミット『帝国のはざまで　朝鮮近代とナショナリズム』月脚達彦他訳、名古屋大学出版会、2007年）

Souyri Pierre-François（dir.）, 2014
Japon colonial 1880-1930. Les voix de la dissension, Paris, Les Belles Lettres.

Sternhell Zeev, 1978
La Droite révolutionnaire. 1885-1914, Paris, Seuil.

Sternhell Zeev, 1983
Ni Droite Ni Gauche : l'idéologie fasciste en France, Paris, Seuil.

Sugiyama Naojirō 杉山直治郎, 1934
「日佛文化関係」,『日佛文化』, 5 : 53-122.

Sugiyama Naojirō, 1942a
序, 8 : 1-5.

Sugiyama Naojirō, 1942b
「新佛蘭西法令及ペタン元帥告詞」,『日佛文化』, 8 : 309-424.

Sugiyama Naojirō, 1946 [texte de 1944]
「ジャン・レイ博士を悼む」,『日仏文化』, nouvelle série, 10 : 51-62.

United States Department of State, 1943
Foreign Relations of the United States Diplomatic Papers, The Conferences at

Cairo and Tehran, 1943, U.S. Government Printing Office / http://digital.library.wisc.edu/1711.dl/FRUS.FRUS1943CairoTehran

Vié Michel, 1995

Le Japon et le monde au xxe siècle, Paris, Masson.

Vié Michel, 2011

«La Mandchourie et la "Question d'Extrême-Orient", 1880-1910», *Cipango*, 18 : 19-78.

註

1) Georges Benjamin Clemenceau、1906年から1909年、1917年から1920年の間、フランスの首相となる。軍備拡張や帝国主義政策を推進。イギリス、ロシア帝国と三国協商を結ぶ。
2) Paul-Louis-Charles Claudel、フランスの劇作家、詩人、著作家、外交官。1921-27年の間、フランス駐日大使を務める。姉は女性彫刻家のカミーユ・クローデル。
3) ここでは、レイ自身による記述、1940年代に発表された死亡記事、および、日仏会館史関連文書に従った。Jean Ray, «Hommage au baron Tomii», in *Hommage au Baron Tomii et au Professeur Capitant*, Paris, Librairie du recueil Siret, 1939, p. 9-19；杉山直治郎、「ジャン・レイ博士を悼む」、「日仏文化」、nouvelle série, 1946, vol. 10, p. 51-62（texte de 1944）；*In memoriam* [anonyme]、«Jean Ray»、*L'Année sociologique*, troisième série, 1949, tome 1, p. xv-xvi；*Nichifutsu Bunka*, Numéro thématique «La Maison franco-japonaise, son histoire, ses buts, son fonctionnement», février 1974；Chūjō Shinobu, *Chronologie de Paul Claudel au Japon*, Paris, Honoré Champion, 2012, 665 p. クリストフ・マルケ、三浦信孝両氏の貴重なご助力に感謝する。
4) 杉山1946: 52-54. 杉山は1916年からレイを知っていた。
5) 前掲日仏会館史関連文書、杉山直治郎の記述より（杉山1946: 59）、ただしレイの論文からはこのことは定かではない。
6) （杉山1946: 60）及び、（Chūjō2012: 372）。
7) 当時唯一の外国語として親王はフランス語を学んだらしい。
8) （Franck & Iyanaga 1974: 52-57）；«Nécrologie, Léon Julliot de la Morandière», *Revue internationale de droit comparé*, 1969, 21, p. 403-407 を参照。
9) 1934年7月20日付外務省外交文書 «Le Ministre des Affaires Etrangères à Monsieur l'Ambassadeur de France à Tokio» 日仏会館アーカイヴ（日仏会館パリ委員会会議議事録）p. 5 参照。
10) Émile Durkheim：フランスの社会学者。オーギュスト・コント後に登場

した代表的な総合社会学の提唱者であり、その学問的立場は、方法論的集団主義と呼ばれる。また社会学の他、教育学、哲学などの分野でも活躍した。

11) これについては杉山直次郎の記録がある。(杉山1946: 57)及び*Annales sociologiques*(執筆者不明、1949年)。

12) 同巻p. 1-53には、以下も含まれる«A la mémoire du Baron Masaakira Tomii», par Naojiro Sugiyama, Léon Julliot de la Morandière, André Lirondelle, Louis Josserand, Henri Capitant, A. Peiron et Jean Ray. これら参考文献集はCharles Haguenauer (1896-1976)により、1931年に第三巻にまとめられた。

13) 中条忍は日仏軍部間のこの種の討論についていくつもの例(例えば1922年には植民地に関する話し合い)を紹介している。(chūjō2012: 108-109).

14) 717頁の大作で、この著書には1920年に発表された論文も含まれている。

15) 版ごとの違いも興味深くはあるが、本稿では1943年刊行の第二版のみを参照する。

16) 日本統治下の満州国は「歴史的にいう広義の満州」の半分の地域を占めていた。19世紀前半以前における満州の「境界線」を確定するのは困難だが、1860年に満州北部がロシアに割譲されていたことを想起する必要がある。参考文献のMatsukata2001年、Vié 2011年、(chūjō2012)、及び前掲註(13)参照。

17) Pierre Renouvin, *La Question d'Extrême-Orient 1840-1940*, Paris, Hachette, 1946. Yoshihisa Tak Matsukata, *The Making of Japanese Manchuria : 1904-1932*, Harvard, Harvard East Asian Monographs, 2001を参照のこと。

18) レイの論証の仕方は、ちょうど靖国神社に付属する遊就館の展示室のように、侵略戦争の原因を相次いだ些細な出来事の連鎖にあると見なし、その末に事変が起こったという、つまり政治家・軍部無責任論をとっている。遊就館では1931から1945年に至る15年間の出来事を広く歴史的状況に照らして捉えるのではなく、一々、単に「直前の」出来事とのみ連繋して戦争のダイナミックスを隠蔽し、帝国日本がまるで受動的に戦争に参加させられたかのような展示になっている。

19) カイロ宣言の内容は以下のとおりである。
　「三大同盟国ハ日本国ノ侵略ヲ制止シ且之ヲ罰スル為今次ノ戦争ヲ為シツツアルモノナリ右同盟国ハ自国ノ為ニ何等ノ利得ヲモ欲求スルモノニ非ス又領土拡張ノ何等ノ念ヲモ有スルモノニ非ス
　右同盟国ノ目的ハ日本国ヨリ千九百十四年ノ第一次世界戦争ノ開

> 始以後ニ於テ日本国カ奪取シ又ハ占領シタル太平洋ニ於ケル一切ノ島嶼ヲ剝奪スルコト並ニ満州、台湾及澎湖島ノ如キ日本国カ清国人ヨリ盗取シタル一切ノ地域ヲ中華民国ニ返還スルコトニ在リ
> 日本国ハ又暴力及貪慾ニ依リ日本国ノ略取シタル他ノ一切ノ地域ヨリ駆逐セラルヘシ
> 前記三大国ハ朝鮮ノ人民ノ奴隷状態ニ留意シ軈テ朝鮮ヲ自由且独立ノモノタラシムルノ決意ヲ有ス」
>
> （日本外交年表並主要文書」下巻、外務省編、1966年より）

20) 前述の通り、本稿では1943年刊行の第二版のみを参照する。
21) 戦時中に書かれた文章として、杉山によるこの評価は興味深い。（杉山 1946: 60）。
22) Edward Sylvester Morse、アメリカの動物学者。標本採集に来日。東京大学のお雇い教授を二年務め、大森貝塚を発掘したことで知られる。
23) Ernest Francisco Fenollosa、アメリカ合衆国の東洋美術史家、哲学者で、明治時代に来日したお雇い外国人。岡倉天心と共に日本美術を評価し、紹介に努めたことで知られる。
24) Émile Étienne Guimet、フランスの実業家。旅行者、美術の鑑定、収集家としても知られる。1876-77年、画家のレガメとともに来日し仏像、仏具を購入した。現在パリにあるギメ美術館の創設者。
25) フランス教育省の管轄にある科学、文化の専門的研究機関。東南アジア、東アジア、南アジアの諸文明を研究する。1900年当初、仏領インドシナに設立され植民地考古学を展開し、今なおフランス東洋学の伝統を継承する。
26) 前掲註(19)参照。
27) Joseph Jacques Césaire Joffre(1852-1931)はフランスの陸軍軍人で、第一次世界大戦初期にフランス陸軍総司令官を務めた。
28) この論述は「大東亞共栄圏」を文字通り取ったものである。
29) Michel Revon、フランスの法学、日本学研究者、1893-99年まで日本の近代法成立に貢献したボアソナードの後継として東京大学で法学を教える。
30) この点については下記を参照のこと。Élie Monnot, *Boursiers et chargés de mission de l'Instruction publique envoyés au Japon(1860-1930). Tentatives de construction savante d'une japonologie de terrain.* mémoire de master 2, ehess, histoire et civilisations, 2013

（宇都宮彰子・廣瀬緑共訳）

結びにかえて

　2011年に日本とアジアのシンポジウムをパリ・ディドロ（第7）大学で開催するにあたっては、いくつかのきっかけがあった。クロード・アモンは日本経済史を専門に、財閥、及び渋沢栄一について長年にわたって研究を進めてきたが、さらにアジア全体を見渡す視野から研究を深めたいと考えていた。廣瀬緑は近代デザイン史の研究の一環として岡倉天心の授業を筆記した未発表の学生ノートを発見する機会があった。天心の東西を一挙に見る眼に驚き、これを研究につなげたいと考えていた。このようにしてアジアと日本をキーワードに異なる分野の研究者に呼びかけ、互いに考察することによって、同分野の研究者のみで構成されるものとは一味違ったシンポジウムを企画できるのではないかと考えたことが本書のきっかけである。これは大胆な試みであったし、一種の挑戦でもあった。そのために日本の19世紀史と比較歴史学の専門家である三谷博先生を招き、その論考を中心に、フランスの研究者たちの研究を放射状に置き、それによって、各研究者をつなげることにした。この困難な課題を快く引き受けて下さった三谷先生をはじめ、賛同していただいた諸先生方、編者の所属するパリ・ディドロ大学、及び東アジア文明研究センターCRCAOにはこの出版を支援して頂いた。この場を借りて厚く御礼申し上げる。

　我々は遠くパリに居ながらも常に母国日本を意識して生きている。フランスでは日本の事などあまり話題にはならない。ましてや中国や韓国との緊張した関係について、ほとんどの人が知らないだろう。マンガやゴスロリがフランスの若者の注目を集め、表面的、物質的な日本とアジアが時折話題になることもあるが、真実が伝わっていないというのが実感である。この論文集が少しでも日本とアジアの歴史理解に貢献するとすれば、編者としてはこの上ない喜びである。

　最後に、本書の編集、発刊をして下さった勉誠出版の吉田祐輔氏、調査研究の過程でお世話になった多くの方々に心より感謝申し上げる。

2016年　秋

廣　瀬　　緑

執筆者一覧

監修者
三谷　博（みたに・ひろし）
東京大学名誉教授。跡見学園女子大学教授。専門は19世紀日本・東アジア史、比較史。著書に、『東アジアの公論形成』（東京大学出版会、2004年）、『明治維新を考える』（岩波現代文庫、2012年）、『愛国・革命・民主』（筑摩書房、2013年）などがある。

編者
クロード・アモン（Claude Hamon）
パリ・ディドロ大学准教授。専門は経済史。著書に、*Le Groupe Mitsubishi - du zaibatsu au keiretsu* (*1870 - 1990*), Paris, l'Harmattan, 1995, *Shibusawa Eiichi - bâtisseur du capitalisme japonais*, Paris, Maisonneuve & Larose, 2007. がある。

廣瀬　緑（ひろせ・みどり）
パリ・ディドロ大学准教授。専門は近代デザイン史。
著書に、『アール・ヌーヴォーのデザイナー　M. P. ヴェルヌイユと日本』（第34回ジャポニスム学会賞受賞、クレオ、2013年）、論文に、「染織とグローバリゼーション ── アンディエンヌ（更紗）からジャポニスムへ」（第11回国際日本学シンポジウム、お茶の水女子大学『比較日本学研究センター研究年報』6号、2010年）、「アール・ヌーヴォーのデザイナー, M. P. ヴェルヌイユによる動物のデザイン」（意匠学会紀要『デザイン理論』57号、2010年）がある。

執筆者一覧

執筆者（掲載順）

エディ・デュフルモン（Eddy Dufourmont）
ボルドー・モンテーニュ大学准教授。専門は日本政治思想史。
著書に、*Histoire Politique Du Japon(1853-2011)*, Pessac, Presses Universitaires de Bordeaux, 2014. *Confucianisme et Conservatisme au Japon : la Trajectoire Intellectuelle de Yasuoka Masahiro(1898-1983)*, Pessac, Presses Universitaires de Bordeaux, 2014. がある。

グレゴワル・サストル（Grégoire Sastre）
東洋文明研究センター（CRCAO）博士研究員。専門は日本の近代社会史と東アジア史。
論文に、「荒尾精——陸軍から貿易へ、日本の利益を考えたアジア主義者」（『アルサス日欧知的交流事業日本研究セミナー「明治」報告書』2010年）、「大陸浪人とアジア主義——宮崎滔天を例として」（『大学院教育改革支援プロクラム「日本文化研究の国際的情報伝達スキルの育成」活動報告書』平成20年度 海外教育派遣事業編、2009年）などがある。

ステファン・タナカ（Stefan Tanaka）
カリフォルニア大学サンディエゴ校教授。専門は日本近代史。
著書に、*New Times in Modern Japan*, Princeton, Princeton University Press, 2004, *Japan's Orient: Rendering Pasts into History*, Berkeley and Los Angeles, University of California Press, 1993. がある。

リオネル・バビッチ（Lionel Babicz）
シドニー大学准教授。元日仏会館研究員。専門は日本近現代史、特に日韓関係史。
編著書に、*Le Japon face à la Corée à l'époque Meiji*, Maisonneuve et Larose 2002、剣持久木、小菅信子、リオネル・バビッチ編『歴史認識共有の地平：独仏共通教科書と日中韓の試み』（明石書店、2009年）、論文に「和解の国際比較日韓とフランス・アルジェリア」（黒沢文貴、イアン・ニッシュ編『歴史と和解』東京大学出版会、2011年）、《February 11, 1889: The Birth of Modern Japan》, S. Ben-Rafael Galanti, N. Otmazgin, A. Levkowitz(eds.), *Japan's Multilayered Democracy*, Lexington Books 2015. がある。

浅利　誠（あさり・まこと）
ボルドー・モンテーニュ大学名誉教授。所属ラボはCLLE-ERSSàB UMR 5263（言語学）。専門は日本近代思想、日・仏語比較文法。
著書に、『日本語と日本思想』（藤原書店、2008年）、論文に、「柄谷行人の言文一

211

致論」(『アナホリッシュ國文學』2号、2013年春号)、「(連載1)日・仏二言語間の非対称性を通して見られた日本語文法」(『季刊iichiko』129号、2016年冬号)がある。

ベルランゲ河野紀子(Noriko Berlinguez-Kôno)
フランス国立リール第三大学教授、日本学研究科長。専門は、歴史社会学、法政思想。編著書に、Noriko Berlinguez-Kôno, Bernard Thomann, *Japon Pluriel 8 La Modernité japonaise en perspective*, 2011、論文に、«How Did Saigô Takamori Become a National Hero After His Death? The Political Uses of Saigô's Figure and the Interpretation of Seikanron» in S. Saaler and W. Schwentker *The Power of Memory in Modern Japan*, 2008、«Léon de Rosny (1837-1914) and 19th Century Japan Studies in Europe», *Kansai University Japan-EU Research Report*, Vol.6, 2016, Modernizing Japan: the Belgian Connection (1830-1945), pp. 87-92がある。

小沼イザベル(Isabelle Konuma)
フランス国立東洋言語文化大学(INALCO)准教授。専門は、日本近現代法(家族法、生殖に関する法律)。
論文に、Isabelle Konuma, «Le statut juridique de la femme à travers le mariage pendant l'ère Meiji : entre inégalité, protection et reconnaissance» in Emmanuel Lozerand et Christian Galan [ed], *La Famille japonaise moderne* [1868-1926]. *Discours et débats*, Philippe Picquier, Arles, 2011; Isabelle Konuma, «La chasteté, d'un devoir vers un droit : au prisme du débat (1914-1916) autour de Seitō», *Ebisu*, n° 48, 2012; Isabelle Konuma, «L'eugénisme et le droit – la politique de la reproduction au Japon» in Béatrice Jaluzot [dir], *Droit japonais, droit français, quel dialogue ?*, SCHULTHESS, 2014.がある。

アルノ・ナンタ(Arnaud Nanta)
フランス国立科学研究センター一級研究担当官(准教授)、歴史学博士。専門は、日本近現代史、日本の人文科学史。
論文に、「植民地考古学、歴史学、博物館　朝鮮半島と古代史研究」(坂野徹編『帝国を調べる』勁草書房、2016年)、「独立後の大韓民国・朝鮮民主主義共和国におけるポストコロニアル史学の問題」(北山研二編『文化表象のグローカル研究』成城大学、2016年)、「新自由主義世界の教育システムとは」(セバスチャン・ルシュヴァリエ編『日本資本主義の大転換』新川敏光監訳、岩波書店、2015年)、«La décolonisation japonaise (1945-1949) [日本の脱植民地化]», in D. Lefeuvre [ed], *Démontages d'empires*, Riveneuve Ed, 2013、「植民地主義の歴史と〈記憶〉闘争」(『環』49号、2012年)などがある。

監　修

三谷　博（みたに・ひろし）
東京大学名誉教授。跡見学園女子大学教授。専門は19世紀日本・東アジア史、比較史。著書に、『東アジアの公論形成』（東京大学出版会、2004年）、『明治維新を考える』（岩波現代文庫、2012年）、『愛国・革命・民主』（筑摩書房、2013年）などがある。

編　者

クロード・アモン（Claude Hamon）
パリ・ディドロ大学准教授。専門は経済史。著書に、*Le Groupe Mitsubishi - du zaibatsu au keiretsu（1870-1990）*, Paris, l'Harmattan, 1995、*Shibusawa Eiichi - bâtisseur du capitalisme japonais*, Paris, Maisonneuve & Larose, 2007. がある。

廣瀬　緑（ひろせ・みどり）
パリ・ディドロ大学准教授。専門は近代デザイン史。
著書に、『アール・ヌーヴォーのデザイナー　M.P.ヴェルヌイユと日本』（第34回ジャポニスム学会賞受賞、クレオ、2013年）がある。

近代日本とアジア　地政学的アプローチから
（きんだいにほん）

2016年9月20日　初版発行

監　修　三谷　博
編　者　クロード・アモン／廣瀬　緑
発行者　池嶋洋次
発行所　勉誠出版株式会社
　　　　〒101-0051　東京都千代田区神田神保町3-10-2
　　　　TEL：(03)5215-9021(代)　FAX：(03)5215-9025

印　刷　太平印刷社
製　本　若林製本工場

© Hiroshi Mitani, Claude Hamon, Midori Hirose 2016,
Printed in Japan.
ISBN978-4-585-22157-9　C3020

「近世化」論と日本
「東アジア」の捉え方をめぐって

諸学問領域から「日本」そして「近世化」を論究することで、従来の世界史の枠組みや歴史叙述のあり方を捉えなおし、東アジア世界の様態や変容を描き出す画期的論集。

清水光明 編
本体 2,800 円（＋税）

博物館という装置
帝国・植民地・アイデンティティ

時代毎の思想と寄り添ってきた歴史とアイデンティティを創出する紐帯としてのあり方。双方向からのアプローチにより「博物館」という存在の意義と歴史的位置を捉え返す。

石井正己 編
本体 4,200 円（＋税）

幕末明治
移行期の思想と文化

忠臣・皇国のイメージ、出版文化とメディア、国家形成と言語・思想。3つの柱より移行期における接続と断絶の諸相を明らかにし、従来の歴史観にゆさぶりをかける画期的論集。

前田雅之・青山英正・上原麻有子 編
本体 8,000 円（＋税）

近世日本の歴史叙述と対外意識

世界が可視化され広がりをみせていく近世日本において、自己と他者をめぐる言説が記憶となり、語られていく諸相を捉え、近世そして近代日本の世界観・思考のあり方を照らし出す。

井上泰至 編
本体 8,000 円（＋税）